蔡志忠作品

漫畫儒家思想

孔子說、論語、孟子說、大學、中庸

Confucianism in Comics

目錄

《孔子說》——仁者的叮嚀

《孟子說》——亂世的哲思 237

《大學》——博大的學問

《中庸》——和諧的人生

孔子說

——仁者的叮嚀

孔夫子也是人

◎**蔡志忠**

孔子是中國的「聖人」，《論語》可說是中國的「聖經」，既然著手畫歷代經典，《孔子說》當然是一部非畫不可的作品。事實上，從讀者寫來的書單中，《論語》也是被指名最多的，很多讀者還叮嚀著希望能在大學考試前出版呢！

《論語》的字句非常優美，例如：

「有朋自遠方來，不亦樂乎？人不知而不慍，不亦君子乎？」（學而第一）

「吾十有五而志於學；三十而立；四十而不惑；五十而知天命；六十而耳順；七十而從心所欲，不逾矩。」（為政第二）

「知者樂水，仁者樂山。知者動，仁者靜。知者樂，仁者壽。」（雍也第六）

「知者不惑，仁者不憂，勇者不懼。」（子罕第九）

「唯女子與小人為難養也！近之則不孫，遠之則怨。」（陽貨第十七）

這些文句，從古至今，都曾被文人墨客或販夫走卒大量引用。

孔子講的道理，兩千多年來，放諸四海都非常適用，例如他說：「要真的知道才說知道，不知道要說不知道，這才算是真知啊！」他之所以會對子路這樣說，大概因為子路常犯這個錯，但今天不也是有很多人還常犯這個錯——對事實並不真切知道，而強做知道，甚而發表謬論呢！

孔子也是人，人最可愛的地方就是他有人性，有喜怒哀樂，孔子高興了就唱歌，生氣了就表現出來，傷心了就痛哭，看不順眼時也會罵人，有時還會開開玩笑；他做事有時成功，也會失敗，並不是像「神」一樣永遠不會出錯，當您看了這本書，瞭解到孔子也跟您我一樣，也是「人」，您將會更親近他的學說了。

有一點必須說明的是，從畫《莊子說》開始，我就考慮過考據上的問題，例如春秋戰國時代並沒有紙筆，用的貨幣也不是元寶，但如果據實畫他們用刀刻竹簡，可能讀者會以為他們是在雕刻而不是寫字，畫他們拿著錢刀，可能讀者會以為拿著的是刀而不是錢，衡量得失，我還是選用大家容易一看就明白的象徵畫法，因為畫這些書的目的是要簡化古書，寫其中的「意」，而不是考據，請讀者瞭解和原諒。

孔子的一生

孔子的一生

1
周靈王二十一年，西元前五五一年，孔子生於魯國昌平鄉。
燕
齊
魯
2
孔子父親名叫孔叔梁紇，身長十尺，武力絕倫，元配生九個女兒，妾雖生一個兒子，可惜是個殘障兒。
3
於是在六十四歲以後，又娶了顏氏，才生了孔子。
4
孔子三歲的時候，父親就死了。
孔叔梁紇之墓
5
孔子小的時候遊戲，常擺各種祭器，
6
學著大人祭祀時的禮儀動作。

7
孔子十五歲就立志向學。
8
十九歲時，娶宋之亓官氏，
9
第二年生了一個兒子，取名叫孔鯉。
10
二十歲曾做過倉庫管理員，
11
出納錢糧，算量得準確清楚！
12
也擔任過管理牧場的小職務，將場中牲口養得很好，越養越多。
13
後來又出任主管營建的司空。

14
魯昭公二十年，南宮敬叔推薦孔子到周去學禮，
15
16
在周學禮時，孔子曾去拜見老子，向他問禮。
17
學成告別時，老子送他說：
富貴的人送人用財物，仁德的人送人用言辭，我不是富人，就送你幾句話吧。
18
聰明的人常遭困阨，是因為他喜歡議論別人；學問淵博的人常遭危險，是因為他好揭人罪惡；做人子女的應心存父母，做人臣屬的應心存君上，不能只顧到自己。

19
孔子從周回魯之後，門下的學生就越來越多了。
20
這時齊景公帶晏嬰來到魯國……
孔子，我向你請教一個問題。
21
從前秦穆公國家小，地處又偏僻，他為什麼能夠稱霸？
22
秦國雖小，目標卻很遠大；地位雖偏，施政卻很正當。親自舉拔用五張黑羊皮贖來的賢士百里奚，把政權交給他。
23
從這些事實來看，就是統治整個天下他也能辦得到。
24
稱霸諸侯還算成就小呢！
分析得很好！

25
孔子三十五歲的時候，魯國的三個大夫聯合圍攻魯昭公，昭公兵敗逃到了齊國。
26
不久，魯國又發生亂事，孔子也來到齊國。
27
孔子想藉齊國大臣高昭子的關係接近齊景公，於是做了昭子的家臣。
28
孔子在齊國聽到韶樂，一連學了三個月，吃飯連肉味都覺不出了。
29
真沒想到學音樂會使人達到這個境界啊！

30
春秋時代政治很亂，君不君，臣不臣，魯昭公被大夫季孫氏所逐；
31
齊景公又受控制於陳桓，陳桓的勢力很強大，大有篡奪政權的可能，
32
因此，齊景公問孔子為政的道理時，孔子說：
國君要像國君，臣子要像臣子，父親要像父親，兒子要像兒子。
33
對極了，如果君不君、臣不臣、父不父、子不子，那麼有再多的糧食，我們能平安的吃到嗎？
34
為政的原則又怎樣？
為政最要緊的是在善用財力，杜絕浪費。
35
我想把尼谿的田封給孔子。

儒者都能言善道，態度高傲，是很難駕馭的，他們不事生產，只是到處遊說求職來進行政治活動。
這種人不能來掌理國事。
好吧，就不用他罷了。
這時，齊國的大夫中有人想害孔子。
老師，聽說有人想要陷害您啊！
哦！是嗎……
景公也告訴孔子說：
我老啦，沒法用你了。
是嗎？
於是孔子就離開齊國，回到魯國。

42
魯昭公被逼出國，流浪了七年，終於死在國外，於是魯定公即位。
43
定公仍毫無政治權力，一切都受到季孫氏、叔孫氏、孟孫氏三位大夫擺布。
44
而掌握魯國大權的季孫氏又被他的家臣陽貨挾制得束手無策。
45
魯定公五年，陽貨發動政變，代替了季桓子的地位，
46
更挾持魯君，放逐敵黨，成了魯國的獨裁者。
47
孔子不願出任不守禮分的政權的官職，於是閒退在家，專心研究詩、書、禮、樂。

48
陽貨也曉得延攬人才，想拉攏孔子，但孔子不想見他。
49
陽貨趁你不在時，送來烤乳豬。
只好依禮到他家回謝他了。
孔子趁陽貨出門時，登門叩謝，不巧，在中途卻碰上了陽貨……
過來！我和你講句話！
50
51
保存著自己的學問，而不肯拿出來把國家治理好，可以算是「仁」嗎？
不可以！
52
一個人希望出來為國做事，但屢次失掉機會，可以算是「智」嗎？
不可以！
53
時間過得真快，歲月是不會等人的！
是的，我打算出來做官啊！
孔子口頭上應付，但還是拒絕輔佐陽貨。
54

55
魯定公八年，陽貨決心把三桓的勢力連根拔除。
將三桓滅了，我取而代之。
是！
56
三桓為了自己的政治生命，於是聯合起來作殊死鬥爭。
57
陽貨終於被三桓打敗，離開魯國，逃到齊國。
58
陽貨的失敗，替孔子製造了一個從政的良機。
59
季孫氏欽敬孔子不肯附和陽貨的正大光明的人格，於是向魯定公推薦孔子。
60
魯定公任孔子為中都宰。

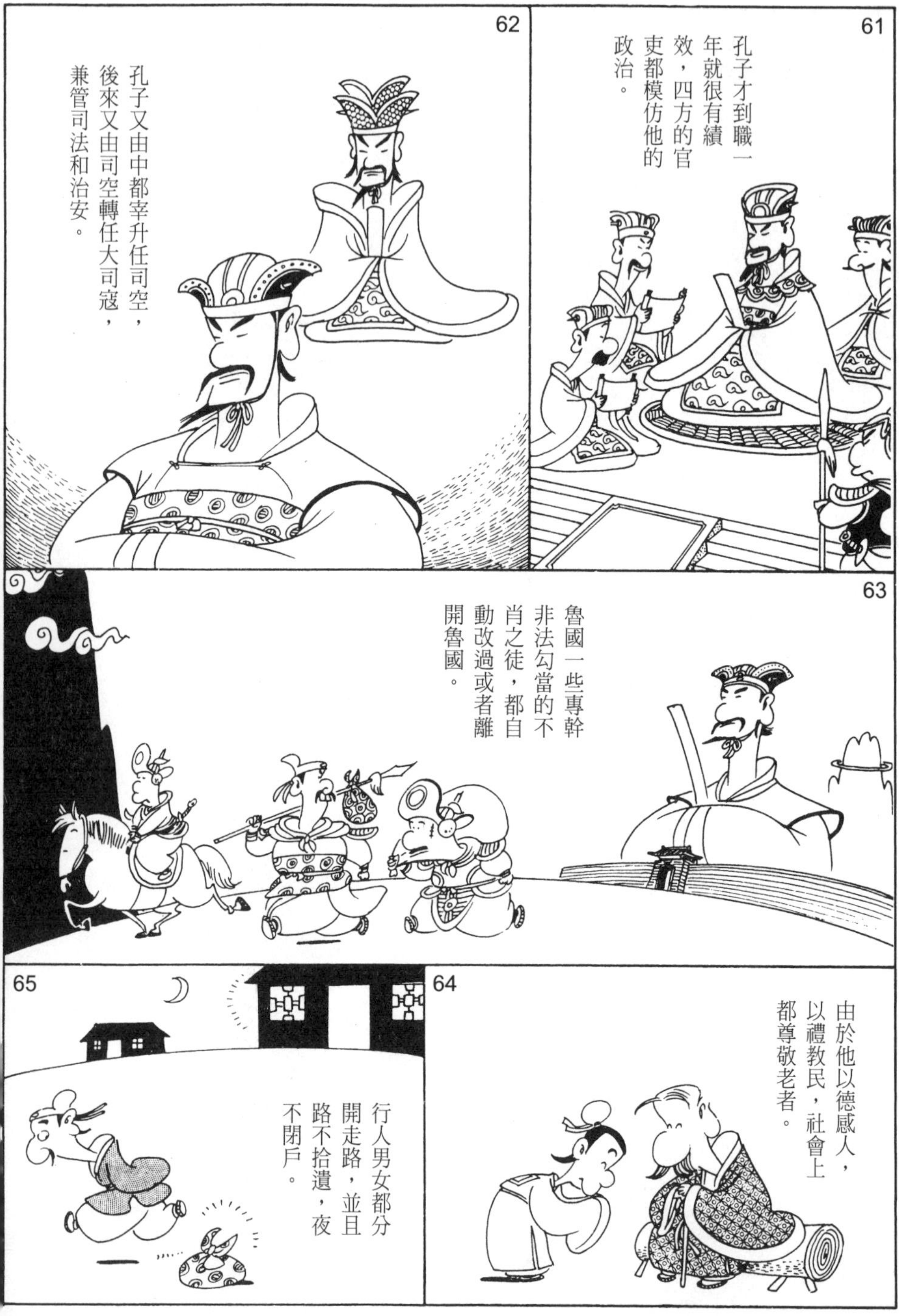
61
孔子才到職一
年就很有績
效，四方的官
吏都模仿他的
政治。
62
孔子又由中都宰升任司空，
後來又由司空轉任大司寇，
兼管司法和治安。
63
魯國一些專幹
非法勾當的不
肖之徒，都自
動改過或者離
開魯國。
64
由於他以德感人，
以禮教民，社會上
都尊敬老者。
65
行人男女都分
開走路，並且
路不拾遺，夜
不閉戶。

66
魯定公十年，定公欲與齊修好，齊大夫黎鉏警告齊景公說：
魯國用了孔丘，他將魯國治理得很好，魯國一強盛就會危害到齊國的。
67
孔丘知禮而無勇，會盟時用萊人劫持魯侯，孔丘一定沒有辦法應付。
68
就這麼辦！派使者去約魯君來做和好的會盟。
是！
69
使
70
齊景公遣使約我們會盟於夾谷。
好極了，立刻準備輕車上路，到夾谷會盟。
71
且慢！

72
我聽說有文事者必有武備，有武事者必有文備。
從前諸侯出了自己的國境，一定帶必要的官員隨行，請你也帶左右司馬一道去。
好。
73
74
魯定公就帶了孔子與左右司馬，出發到夾谷會盟。
75
兩君在夾谷相會，雙方行了相見禮和獻酬禮。

76
獻酬禮畢，雙方一起寫盟書。
77
齊在盟書上加寫了一條……
齊國的軍隊到國外作戰的時候，魯國要用三百輛兵車協助齊國的軍隊作戰。
齊魯盟約
78
孔子不甘示弱，也在盟書上加寫一條……
齊國應將以前侵占魯國汶水以北的土地歸還給魯國。
齊魯盟約
79
可惡！
80
大王，動手吧。
好！
81
請奏四方之樂！
82
呵呵呵呵！
！

83
萊
呵呵呵呵呵呵呵呵呵
84
哇！
85
住手！
86
兩國之君是為了修好而來會盟的，哪用得著這種野蠻舞樂，請他們下去吧！
87
退下！

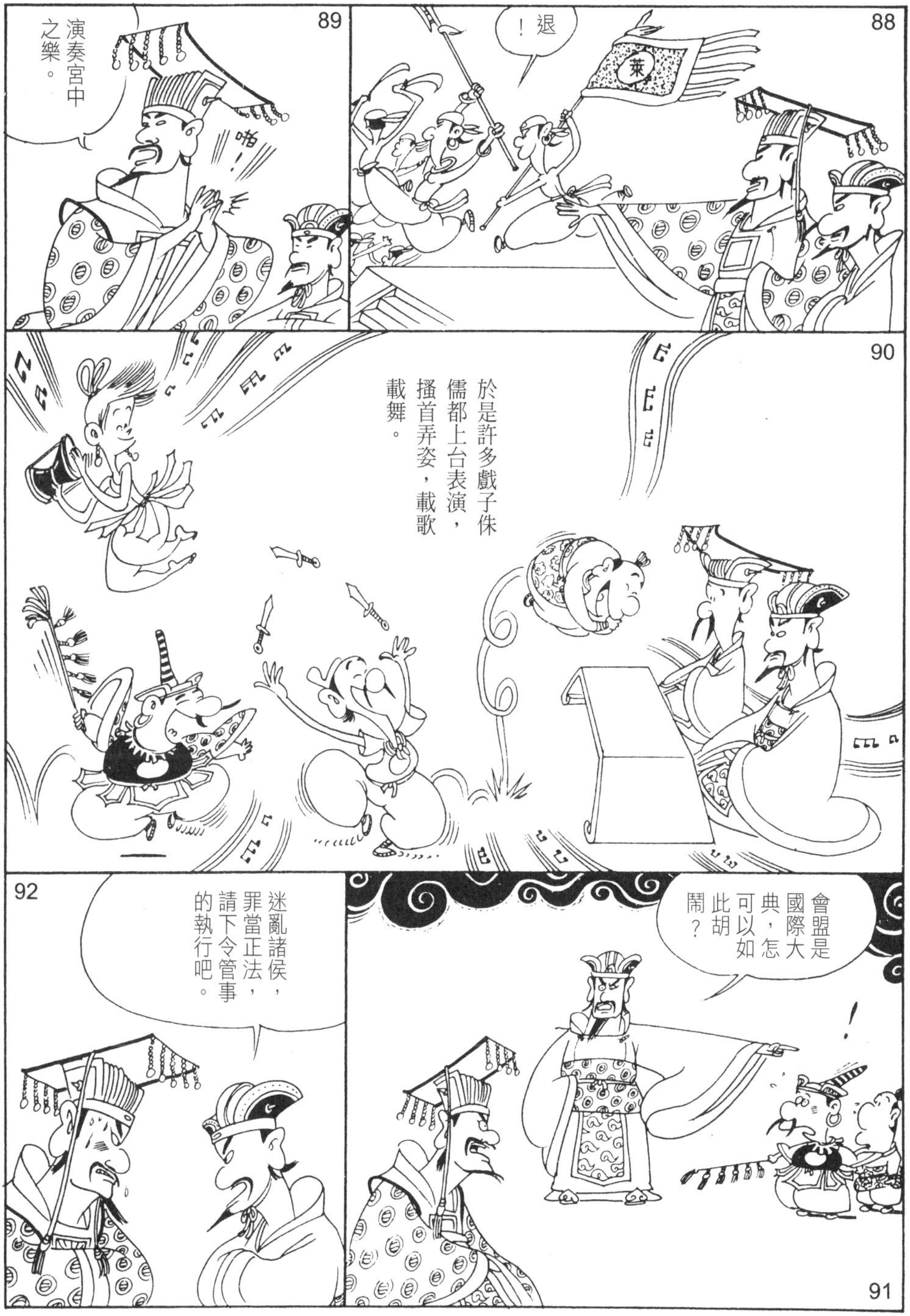
88
退！
萊
89
演奏宮中之樂。
啪！
90
於是許多戲子侏儒都上台表演，搔首弄姿，載歌載舞。
91
會盟是國際大典，怎可以如此胡鬧？
！
92
迷亂諸侯，罪當正法，請下令管事的執行吧。

93
斬了吧！
哇！
94
景公看孔子態度嚴正，不由得不敬畏動容。
95
景公回國後，心裡很不安……
魯以君子之道輔助國君，你們卻以夷狄之道從恿我，因而失禮，這下怎麼辦？
小臣該死！
96
君子有過，就用具體事物來謝罪；小人有過則用敷衍回報，君上如果心裡不安，就只好謹守盟約吧。
97
好吧！將鄆、汶陽、龜陰之田歸還給魯國，用以謝罪。
是。

98
魯定公十二年夏天……
我希望把軍權收歸國有，建議三桓把三都毀掉。
好。
99
我打算拆毀你們三家封邑的城牆，以免再發生陽貨事件。
100
把三邑的城郭拆了也好，以免家臣以三都做根據地，實行軍事叛亂。
01
於是叔孫先把郈的城郭毀掉。
102
公山不狃，令你將軍隊撤離費城，我要將費的城郭毀掉！
！
103
可惡，季孫氏準備毀了我們的根據地，這要怎麼辦？
不妙！他怕我們坐大……

104
好！一不做二不休，舉兵與他們拚了！
105
不好了！公山不狃率領費邑的軍隊叛變了……
106
定公和三桓都倉皇地躲進季孫氏的城堡中避難……
107
申句須，樂頎！率兵下台攻擊他們。
108
費人開始退走，在姑蔑被徹底打敗，公山不狃等人便逃到齊國。

109
終於順利把費城拆毀了。
110
接下來準備拆成城。
是！
111
但成城的邑宰公斂處父對孟孫氏說：
拆了成邑的城，齊人必將進逼到我們北邊門戶！
112
況且成城是你們孟孫氏的保障，沒有成城等於沒有孟孫氏，我打算抗命不拆。
113
十二月，定公率兵包圍成城，但沒有攻下來。

114
魯定公十三年，孔子以大司寇的職位參與國家決策大事，臉上露出得意的神色。
115
聽說一個君子禍事臨頭不慌張恐懼，好事到來也不喜形於色。
116
是有這話，但是不也聽說過「樂其以貴下人」的話嗎？
117
於是就把擾亂魯國政事的大夫少正卯給殺了。
118
孔子參與國政才三個月，販羊賣豬的商人就不敢哄抬價錢。
119
四方旅客來到魯國，不向官吏請求也會受到親切的照顧。
魯界
觀光免簽證。

120
齊國聽到魯國大治，就擔心起來了……
孔子主政下去，魯國必會強大稱霸，齊與魯最靠近，必會先併吞我們……
121
還是先設法破壞他們的改革圖強，選一些漂亮的少女送給魯君吧。
好吧！就這麼辦。
122
於是齊派人送美女八十人、馬一百二十匹給魯君……
123
景公送來女樂和文馬，現在安置在魯城南面的高城外邊。
124
我們去看看。

125
定公與季桓子果然終日沉迷其間，一連三天都不過問政務。
126
並且春祭天地大典又違背常禮，沒分祭肉給大夫。
127
老師，我們可以離開了。
好吧。
128
陽貨餘黨完全清除了，季孫氏的地位鞏固，所以不會再重用我了，而魯君又毫無實權……走了吧。
129
於是孔子辭去大司寇的職務，離開魯國到衛國去……

130
孔子來到衛國，看到衛國人口很多，非常繁華……
131
衛國的人民真多啊……
132
人民多了，進一步要做什麼？
設法使人民都富足啊！
133
人民都富足了，進一步要做什麼？
教育他們啊！
134
孔子就寄住在子路的大舅子顏濁鄒家裡。

135
衛靈公也接見了孔子……
你在魯國的官俸是多少？
粟子六萬小斗。
136
我也比照魯國給你粟子六萬小斗。
137
謝謝。
138
不久，有人向衛靈公說了孔子的壞話……
139
靈公就派公孫余假帶了兵仗在孔子那兒走出走進。
140
孔子擔心會出事惹禍，待了十個月就離開衛國，打算到陳國去。

141
經過匡城的時候，顏刻替孔子趕車……
從前我跟陽貨就是從那缺口攻進來的。
142
不好了！陽貨又來了！陽貨這壞蛋又來了！
143
陽貨曾欺虐過匡人，孔子的長相又像陽貨，匡人就把孔子一行圍困起來……
144
周文王已經死了，傳統文化不就在我這兒嗎？如果天意要毀掉這文化，我這後死的人就不能參與瞭解這文化；
145
如果天意不想毀掉這文化，匡地的人又能把我怎麼樣呢？

146
慌亂中顏回失散了，稍後才來會合……
老師！
147
我以為你在亂中遇難了！
148
老師您還健在，我顏回怎敢輕易死了呢！
149
匡人圍困孔子五天之後，終於自動解圍了……
對不起！我們以為你是陽貨，看錯人了。
150
孔子離開匡到蒲，過了一個多月，又回到衛國。
151
寄住在蘧伯玉家中……

152
各國的君子只要和我們國君有交情的，必定會見我們夫人，我們夫人想見你。
好。
153
這種女人有什麼好見的！
154
孔子進了門，向北跪拜行禮，夫人在帷幕裡回拜答禮，子路非常不高興……
155
我本來不預備見她，既然不得已見了，就得還她以禮。
哼！
156
我若是有一半不光明坦白的地方，讓上天罰我！讓上天罰我！
！

157
過了一個多月，有一天衛靈公和夫人同坐一輛車子遊市區，孔子坐第二部車跟著。
衛
158
美極了！
好美！
好漂亮！
159
我沒有見過喜歡美德如同喜歡美色那樣熱切的人。
160
於是對這裡的一切感到失望，就離開衛國往曹國去了。
161
這一年，魯定公死了。

162
孔子又離開曹國來到宋國，宋國的司馬桓魋想加害孔子……
163
孔丘！快給我滾開！
164
再不走的話……下場有如此樹！
165
老師，我們走快一點……
166
上天既然賦予道德使命給我，桓魋他又能把我怎樣！

167
孔子來到鄭國，卻與弟子們失散了……
168
東門那裡站著一個人，額頭像唐堯，脖子像皋陶，肩膀像子產，腰以下比禹短了三寸，
169
一副疲憊倒楣的樣子，真像一條失去主人家的狗。
170
老師！
171
說我的形貌像誰像誰，實在不敢當。
172
但說我像喪家之狗，真是對極了！真是對極了！

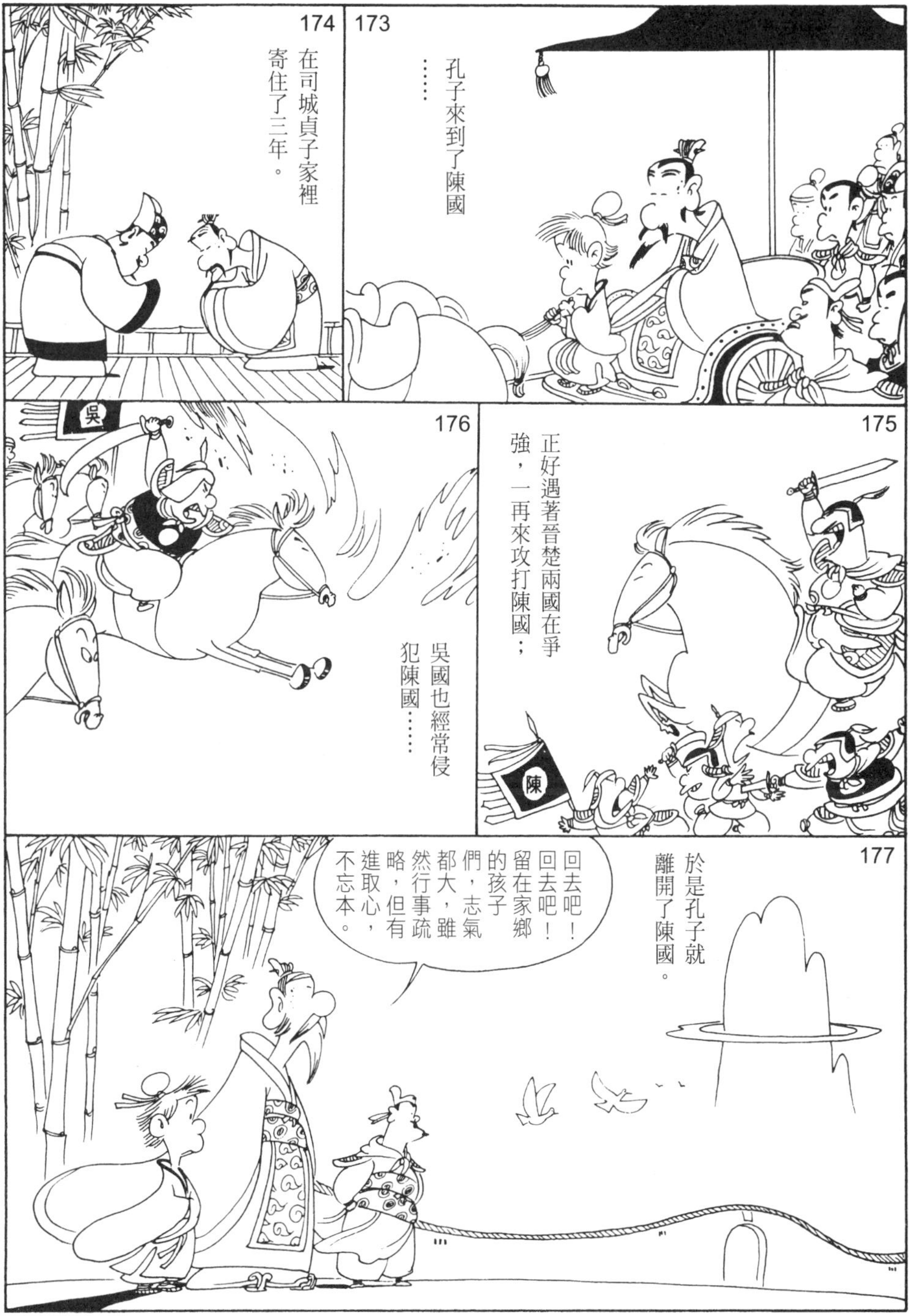
173
孔子來到了陳國……
174
在司城貞子家裡寄住了三年。
175
正好遇著晉楚兩國在爭強，一再來攻打陳國；
陳
176
吳
吳國也經常侵犯陳國……
177
於是孔子就離開了陳國。
回去吧！回去吧！留在家鄉的孩子們，志氣都大，雖然行事疏略，但有進取心，不忘本。

178
路過蒲邑，公叔氏占據了蒲而背叛衛國，蒲人就留住了孔子。
179
我公良孺跟著老師在匡遇難，如今又在這裡遇上危難，這是命吧……
180
我和老師一再遭難，寧願跟他們拚死算了！
181
如果能不去衛國，我就放你們走。
182
好吧，一言為定。
183
大家讓路，讓他們離開！

184
別理會諾言，往衛國走。
185
老師，約定好的條件可以不遵守嗎？
186
在脅迫下訂的盟誓，神明是不會認可的。
187
衛靈公聽說孔子來了，很高興，親自出城迎接。
188
可惜我老了，不能用你了……
189
唉
190
如果有人用我來掌理國政，一年就可以有相當的效驗，三年就會有具體成效了。

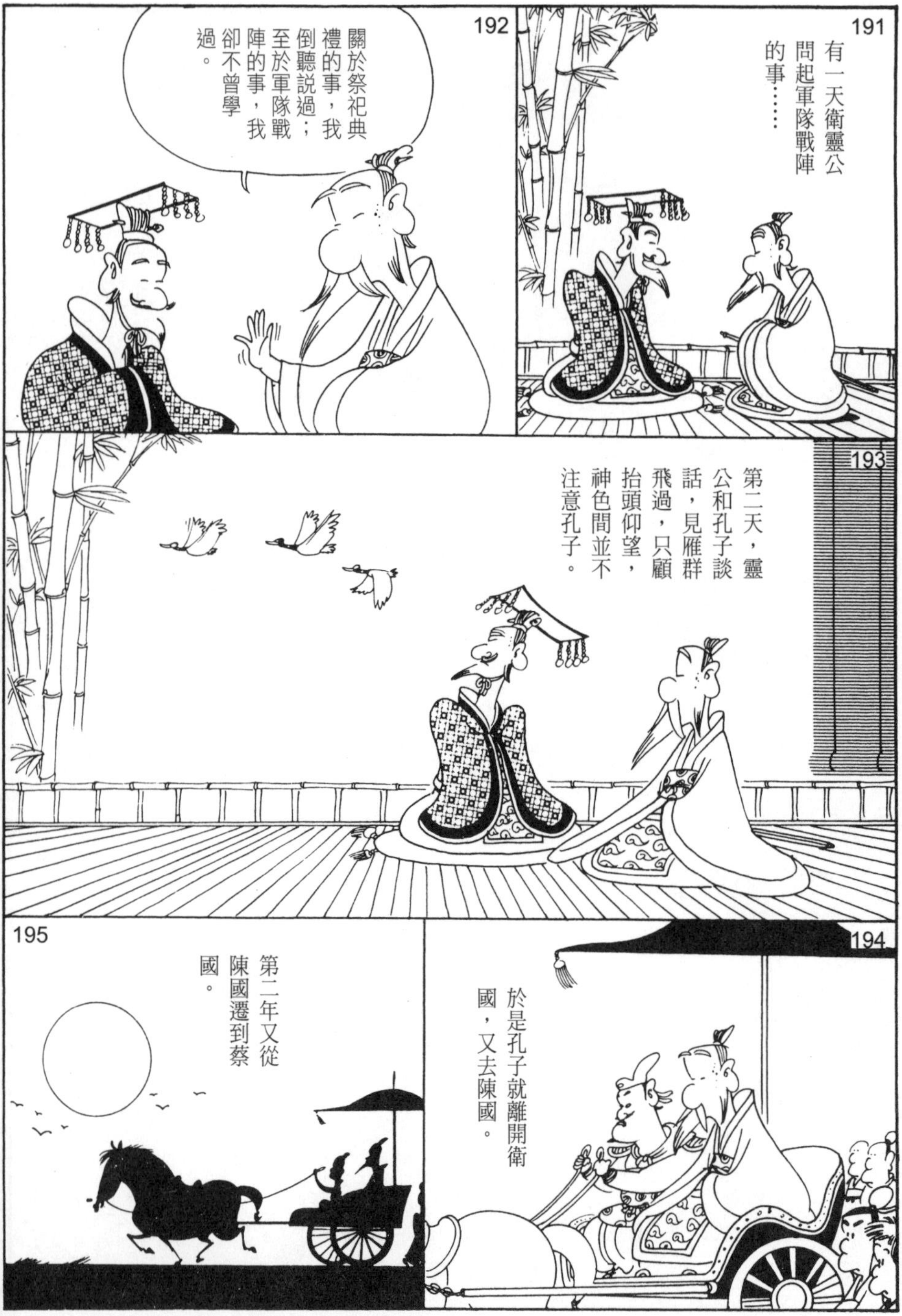
191
有一天衛靈公問起軍隊戰陣的事……
192
關於祭祀典禮的事，我倒聽說過；至於軍隊戰陣的事，我卻不曾學過。
193
第二天，靈公和孔子談話，見雁群飛過，只顧抬頭仰望，神色間並不注意孔子。
194
於是孔子就離開衛國，又去陳國。
195
第二年又從陳國遷到蔡國。

196
又過一年，孔子從蔡國往葉，見了葉公。
什麼是為政的道理？
197
為政之道在使遠方的人歸附，近處的人貼服。
198
子路，你老師是怎樣的一個人？
我不會形容……
199
葉公問您的為人，我回答不出來……
200
仲由！你怎麼不回他說：「他這個人學起道來毫不倦怠，教起人來全不厭煩，
201
用起功來連飯也會忘了吃，高興起來什麼憂愁都可忘掉，
202
甚至於連衰老即將來到也不知道了」等等。

孔子離開了葉，回到蔡國，又碰上吳國進攻陳國，楚國又來救陳。
兵荒馬亂之下，孔子竟被圍困在陳、蔡之間，糧食也斷絕了。
203
204
隨行弟子都餓病了，孔子卻照常講學誦書、彈琴唱歌。
咕～
205
君子也會有這樣窮困的時候嗎？
噹！
206
會有的，只不過君子遭遇困窮時，能夠堅持品德，小人遭到困窮時，他便胡作非為！

207
魯哀公十一年，孔子六十八歲，季康子以厚幣迎孔子返魯。

208
孔子離魯周遊列國，前後有十四年了。

209
哀公與季康氏雖時常向孔子問政，惟終不能用；

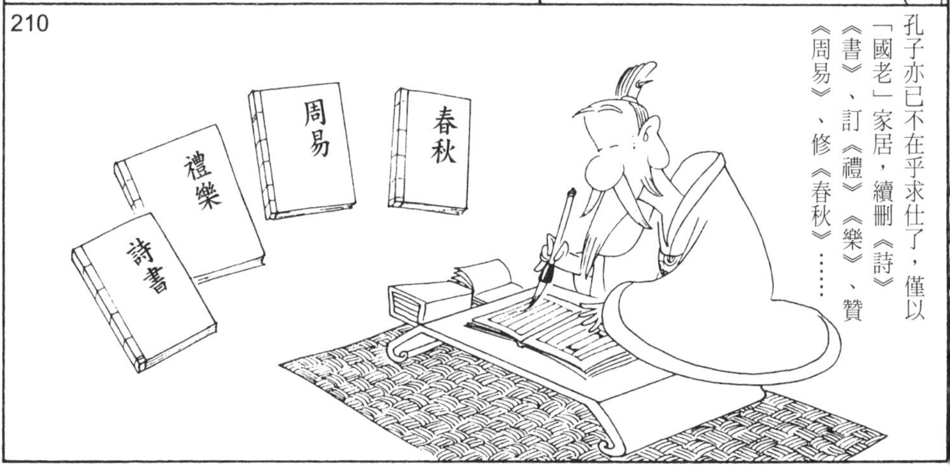
210
孔子亦已不在乎求仕了，僅以「國老」家居，續刪《詩》《書》、訂《禮》《樂》、贊《周易》、修《春秋》……
周易
春秋
禮樂
詩書

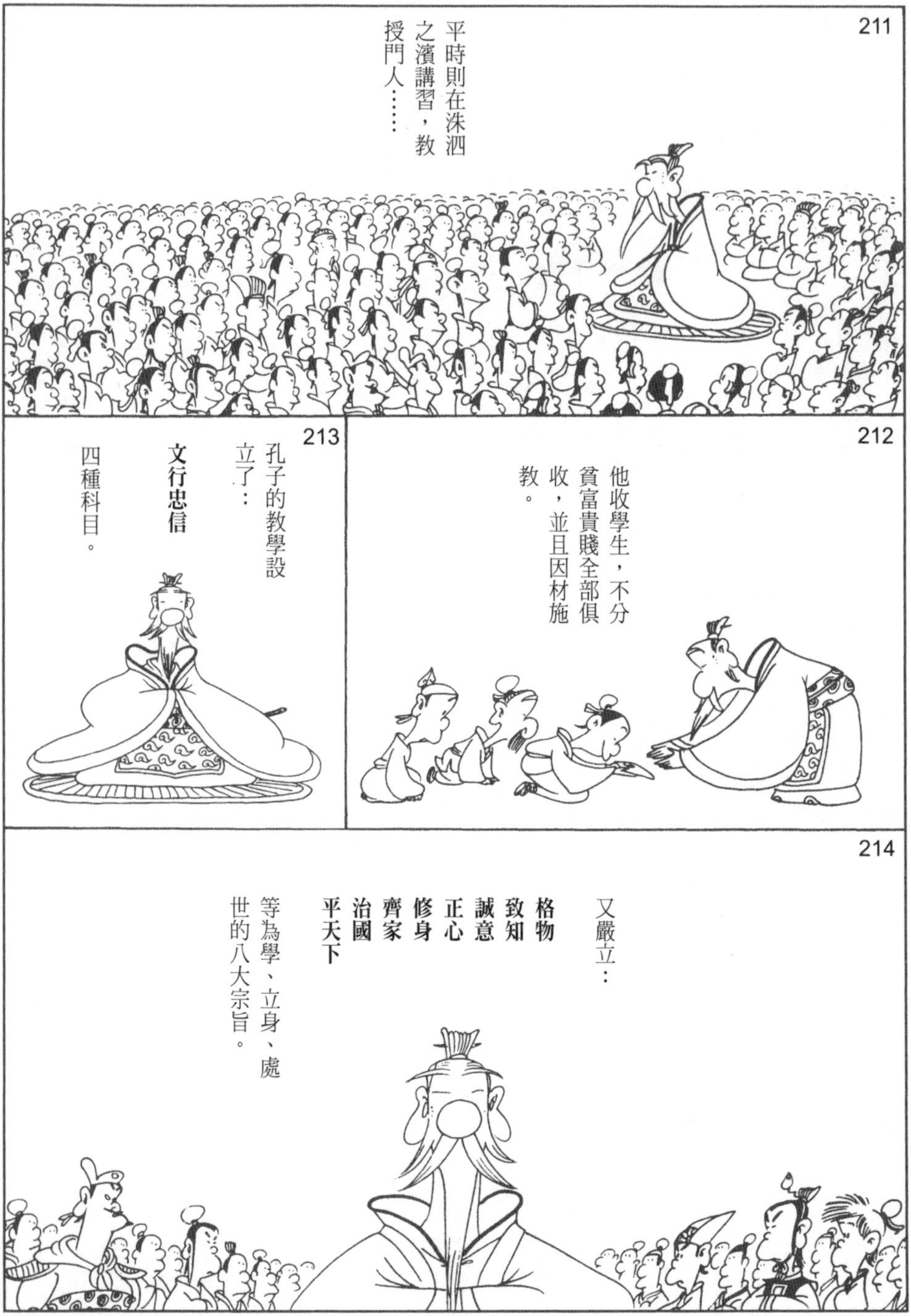
211
平時則在洙泗之濱講習，教授門人……
212
他收學生，不分貧富貴賤全部俱收，並且因材施教。
213
孔子的教學設立了：
文行忠信
四種科目。
214
又嚴立：
格物
致知
誠意
正心
修身
齊家
治國
平天下
等為學、立身、處世的八大宗旨。

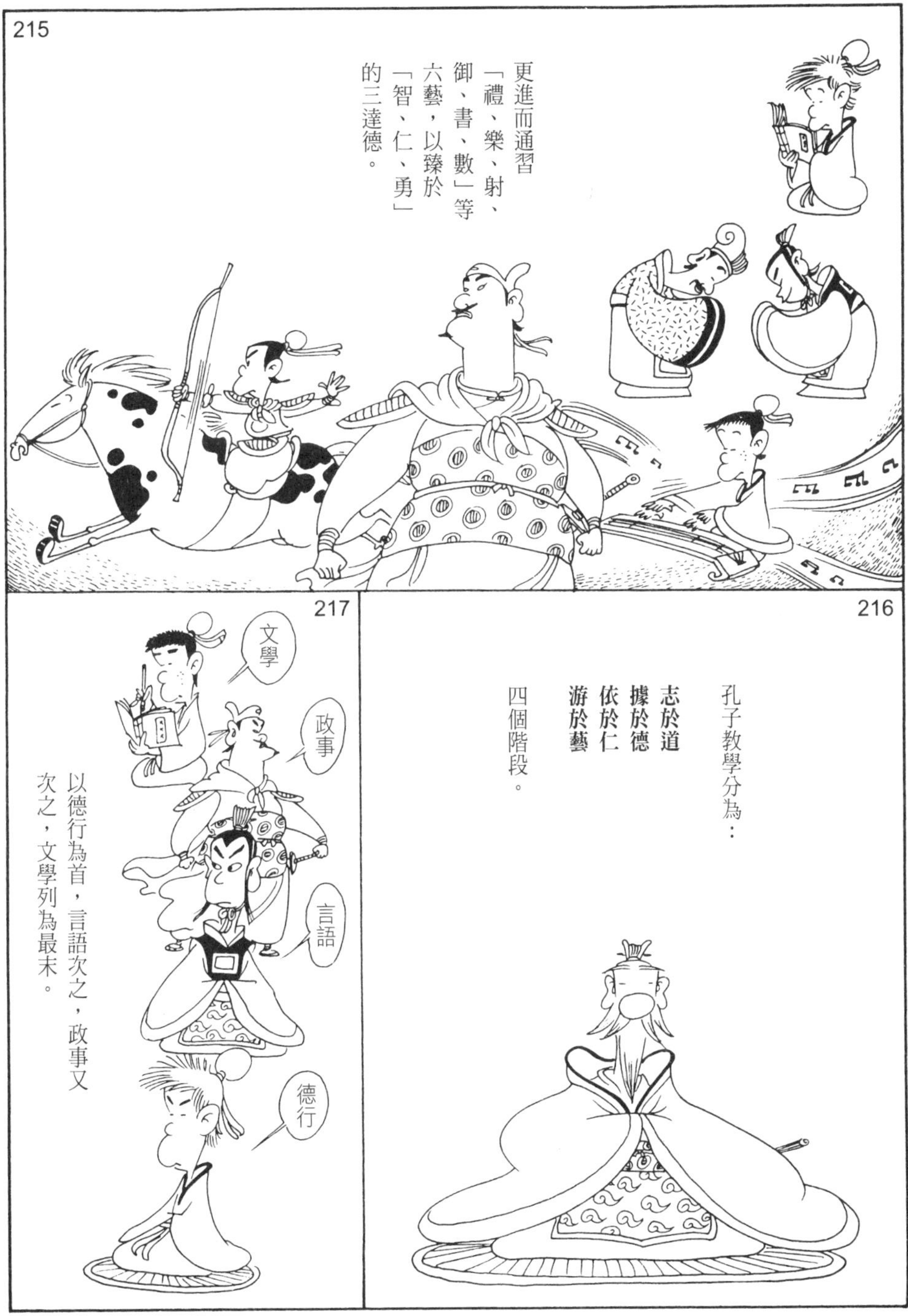
215
更進而通習「禮、樂、射、御、書、數」等六藝，以臻於「智、仁、勇」的三達德。
216
孔子教學分為：
志於道
據於德
依於仁
游於藝
四個階段。
217
文學
政事
言語
德行
以德行為首，言語次之，政事又次之，文學列為最末。

218
魯哀公十六年，孔子病了……
219
老師……
子貢啊！你怎麼來得這麼遲呢？
220
泰山就這樣崩塌嗎？
221
梁柱就這樣摧折嗎？哲人就這樣凋謝嗎？
222
天下失去常道已經很久了，世人都不能遵循我的治平理想。

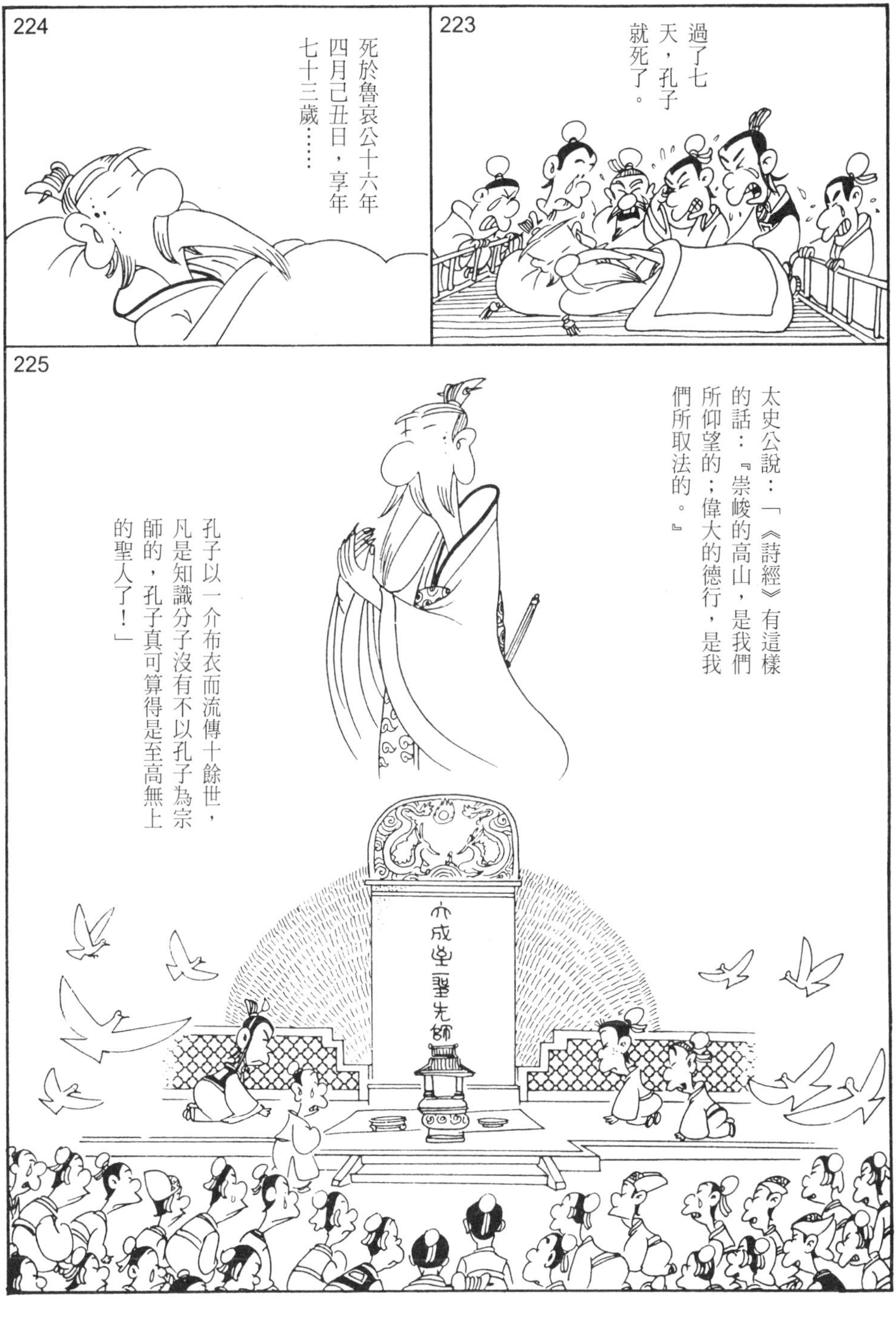
223
過了七天，孔子就死了。
224
死於魯哀公十六年四月己丑日，享年七十三歲……
225
太史公說：「《詩經》有這樣的話：『崇峻的高山，是我們所仰望的；偉大的德行，是我們所取法的。』
孔子以一介布衣而流傳十餘世，凡是知識分子沒有不以孔子為宗師的，孔子真可算得是至高無上的聖人了！」
大成至聖先師

倫語

學而時習之，不亦說乎？有朋自遠方來，不亦樂乎？人不知而不慍，不亦君子乎？
學而第一——一
學得一種知識而能夠應時實行，這不是很令人高興的嗎？
有朋友從遠方來，不是很令人快樂的嗎？
即使不見知於人，心裡也毫不怨恨，這不就是一位有修養的君子嗎？

曾子曰：「吾日三省吾身：為人謀，而不忠乎？與朋友交，而不信乎？傳，不習乎？」

學而第一—四

1
曾子說：我每天以三件事情反省我自己：

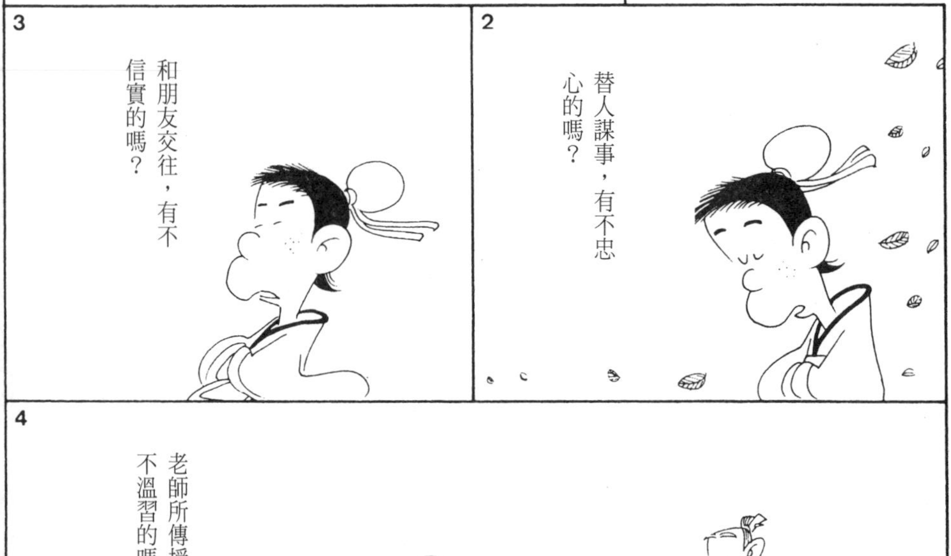

2
替人謀事，有不忠心的嗎？
3
和朋友交往，有不信實的嗎？
4
老師所傳授的學問，有不溫習的嗎？

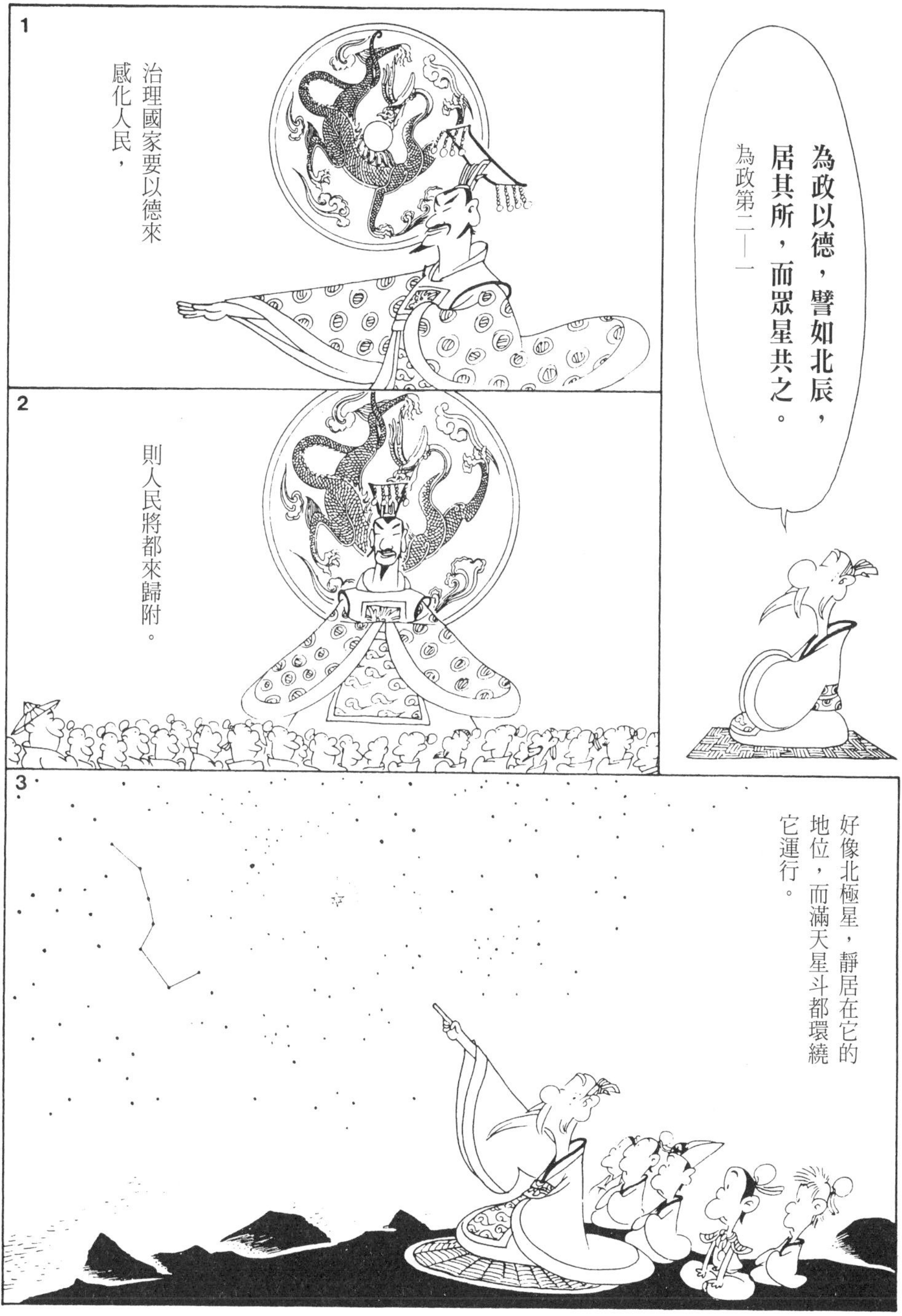
為政以德，譬如北辰，居其所，而眾星共之。
為政第二—一
1
治理國家要以德來感化人民，
2
則人民將都來歸附。
3
好像北極星，靜居在它的地位，而滿天星斗都環繞它運行。

吾十有五而志於學；三十而立；四十而不惑；五十而知天命；六十而耳順；七十而從心所欲，不逾矩。
為政第二—四
我十五歲時，便立志向學；
到了三十歲，就已經能夠堅守所學，毫不動搖了。
到四十歲，對處理事情和瞭解道理，已經沒有不明白的地方了。
五十歲時能夠知天命，因而能不怨天、不尤人。
到六十歲，只要聽到別人一講話，便能判斷這話的是或非，這人的人品如何。
到了七十歲時，無論一言一行，不必去想，一切都不會做錯。

子曰：「由，誨女，知之乎？知之為知之，不知為不知，是知也。」

為政第二—十七

1
仲由呀！我教你的你都知道了嗎？

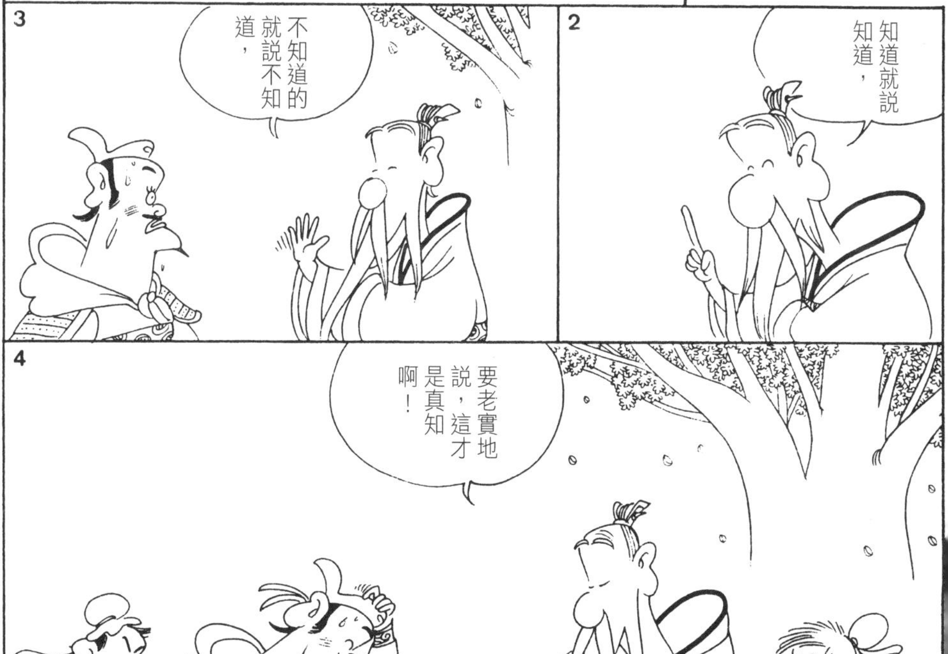
2
知道就說知道，
3
不知道的就說不知道，
4
要老實地說，這才是真知啊！

子入大廟，每事問。或曰：「孰謂鄹人之子知禮乎？入大廟，每事問。」子聞之曰：「是禮也！」

八佾第三—十五

1

2
孔子初入周公廟助祭，每件事情都去問人。
祭
3
誰說這個鄹人的兒子知禮？跑到周公廟來，遇見什麼事都要問。
！
4
遇事皆問，謙虛而不敢自是，這就是禮啊！

子貢欲去告朔之餼羊。子曰：「賜也！爾愛其羊，我愛其禮。」

八佾第三—十七

子貢想要把告朔祭所供奉的羊廢除。
祭

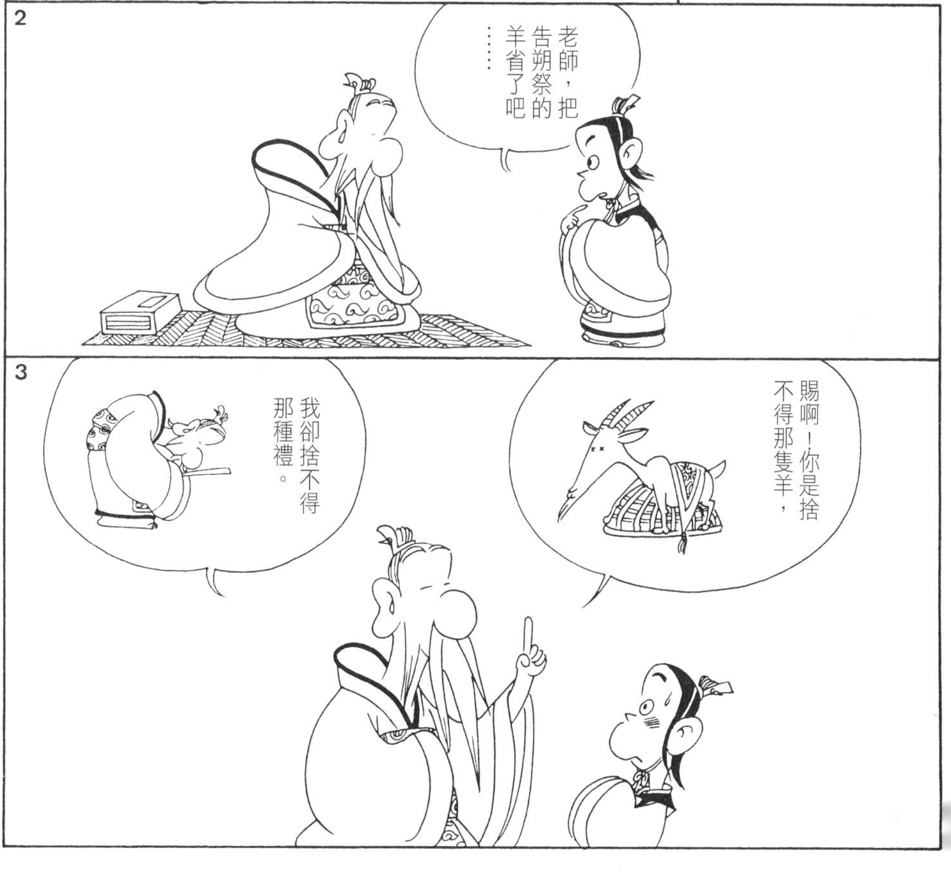
老師，把告朔祭的羊省了吧……
賜啊！你是捨不得那隻羊，
我卻捨不得那種禮。

士志於道，而恥惡衣惡食者，未足與議也。
里仁第四—九
一個讀書人若已立志求道，
而還恥於自己穿得不好，
吃得不好，
這種人便不足以和他討論道了！
！

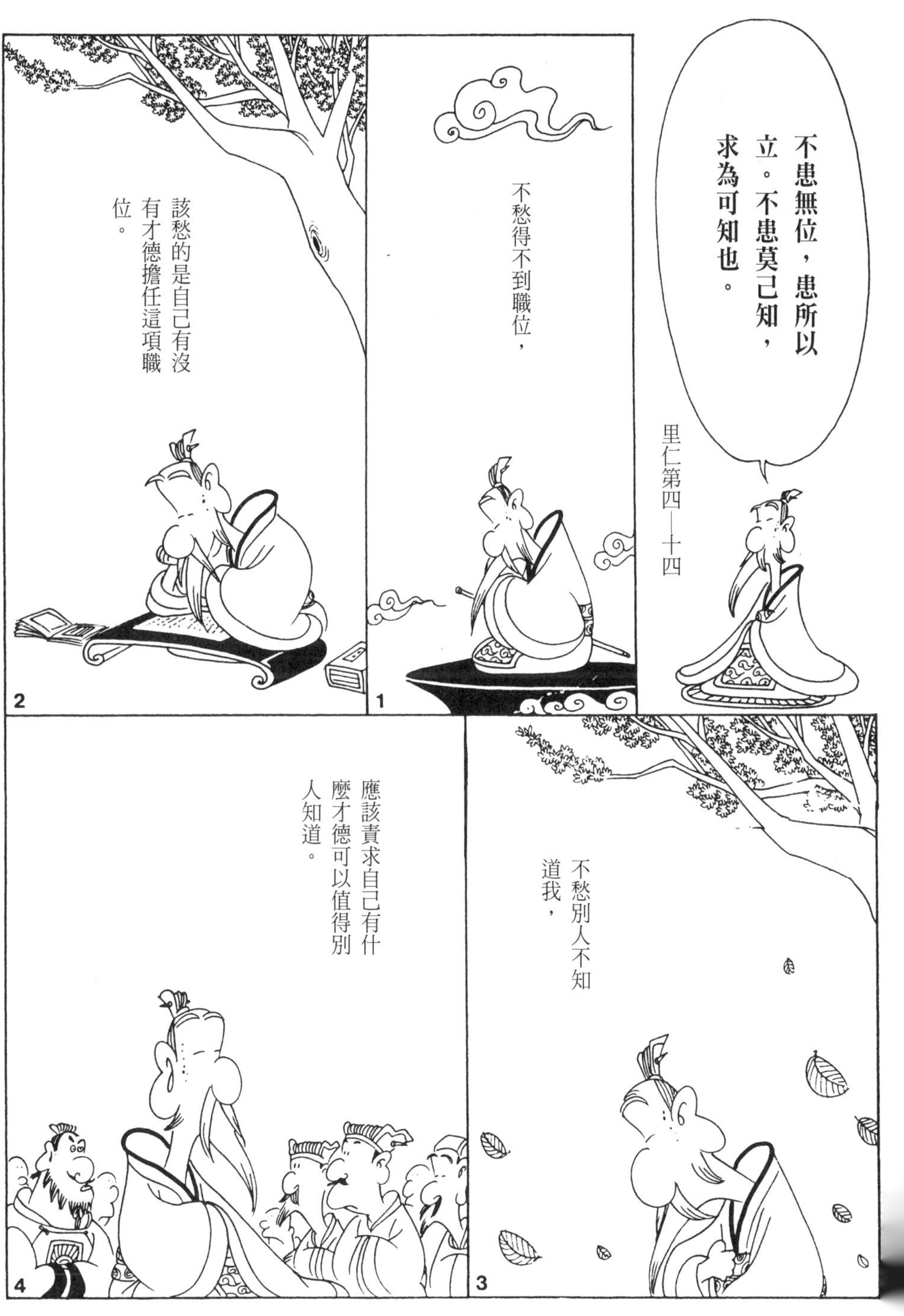
不患無位，患所以立。不患莫己知，求為可知也。
里仁第四—十四
不愁得不到職位，
該愁的是自己有沒有才德擔任這項職位。
不愁別人不知道我，
應該責求自己有什麼才德可以值得別人知道。

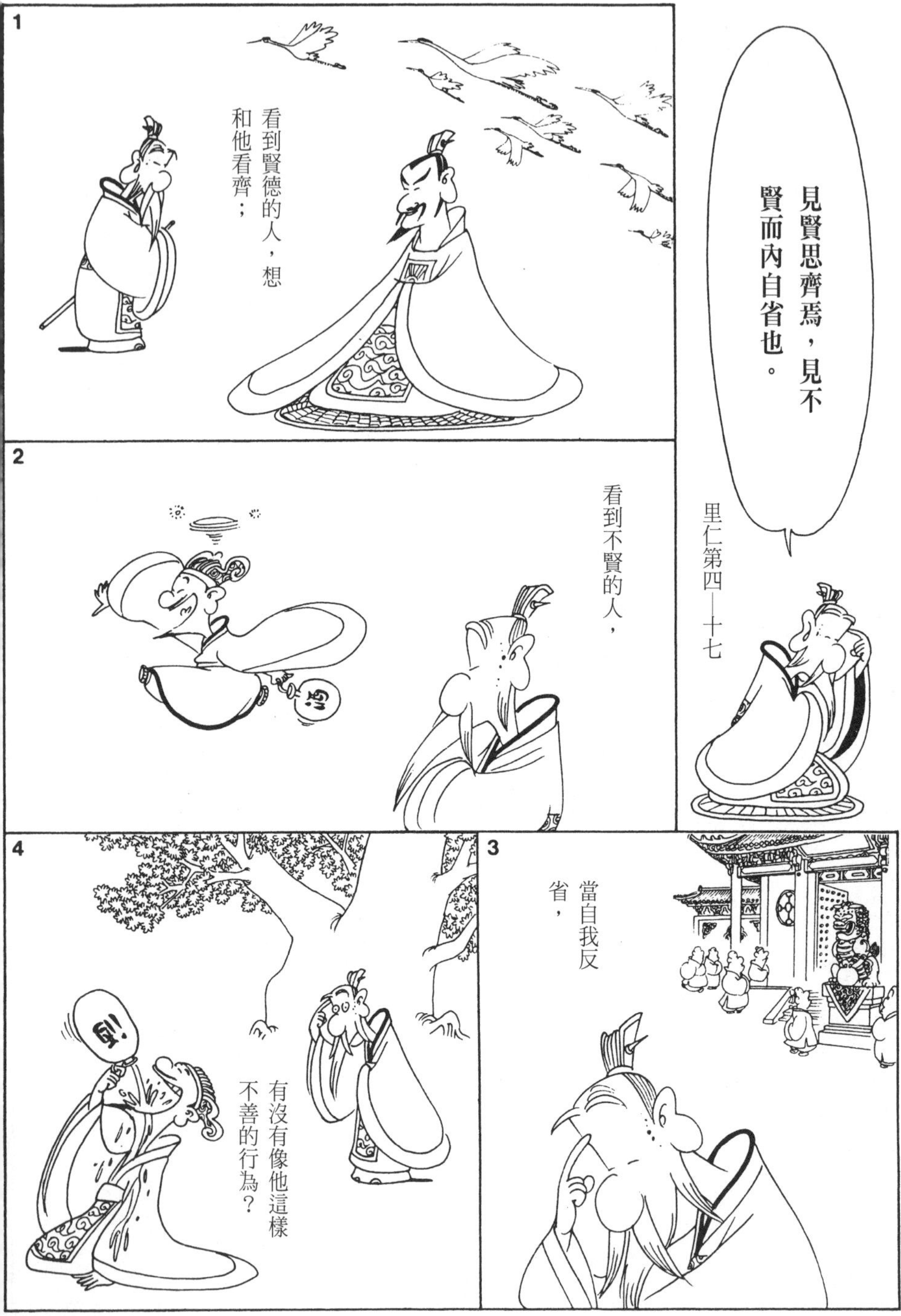
見賢思齊焉，見不賢而內自省也。
里仁第四—十七
1
看到賢德的人，想和他看齊；
2
看到不賢的人，
3
當自我反省，
4
有沒有像他這樣不善的行為？

父母在，不遠遊；
遊必有方。
里仁第四—十九
1
父母在世時，不可外出遠遊；
2
如果不得已要外出遠遊，應將去向告訴父母，以免父母憂心。

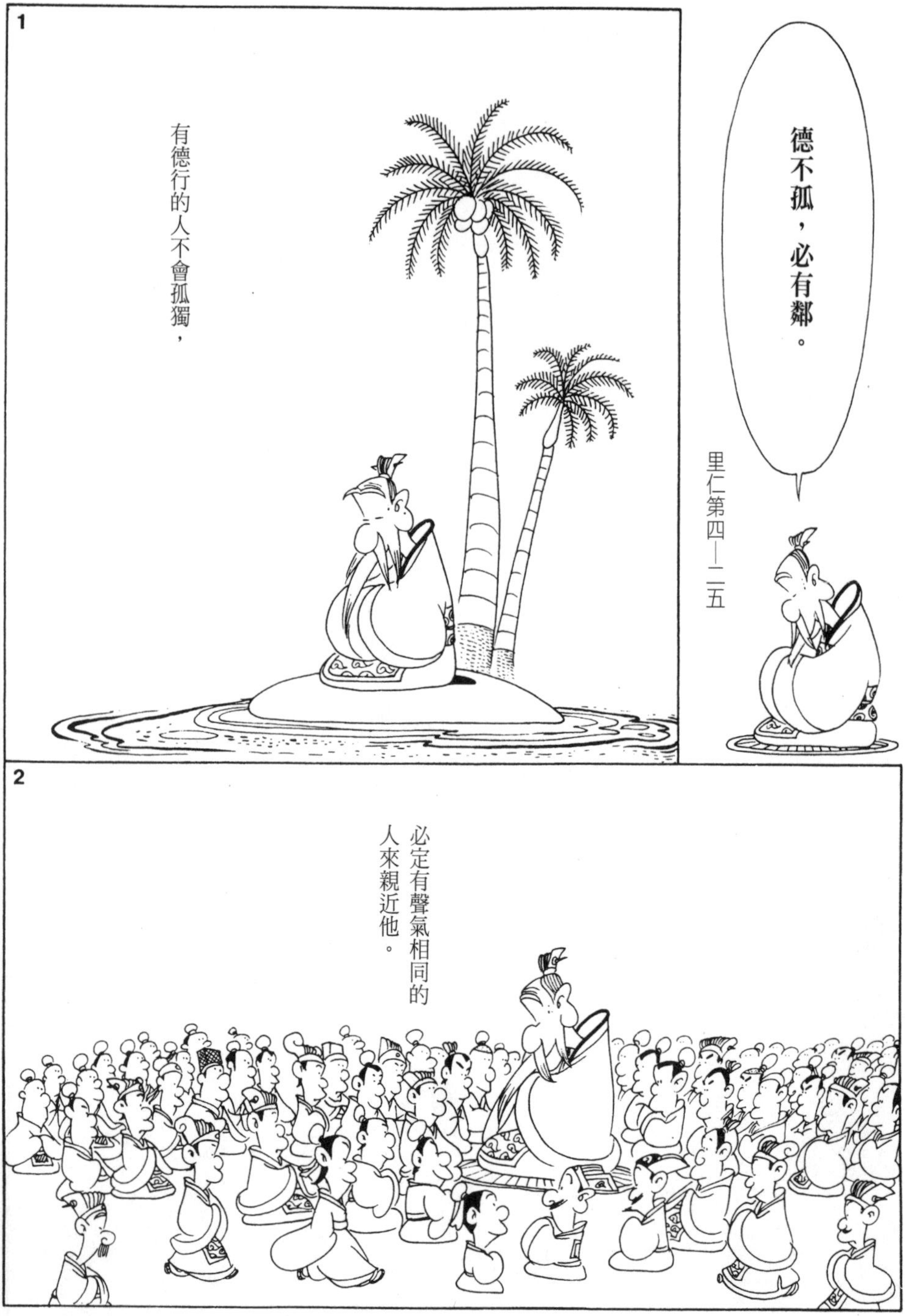
德不孤，必有鄰。
里仁第四—二五
有德行的人不會孤獨，
必定有聲氣相同的人來親近他。

子謂子貢曰：「女與回也孰愈？」對曰：「賜也何敢望回！回也聞一以知十，賜也聞一以知二。」子曰：「弗如也，吾與女弗如也。」

公冶長第五—九

1
孔子對子貢說：
你與顏回哪一個比較強？
2
我怎麼比得上顏回呢？
3
顏回聽得一件道理，便能推知全體，徹底明瞭，
4
我聽得一件道理，只能推知兩件。
5
你是不如他，我和你都不如他啊！
!

宰予晝寢。子曰：「朽木不可雕也，糞土之牆，不可杇也。於予與何誅！」子曰：「始吾於人也，聽其言而信其行；今吾於人也，聽其言而觀其行。於予與改是！」

公冶長第五—十

1
宰予在白天睡大覺。

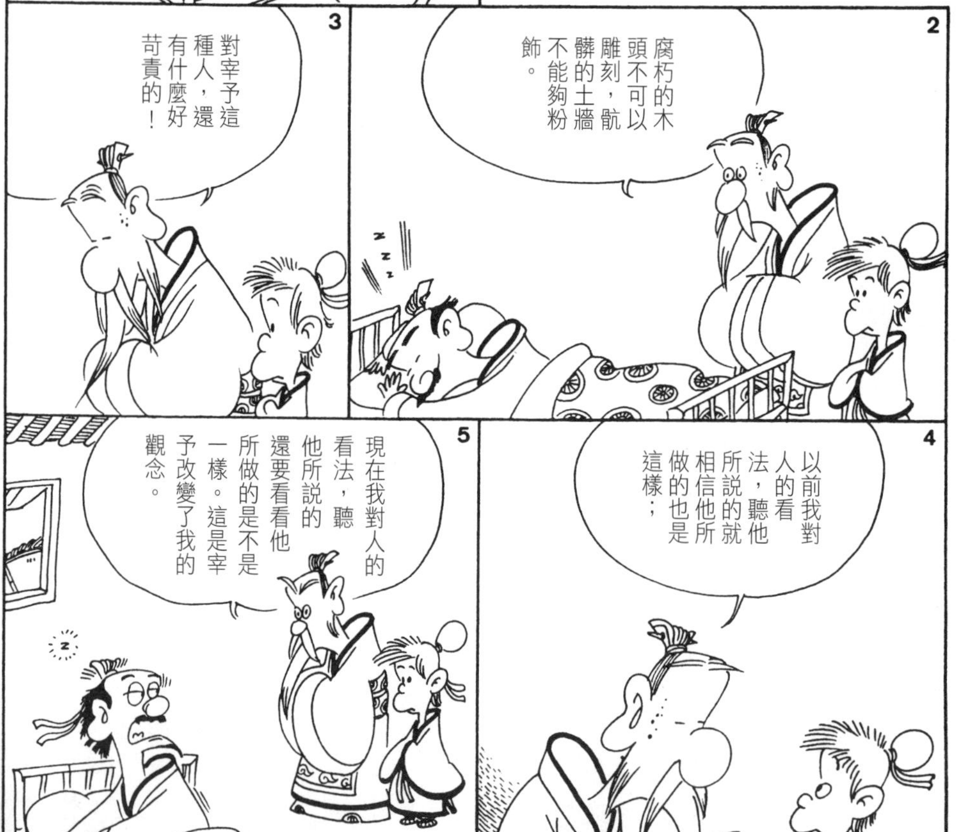
2
腐朽的木頭不可以雕刻，骯髒的土牆不能夠粉飾。
3
對宰予這種人，還有什麼好苛責的！
4
以前我對人的看法，聽他所說的就相信他所做的也是這樣；
5
現在我對人的看法，聽他所說的還要看看他所做的是不是一樣。這是宰予改變了我的觀念。

子貢問曰：「孔文子何以謂之文也？」子曰：「敏而好學，不恥下問，是以謂之文也。」

公冶長第五——十五

子貢問孔子說：
孔圉這個人，為什麼諡他為「文」呢？

他天資聰明而好學，
向下屬請教而不以為恥，
就因為這樣，所以諡他為「文」了。

巧言、令色、足恭，左丘明恥之，丘亦恥之。匿怨而友其人，左丘明恥之，丘亦恥之。
公治長第五—二五
說阿諛好聽的話，裝出諂媚討人喜歡的臉色，過分地卑恭，
這個樣子，左丘明認為可恥，我也認為可恥。
心裡怨恨一個人，表面卻和他友善……
這種事情，左丘明認為可恥，我也認為可恥。

顏淵、季路侍。子曰：「盍各言爾志？」子路曰：「願車馬，衣裘，與朋友共，敝之而無憾。」顏淵曰：「願無伐善，無施勞。」子路曰：「願聞子之志！」子曰：「老者安之，朋友信之，少者懷之。」

公冶長第五—二六

1
顏淵、子路陪侍孔子。
何不各說說自己的志願呢？
2
我願意把我的車、馬、衣、裘和朋友共用，就是用壞了，也不怨恨。
3
我願不誇耀自己的長處，
不表白自己的功勞。
4
我們也想聽聽老師的志願。
5
我願意讓年老的人都能得到奉養而安樂。
朋友之間互相信賴。
年少的都能得到撫愛。

十室之邑，必有忠信如丘者焉，不如丘之好學也。
公冶長第五—二八
酒
只有十戶人家的小地方，
必定會有像我這樣忠信的人，
只是沒有像我這樣好學罷了。

哀公問：「弟子孰為好學？」孔子對曰：「有顏回者好學，不遷怒，不貳過，不幸短命死矣！今也則亡，未聞好學者也。」

雍也第六—二

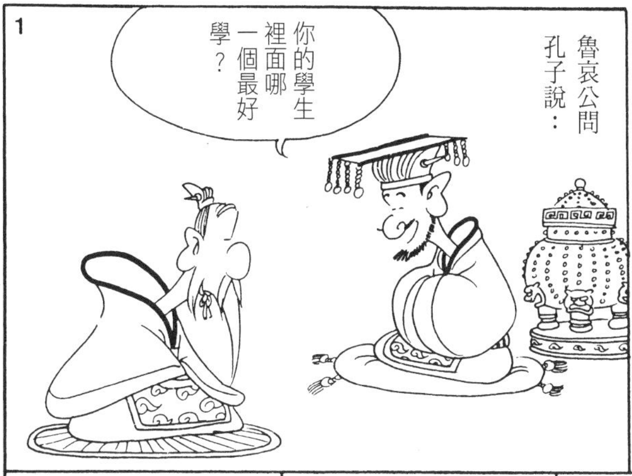
1
魯哀公問孔子說：
你的學生裡面哪一個最好學？

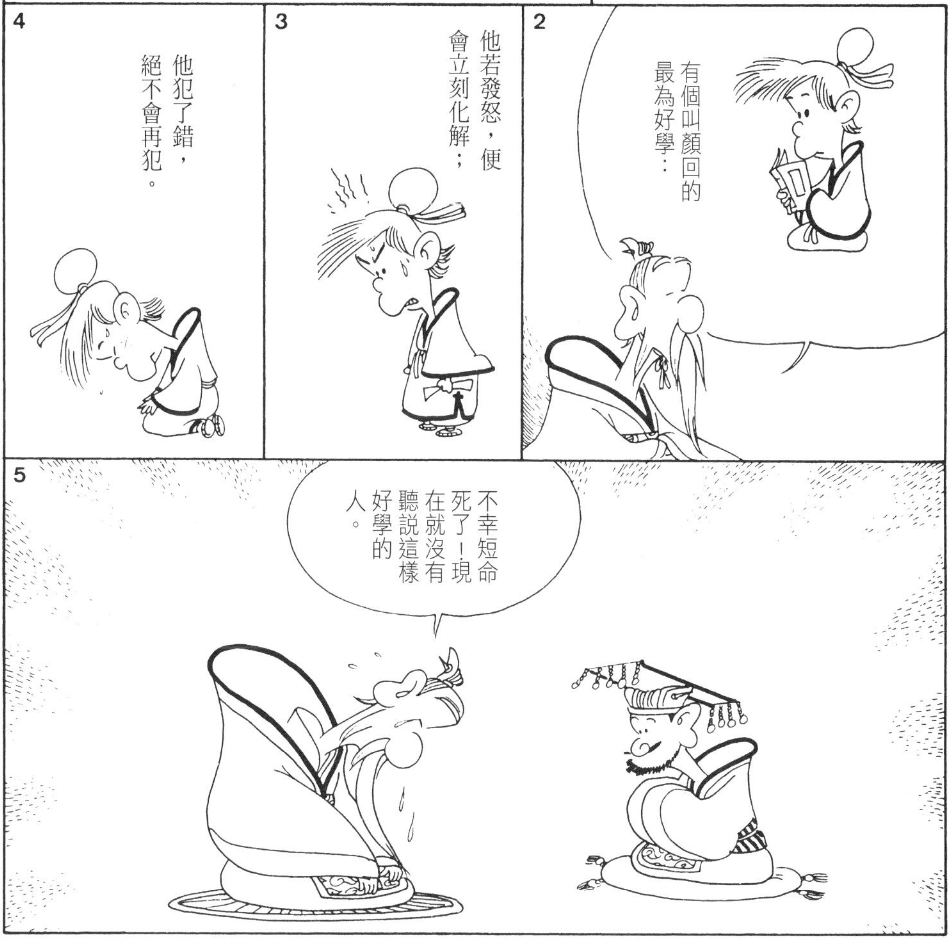
2
有個叫顏回的最為好學：
3
他若發怒，便會立刻化解；
4
他犯了錯，絕不會再犯。
5
不幸短命死了！現在就沒有聽說這樣好學的人。

賢哉回也！一簞食，一瓢飲，在陋巷，人不堪其憂，回也不改其樂。賢哉回也！
雍也第六—九
1
顏回真是賢德啊！
2
一小筐飯，
3
一瓢水，
4
住簡陋狹窄的屋子，
5
別人都受不了這種窮苦，而顏回卻沒有改變他自得的樂趣。
6
顏回真是賢德啊！

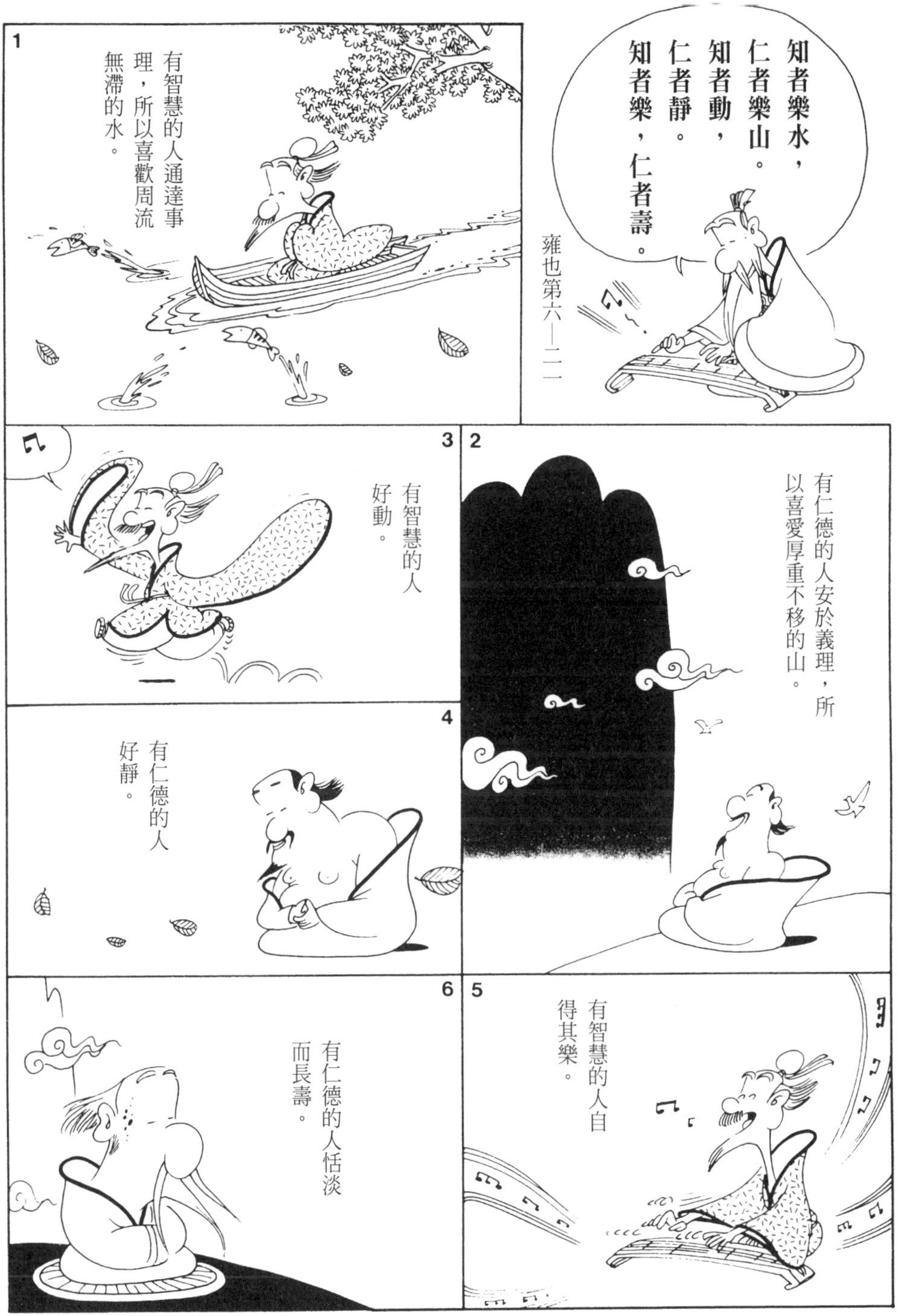
知者樂水，仁者樂山。知者動，仁者靜。知者樂，仁者壽。
雍也第六—二一
1
有智慧的人通達事理，所以喜歡周流無滯的水。
2
有仁德的人安於義理，所以喜愛厚重不移的山。
3
有智慧的人好動。
4
有仁德的人好靜。
5
有智慧的人自得其樂。
6
有仁德的人恬淡而長壽。

述而不作，信而好古，竊比於我老彭。
述而第七—一
傳述舊聞而不創作，
篤信堯、舜、禹、湯、文、武的道理，而喜歡古時的文化，
私下效法商朝的賢大夫老、彭。

默而識之，學而不厭，誨人不倦，何有於我哉？
述而第七—二
1
將學問默誦爛熟，記在心裡，
2
好學而不厭，
詩經
3
教誨學生，永遠不會倦怠。
4
這對我來說有什麼困難呢？

甚矣吾衰也！久矣，吾不復夢見周公！
述而第七—五
1
Z Z Z
2
Z
Z
3
我已衰老極了……
4
很久很久，我都沒有夢見周公了！

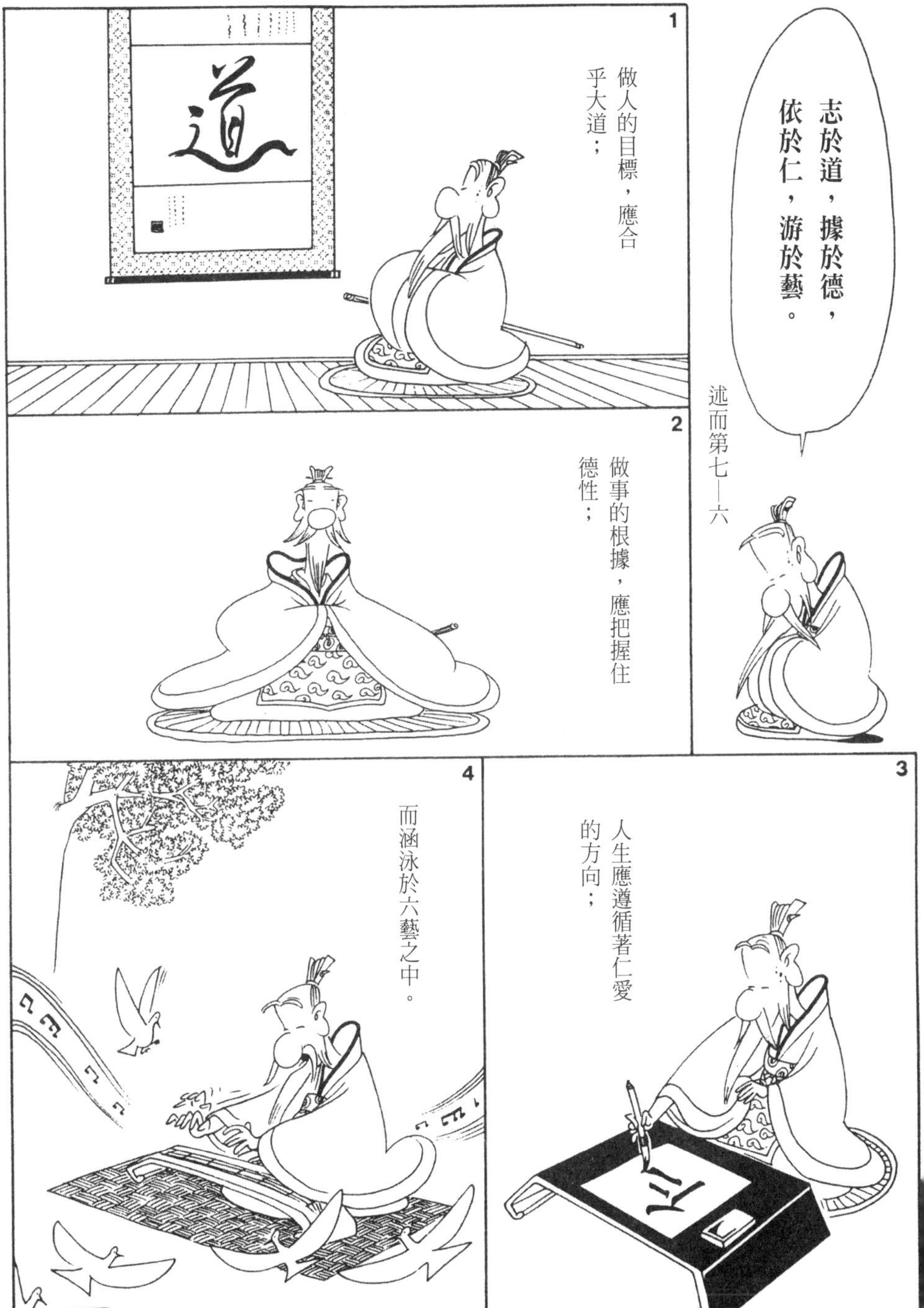
志於道，據於德，依於仁，游於藝。
述而第七—六
1
做人的目標，應合乎大道；
2
做事的根據，應把握住德性；
3
人生應遵循著仁愛的方向；
4
而涵泳於六藝之中。

自行束脩以上，吾未嘗無誨焉！
述而第七—七
凡是能自動奉送一些敬師禮品而來的人，
我沒有不收他做學生而教誨他的。

不憤，不啟；不悱，不發。舉一隅不以三隅反，則不復也。
述而第七—八
1
沒到了因求知而煩懣的，我不會去啟發他。
2
沒到了因求知而悵恨的，我不會去開導他。
3
如果舉一個角給他，
4
他不能推想到其他三個角，就不再教導他了。

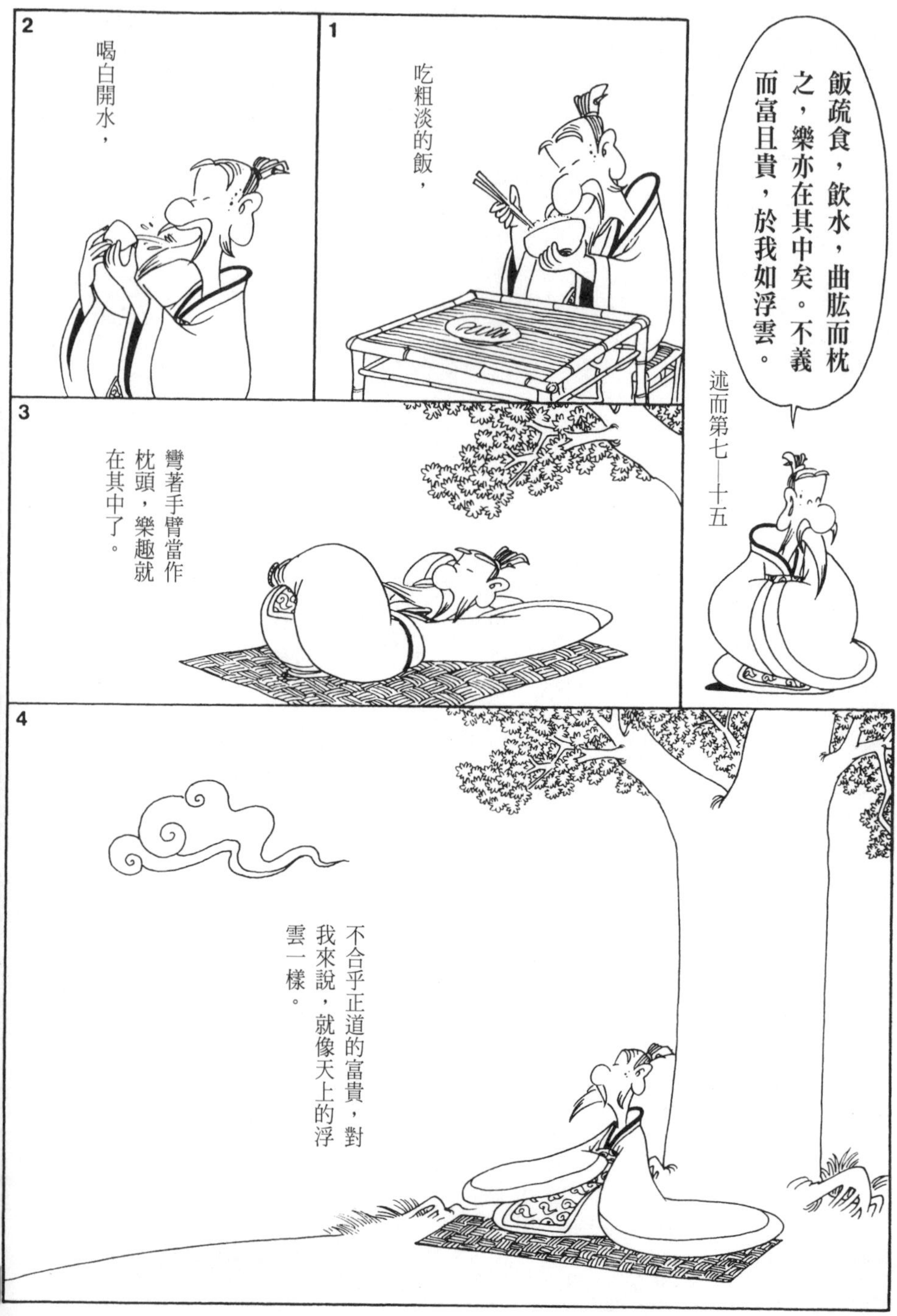
飯疏食，飲水，曲肱而枕之，樂亦在其中矣。不義而富且貴，於我如浮雲。
述而第七—十五
1
吃粗淡的飯，
2
喝白開水，
3
彎著手臂當作枕頭，樂趣就在其中了。
4
不合乎正道的富貴，對我來說，就像天上的浮雲一樣。

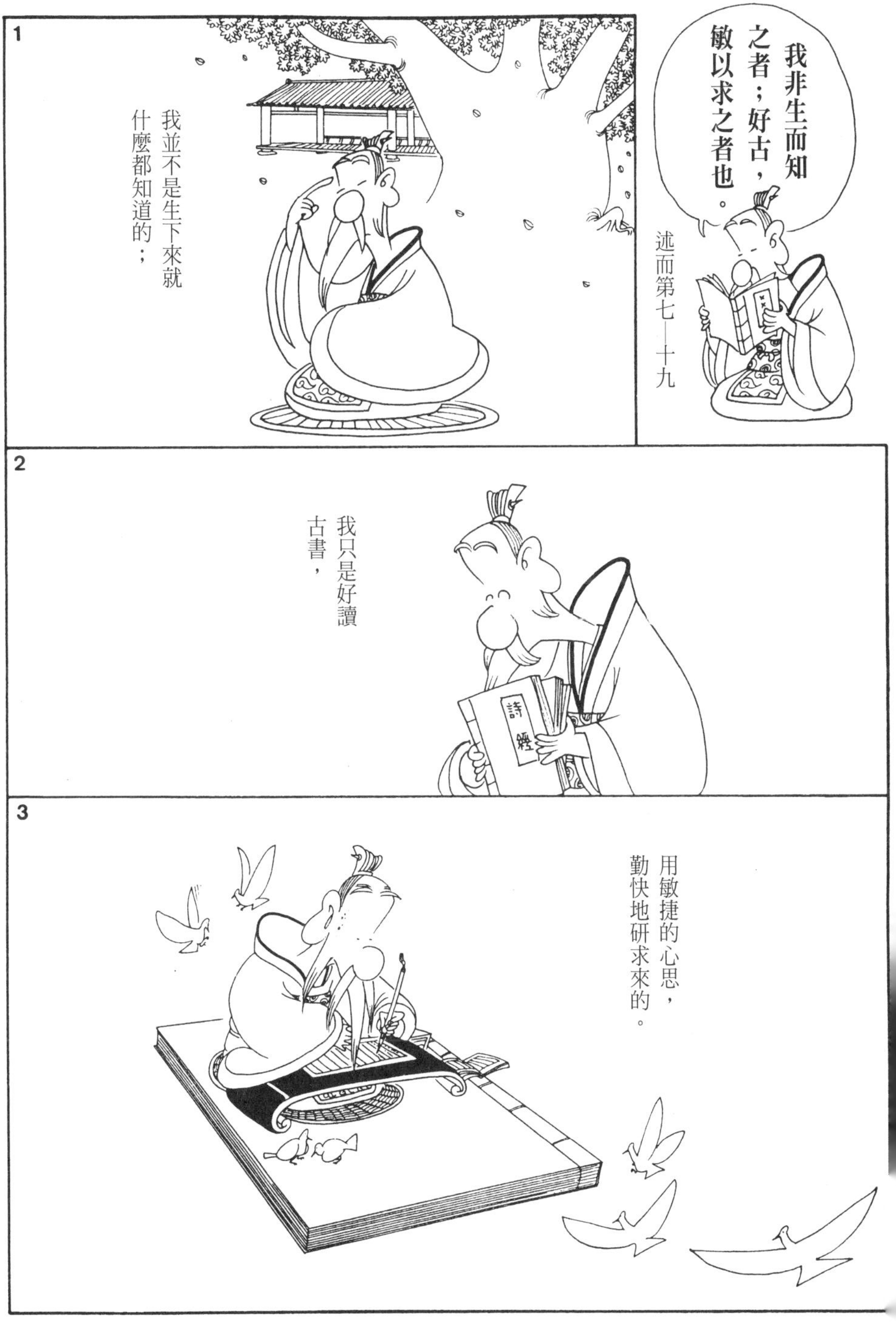
我非生而知之者；好古，敏以求之者也。
述而第七——十九
1
我並不是生下來就什麼都知道的；
2
我只是好讀古書，
詩經
3
用敏捷的心思，勤快地研求來的。

三人行，必有我師焉。擇其善者而從之，其不善者而改之。
述而第七—二一
1
三個人同行，這裡面一定有可以做我的老師的。
2
選擇他們的長處加以學習，
3
他們的短處也可做自我改正的參考。
酒

子釣而不綱，
弋不射宿。
述而第七—二六
孔子用釣竿釣魚，
但不用大網
網魚；
射鳥，
但不射夜裡棲
息的鳥。

曾子有疾，孟敬子問之。曾子言曰：「鳥之將死，其鳴也哀；人之將死，其言也善。君子所貴乎道者三：動容貌，斯遠暴慢矣；正顏色，斯近信矣；出辭氣，斯遠鄙倍矣。籩豆之事，則有司存。」

泰伯第八—四

曾子病了，孟敬子來看他。
鳥將死的時候，牠的鳴聲是悲哀的；
嗚~~
1

人將死的時候，他說的話是誠懇善意的。
2
君子所重的道有三項：
3
容貌舉動要合乎禮，才能遠離粗莽放肆；端正顏色，才能不妄而近乎誠信；言辭合理得體，才能遠離鄙陋悖理。至於一切禮節上的定例，自有專管的人員在。
4

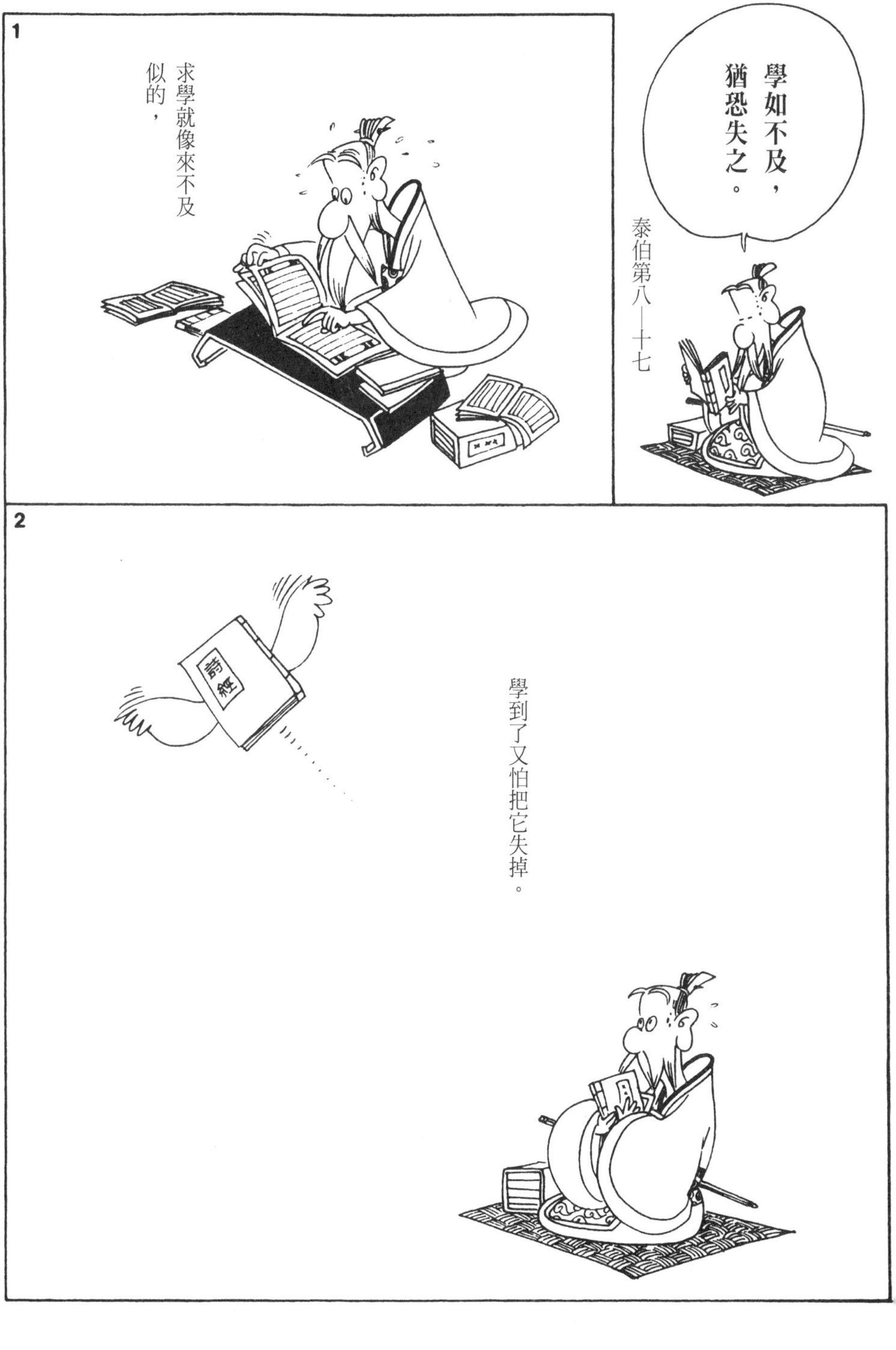
學如不及，猶恐失之。
泰伯第八—十七
求學就像來不及似的，
學到了又怕把它失掉。
詩經

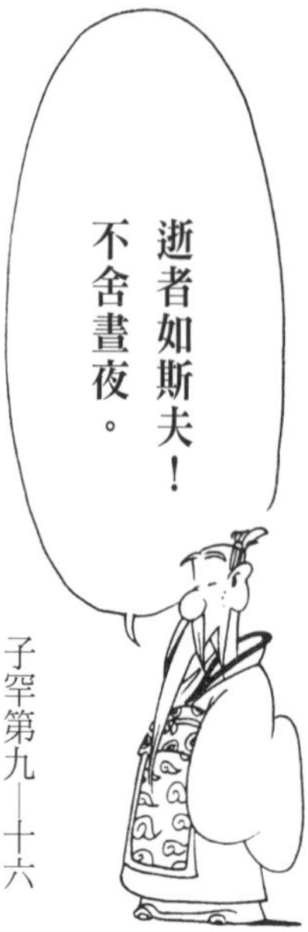
逝者如斯夫！不舍晝夜。

子罕第九—十六

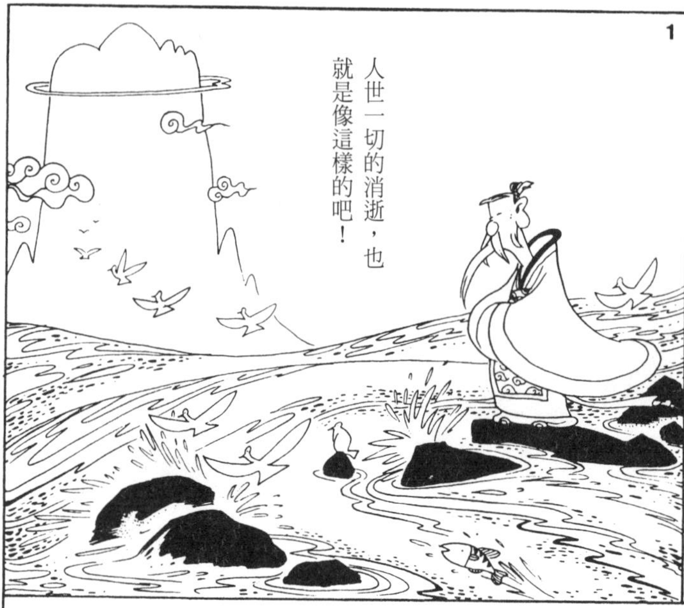
1
人世一切的消逝，也就是像這樣的吧！

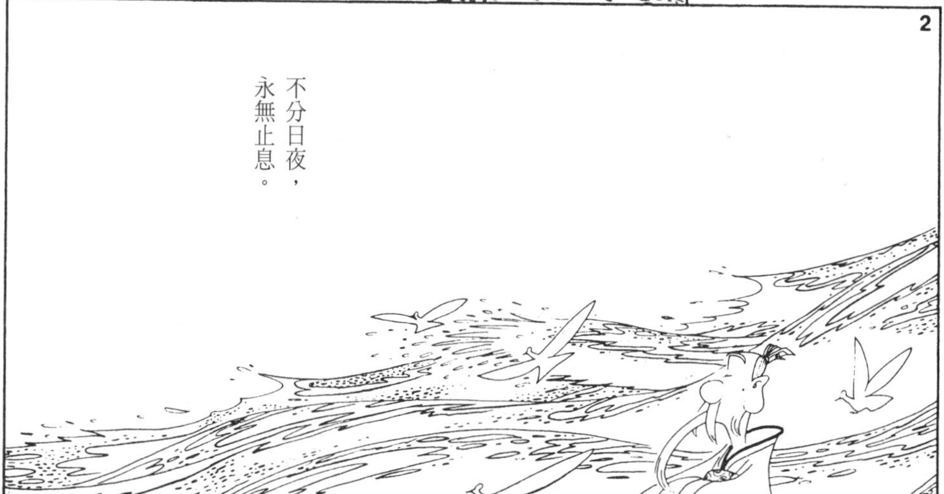
2
不分日夜，永無止息。

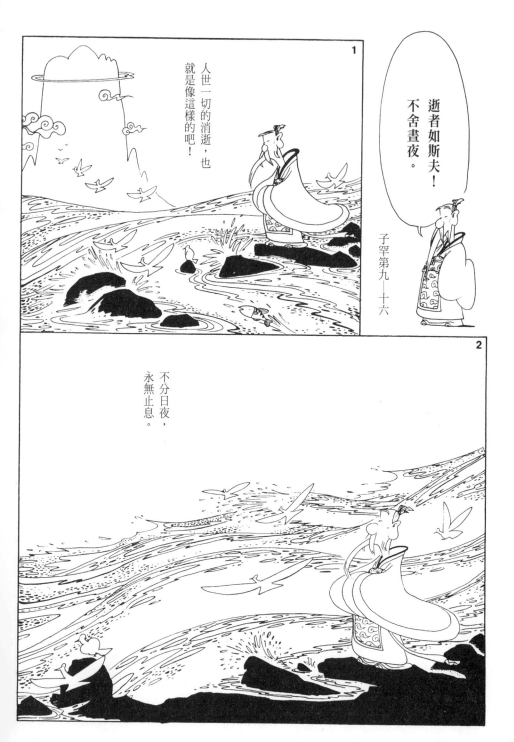

子曰：「後生可畏，焉知來者之不如今也？四十五十而無聞焉，斯亦不足畏也矣！」
子罕第九—二三
年輕人是不可以小看的；
我們怎料得到他們的將來比不上我們這一輩人的現在呢？
不過，假如一個人到了四十，或五十歲仍沒有成就，
那這個人也不足以令人敬畏的了！
酒

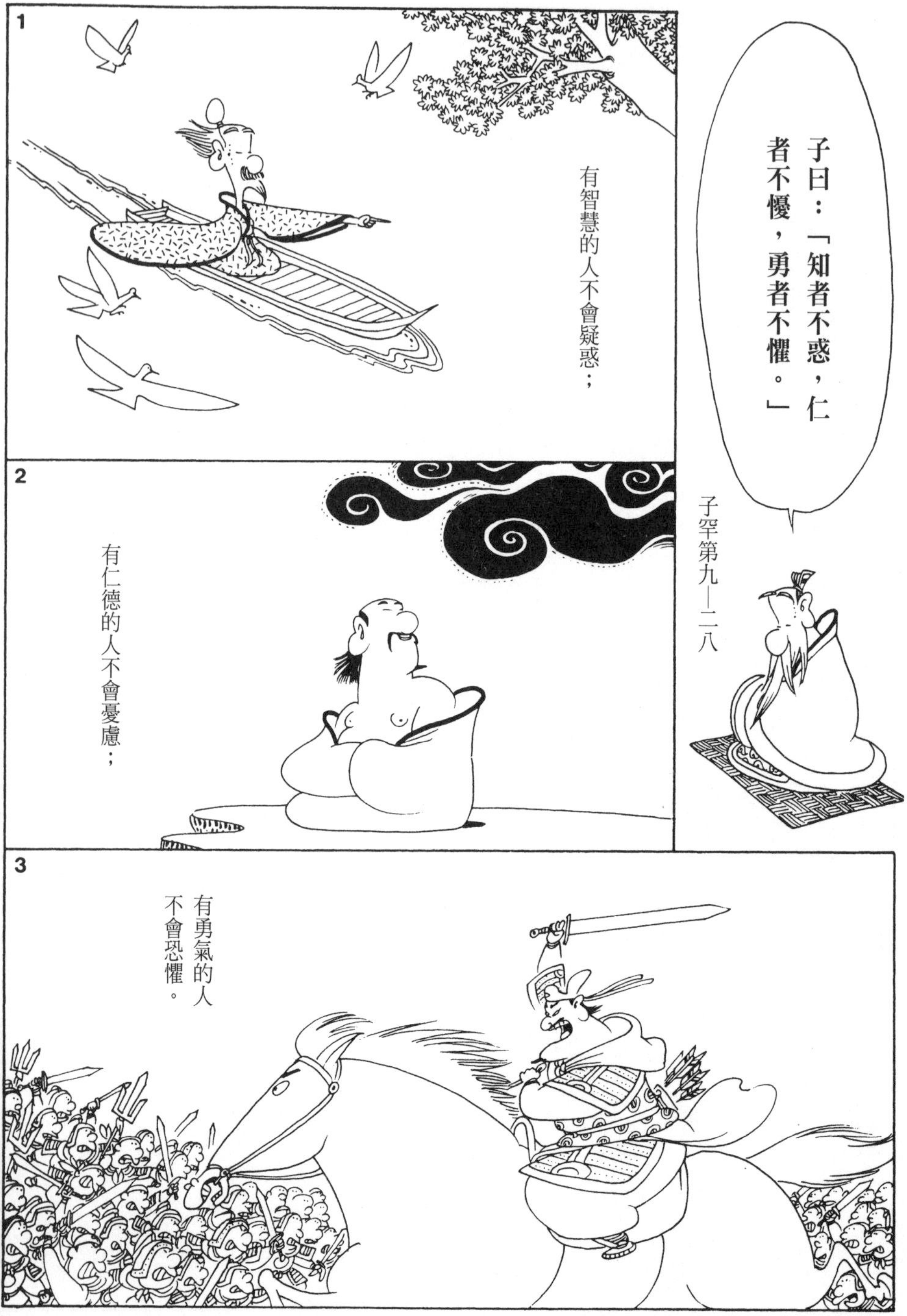
子曰：「知者不惑，仁者不憂，勇者不懼。」
子罕第九—二八
1
有智慧的人不會疑惑；
2
有仁德的人不會憂慮；
3
有勇氣的人不會恐懼。

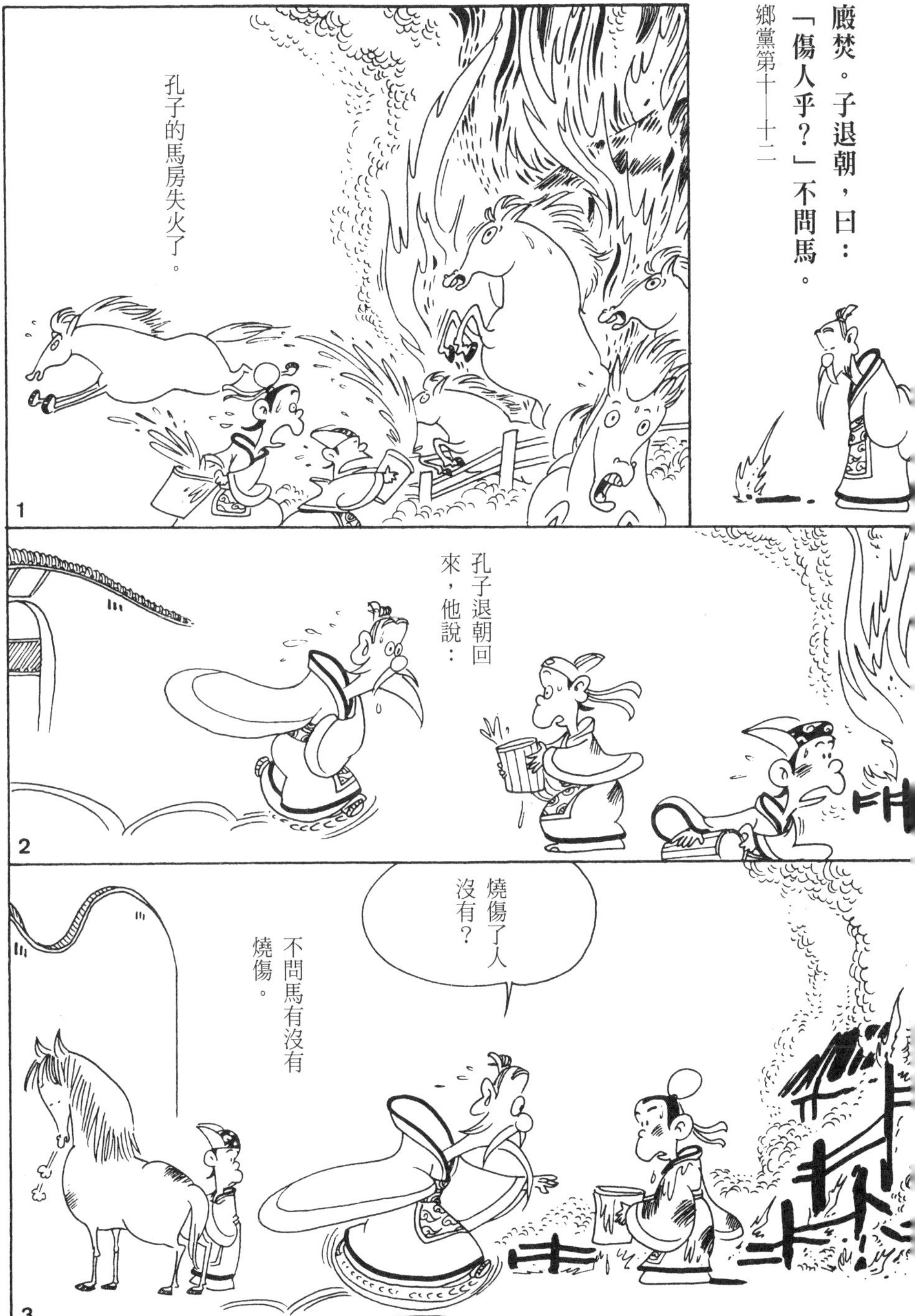
廄焚。子退朝，曰：「傷人乎？」不問馬。
鄉黨第十——十二
孔子的馬房失火了。
孔子退朝回來，他說：
燒傷了人沒有？
不問馬有沒有燒傷。

季路問事鬼神。子曰：「未能事人，焉能事鬼？」曰：「敢問死？」曰：「未知生，焉知死？」

先進第十一—十二

1
子路問奉事鬼神的道理。

2
還不懂得奉事人的道理，怎能懂得奉事鬼的問題？
3
請問有關死的問題？
4
不懂得生的道理，怎麼能夠知道死後的情形呢！

子貢曰：「師與商也孰賢？」子曰：「師也過，商也不及。」曰：「然則師愈與？」子曰：「過猶不及。」

先進第十一——十五

子張和子夏哪一個比較賢能？

子張超過了些……
子夏又稍嫌不足一點。
那麼是子張比較強一點嘍？
太過和不及，同樣都不好！

先進第十一—十七、十八
柴也愚，參也魯，師也辟，由也喭……回也其庶乎！屢空。賜不受命而貨殖焉，億則屢中。
1
高柴的性子愚直，
2
曾參的性子遲鈍，
3
顓孫師其志過高而流於一偏，
4
仲由的性子太剛猛。
5
顏回是比較有希望能成就的，只是常困於貧窮！
6
端木賜不受教命而做生意，卻能每次猜中物價的漲跌，而賺了大錢。

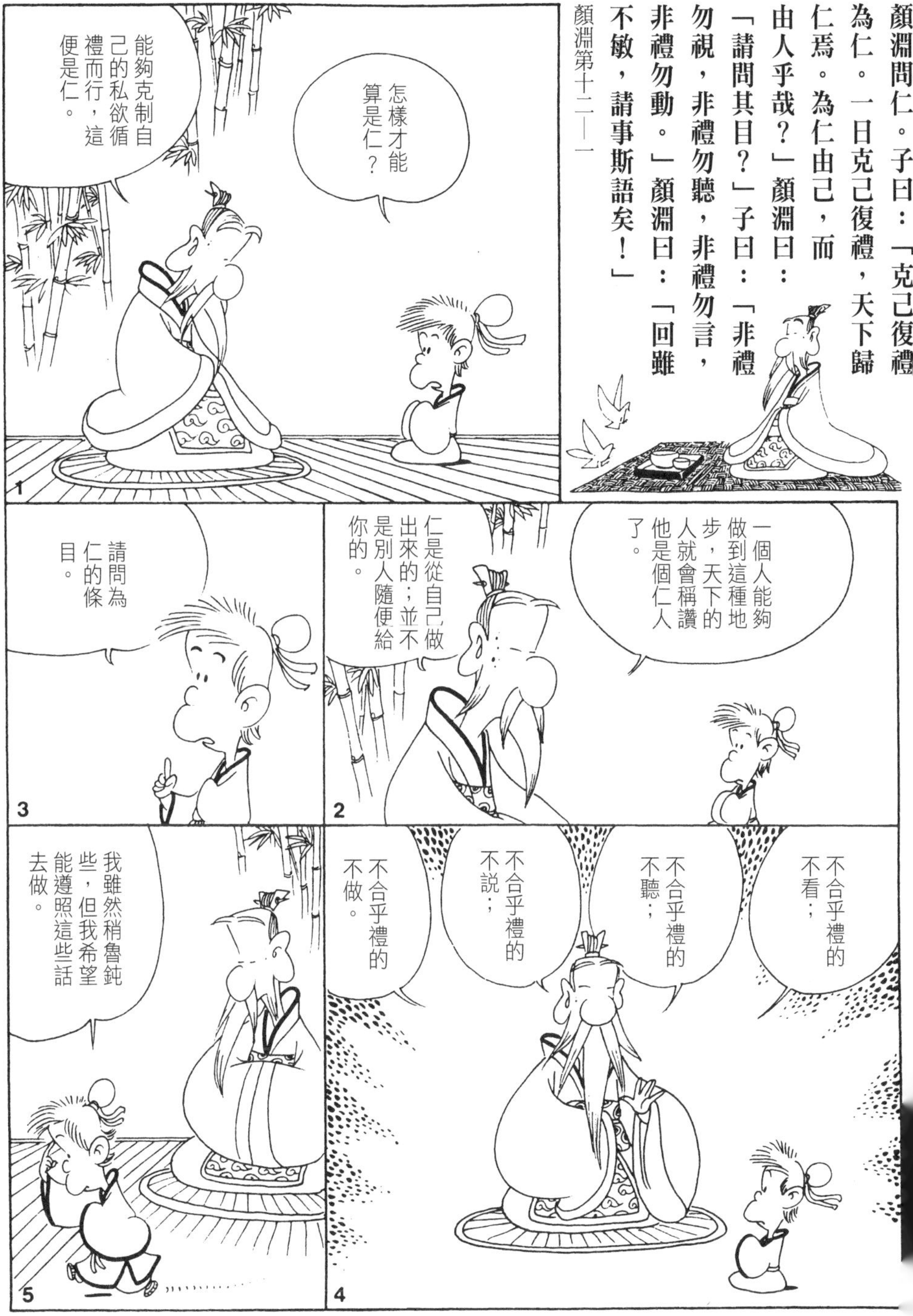
顏淵問仁。子曰：「克己復禮為仁。一日克己復禮，天下歸仁焉。為仁由己，而由人乎哉？」顏淵曰：「請問其目？」子曰：「非禮勿視，非禮勿聽，非禮勿言，非禮勿動。」顏淵曰：「回雖不敏，請事斯語矣！」
顏淵第十二—一
怎樣才能算是仁？
能夠克制自己的私欲循禮而行，這便是仁。
一個人能夠做到這種地步，天下的人就會稱讚他是個仁人了。
仁是從自己做出來的；並不是別人隨便給你的。
請問為仁的條目。
不合乎禮的不看；
不合乎禮的不聽；
不合乎禮的不說；
不合乎禮的不做。
我雖然稍魯鈍些，但我希望能遵照這些話去做。

司馬牛憂曰：「人皆有兄弟，我獨亡！」子夏曰：「商聞之矣：『死生有命，富貴在天。』君子敬而無失，與人恭而有禮，四海之內，皆兄弟也。君子何患乎無兄弟也？」

顏淵第十二—五

1
司馬牛很憂傷地對子夏說：
別人都有兄弟，我獨沒有！
2
我聽說過：「人的生死是命中註定的，人的富貴也是上天安排的。」
3
一個有才德的君子，只要內心敬謹而不要有什麼過失，待人恭敬有禮，
4
那麼，天下人都可算是你的兄弟了。
5
一個君子何必擔心沒有兄弟呢？

子貢問政。子曰：「足食，足兵，民信之矣。」子貢曰：「必不得已而去，於斯三者何先？」曰：「去兵。」子貢曰：「必不得以而去，於斯二者何先？」曰：「去食。自古皆有死，民無信不立。」

顏淵第十二—七

子貢問處理政事的道理。
糧食充足，軍備充實，人民信任政府。

在不得已的情況下，這三項事情哪一項可以先去掉？
先去掉軍備。
再不得已，剩下的兩項哪一項可以去掉？
去掉足食這一項。
自古以來，人總免不了一死的，可是假如政府失信於民，那什麼都無法建立。

君子成人之美，不成人之惡。小人反是。
顏淵第十二—十六
1
君子只成全別人的好事，不成全別人的壞事。
這個人很好，用他準沒錯。
他很不錯，跟他做事吧。
2
小人剛好相反了。
這個人很差，不能用他。
這個人很壞，不能在他手下做事。

曾子曰：「君子以文會友，以友輔仁。」

顏淵第十二—二四

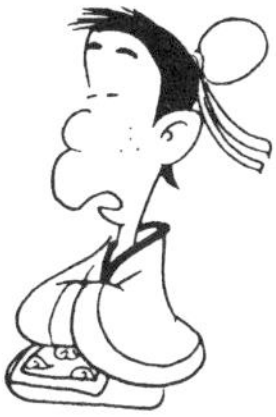

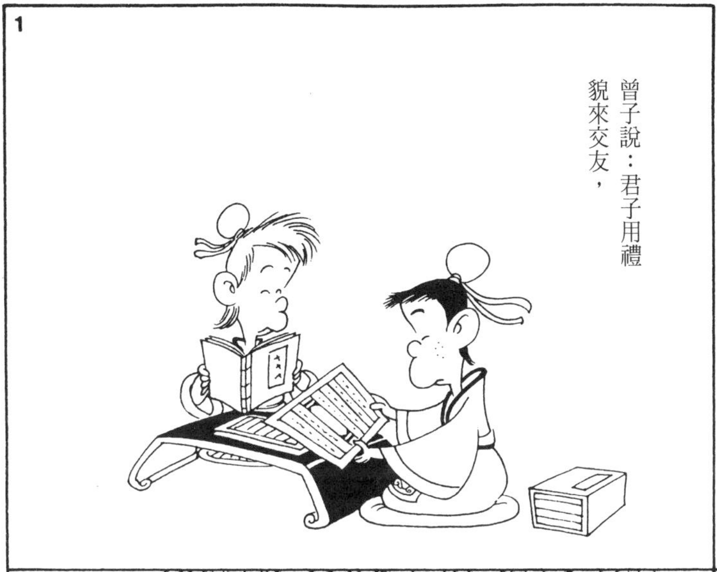
1
曾子說：君子用禮貌來交友，

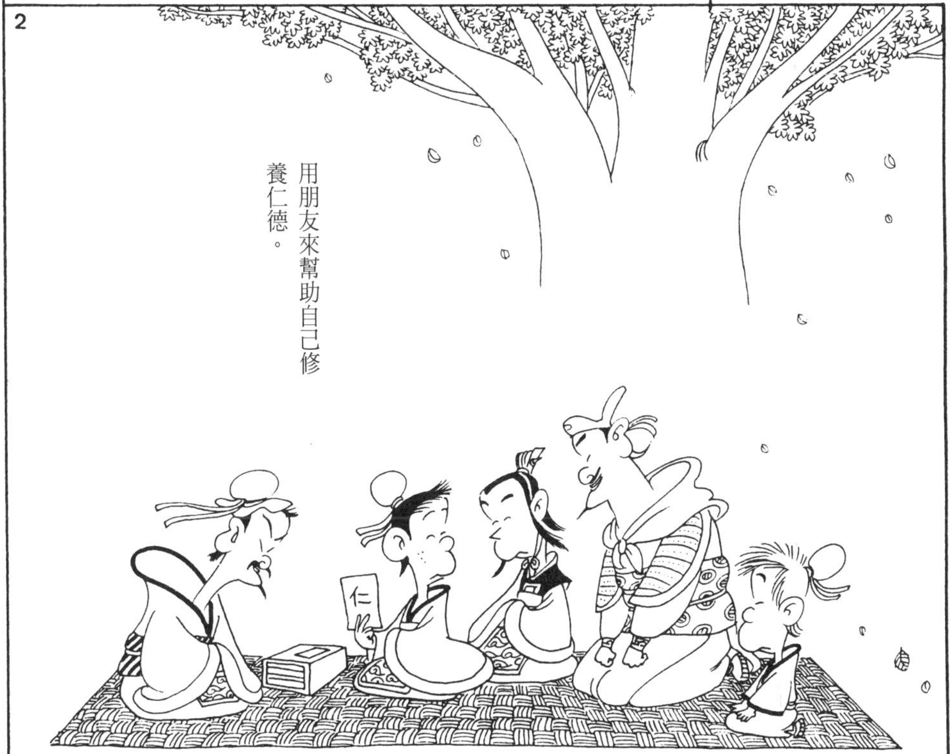
2
用朋友來幫助自己修養仁德。
仁

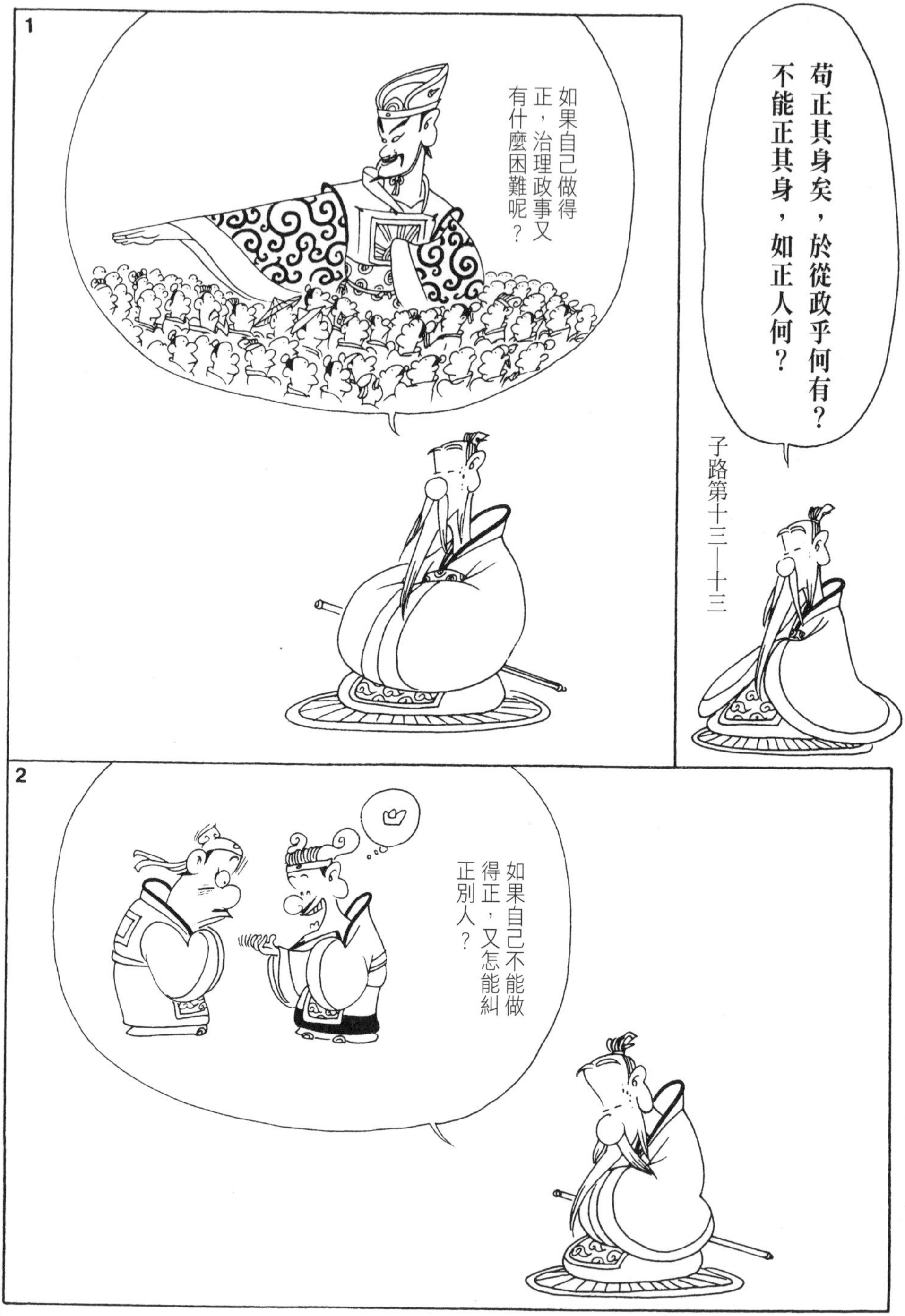
苟正其身矣，於從政乎何有？不能正其身，如正人何？
子路第十三—十三
1
如果自己做得正，治理政事又有什麼困難呢？
2
如果自己不能做得正，又怎能糾正別人？

子夏為莒父宰，問政。子曰：「無欲速，無見小利。欲速則不達，見小利則大事不成。」

子路第十三—十七

子夏做莒父的宰官，

他向孔子請教為政的道理。
不要求速成，不要只看到小利益。
求速成，就不能達成任務，
只看到小利益，就不能完成大事。

憲問恥。子曰：「邦有道，穀；邦無道，穀，恥也。」

憲問第十四—一

恥
原憲問恥的意義。
恥？
國家政治清明的時候，只在朝廷吃俸祿而沒有建樹；
國家昏亂的時候，也只知道吃俸祿而不能修道正身，
這些都是可恥的！
1
2
3
4

子路問成人。子曰：「若臧武仲之知，公綽之不欲，卞莊子之勇，冉求之藝；文之以禮樂，亦可以為成人矣！」曰：「今之成人者，何必然？見利思義，見危授命，久要不忘平生之言，亦可以為成人矣！」

憲問第十四——十三

1
怎樣才算是才德兼備的成人？

2
要有像臧武仲那樣的智慧，
3
孟公綽的無貪欲，
4
卞莊子的勇敢，
5
冉求的才藝；並且熟悉禮樂，就可以算是成人了。
6
不過現在講成人不必這樣了，只要財利當前而能想到義；危難時能不顧生死；跟人有定約，不要忘掉當時的諾言，也就可以算是成人了！

其言之不怍，則為之也難！
憲問第十四—二一
說大話不慚愧的人，
要他實踐就難了！

君子恥其言而過其行。
憲問第十四—二九
1
君子說話不敢說得過分，
我將盡力而為。
2
卻往往做的超過他所說的。
做得又多又好。

子貢方人。子曰：
「賜也，賢乎哉？
夫我則不暇！」
憲問第十四—三一

1
哈哈哈哈
子貢喜歡批評別人的長短。

2
端木賜啊！你自己是不是都好呢？
!
3
至於我，就沒有閒工夫去批評別人了！

驥不稱其力，稱其德也。
憲問第十四—三五
1
千里馬受稱讚並不是因為牠有好腳力，
2
而是因牠的德性馴良。

或曰：「以德報怨，何如？」子曰：「何以報德？以直報怨，以德報德。」

憲問第十四—三六

1
有人問孔子說：
拿恩惠去報答和我有仇怨的人，怎樣？

2
那麼用什麼去報答對你有恩惠的人呢？
3
應該用正直無私的行為來報答仇怨；
4
用恩惠來報答恩惠。

子曰：「莫我知也夫！」子貢曰：「何為其莫知子也？」子曰：「不怨天，不尤人，下學而上達。知我者，其天乎！」

憲問第十四—三七

1
沒有人能夠瞭解我吧！
為什麼沒有人能夠瞭解老師呢？

2
我既不怨恨天，也不責怪人，只是從人事上去學習，
3
從淺近處下工夫，漸漸能向上領悟天理。
4
瞭解我的恐怕只有天吧！

子路宿於石門。晨門曰：「奚自？」子路曰：「自孔氏。」曰：「是知其不可而為之者與？」

憲問第十四—四一

1
子路在石門城外住了一夜。

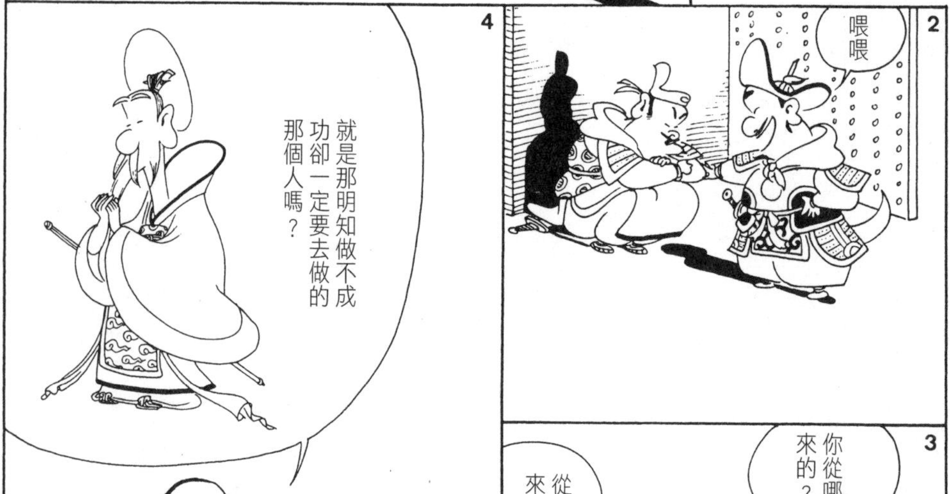
2
喂喂
3
你從哪裡來的？
從孔家來。
4
就是那明知做不成功卻一定要去做的那個人嗎？

原壤夷俟。子曰：「幼而不孫弟，長而無述焉，老而不死，是為賊！」以杖叩其脛。

憲問第十四—四六

1
孔子的老朋友原壤看到孔子來了，蹲在那兒等著。

2
你小的時候不曉得謙順孝悌，
3
長大也沒什麼表現，
4
如今老了還不死，真是禍害！
5
就順手用拐杖敲他的腳脛骨。

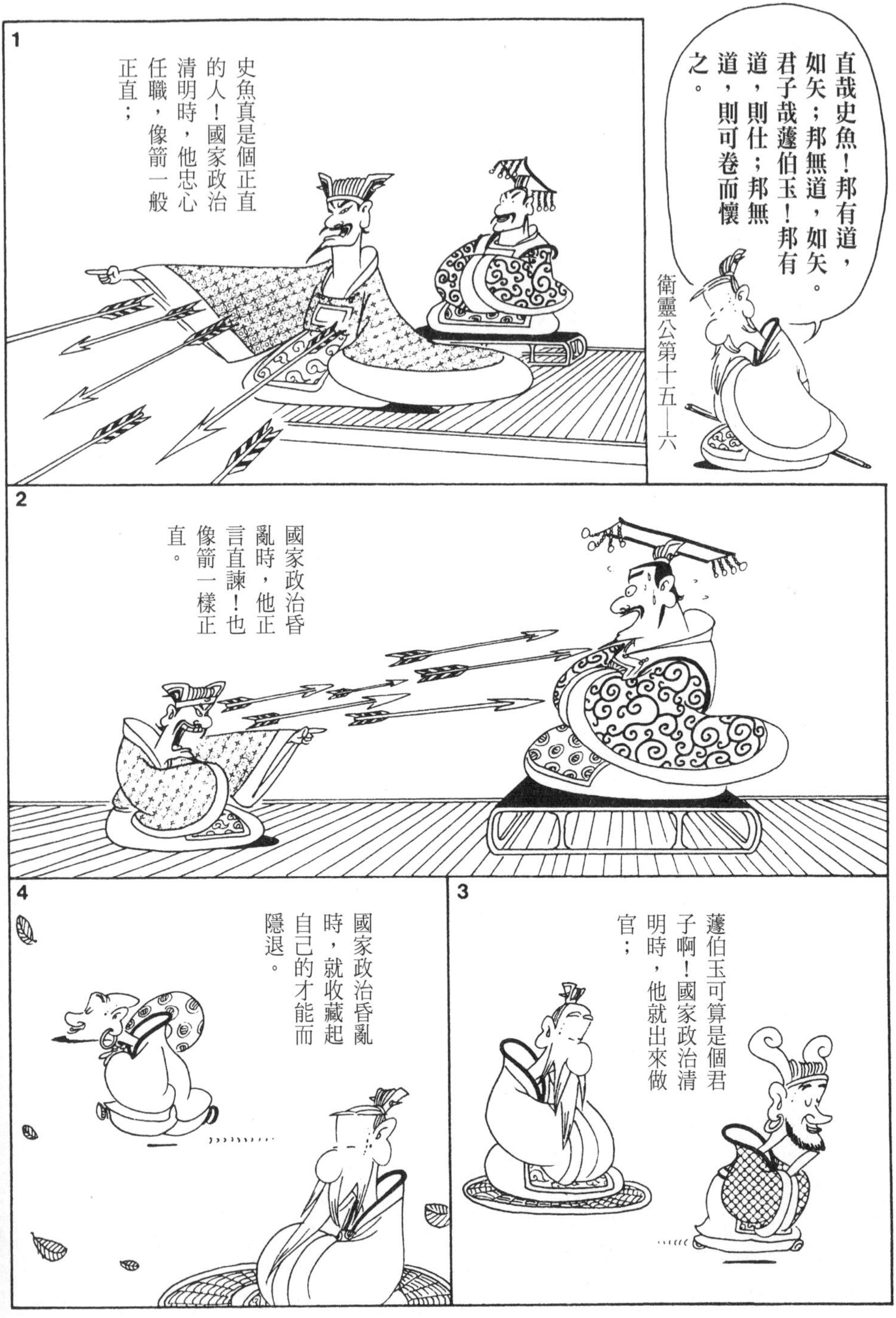
直哉史魚！邦有道，如矢；邦無道，如矢。君子哉蘧伯玉！邦有道，則仕；邦無道，則可卷而懷之。
衛靈公第十五—六
1
史魚真是個正直的人！國家政治清明時，他忠心任職，像箭一般正直；
2
國家政治昏亂時，他正言直諫！也像箭一樣正直。
3
蘧伯玉可算是個君子啊！國家政治清明時，他就出來做官；
4
國家政治昏亂時，就收藏起自己的才能而隱退。

子貢問為仁。子曰：「工欲善其事，必先利其器。居是邦也，事其大夫之賢者，友其士之仁者。」

衛靈公第十五—九

1
子貢問怎樣修養仁德。
工匠要做好他的工作，一定先要磨快他所用的工具。

2
住在一個國家裡，應該在賢能的官吏下服務，
3
應該結交有仁德的士人。

人無遠慮，必有近憂。
衛靈公第十五—十一
一個人做任何事，如果不做深遠的考慮，
憂患就會隨時降臨。

子貢問曰：「有一言而可以終身行之者乎？」子曰：「其恕乎！己所不欲，勿施於人。」

衛靈公第十五—二三

1
有一個字可以作為終身奉行的準則嗎？
恕
2
大概就是「恕」字吧！
恕
3
自己所不喜歡的，
4
不要加在別人身上。

1
我曾經整天不吃飯，
2
整夜不睡覺……
吾嘗終日不食，終夜不寢，以思；無益，不如學也。
衛靈公第十五—三十
3
而專心思考，卻徒勞無功，
4
還不如腳踏實地的去學習的好。

1
當仁，不讓於師。
衛靈公第十五—三五
如遇到行仁的事，
2
對於師長也不必謙讓。
抱歉！這件行仁義的事讓我去做！

君子有三戒：少之時，血氣未定，戒之在色；及其壯也，血氣方剛，戒之在鬥；及其老也，血氣既衰，戒之在得。
季氏第十六—七
君子有三件事要戒慎：年輕的時候，血氣未穩定，所以要戒的是色欲；
1
到了壯年，血氣正旺，所以要戒的是好勇鬥狠；
2
到了老年，血氣已衰，所以要戒的是貪得無饜。
3

1
君子有九種應當用心思慮的：
君子有九思：視思明，聽思聰，色思溫，貌思恭，言思忠，事思敬，疑思問，忿思難，見得思義。
季氏第十六—十
2
禮
看要想看得明白，
3
聽要想聽得清楚，
4
臉色要想表現得溫和，
5
容貌要想到謙恭，
6
忠實……
說話要想到忠實，
7
做事要想到恭敬，
8
疑惑要想到發問，
9
憤怒要想到後患，
10
見到利要想到是否應得。

齊景公有馬千駟，死之日，民無德而稱焉。伯夷、叔齊餓於首陽之下，民到於今稱之。其斯之謂與？
季氏第十六—十二
《詩經》上說：「稱道人並不因他富有，只因他的德行和常人不同。」
齊景公有馬四千匹，到他死的時候，百姓並不覺得他有什麼值得稱述的善行。
伯夷、叔齊雖餓死在首陽山下，人們到現在還稱讚他們。「誠不以富，亦祇以異。」就是說這種情形吧！

性相近也，習相遠也。
陽貨第十七—二
1
一般人的本性原是相似的，
2
由於教育和生活環境的不同，
3
使每個人的差異越來越顯著了。

子曰：「由也，女聞六言六蔽矣乎？」對曰：「未也。」「居，吾語女：好仁不好學，其蔽也愚；好知不好學，其蔽也蕩；好信不好學，其蔽也賊；好直不好學，其蔽也絞；好勇不好學，其蔽也亂；好剛不好學，其蔽也狂。」

陽貨第十七─八

仲由啊，你聽過六種美德伴隨著六種流弊的說法嗎？
沒有。
1

坐下！我告訴你。
是。
2

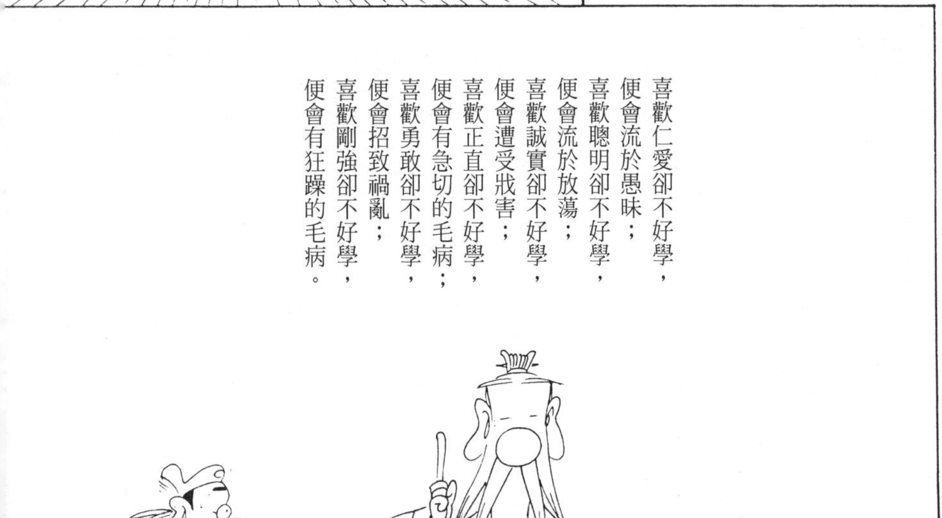
喜歡仁愛卻不好學，便會流於愚昧；喜歡聰明卻不好學，便會流於放蕩；喜歡誠實卻不好學，便會遭受戕害；喜歡正直卻不好學，便會有急切的毛病；喜歡勇敢卻不好學，便會招致禍亂；喜歡剛強卻不好學，便會有狂躁的毛病。
3

色厲而內荏，譬諸小人，其猶穿窬之盜也與！
陽貨第十七—十二
一個人在外表上假裝得很威嚴的樣子，
而內心卻軟弱沒有志氣，
這種欺世盜名之輩若用小民做比喻，
就像挖壁跳牆的小偷一樣，實在可恥啊！

孺悲欲見孔子，孔子辭以疾。將命者出戶，取瑟而歌，使之聞之。

陽貨第十七—二十

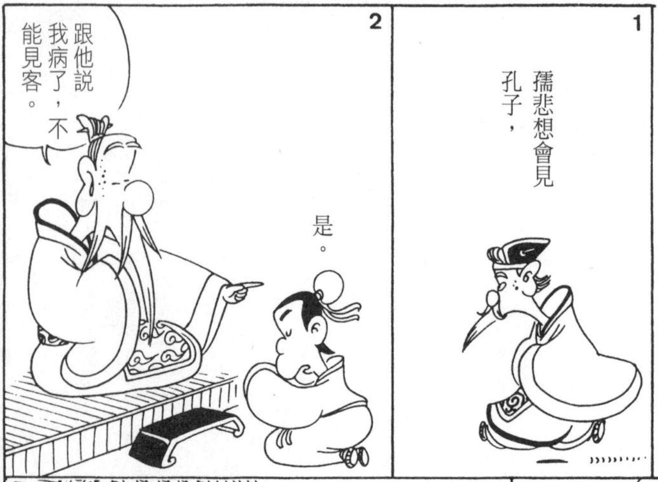
1
孺悲想會見孔子，
2
跟他說我病了，不能見客。
是。

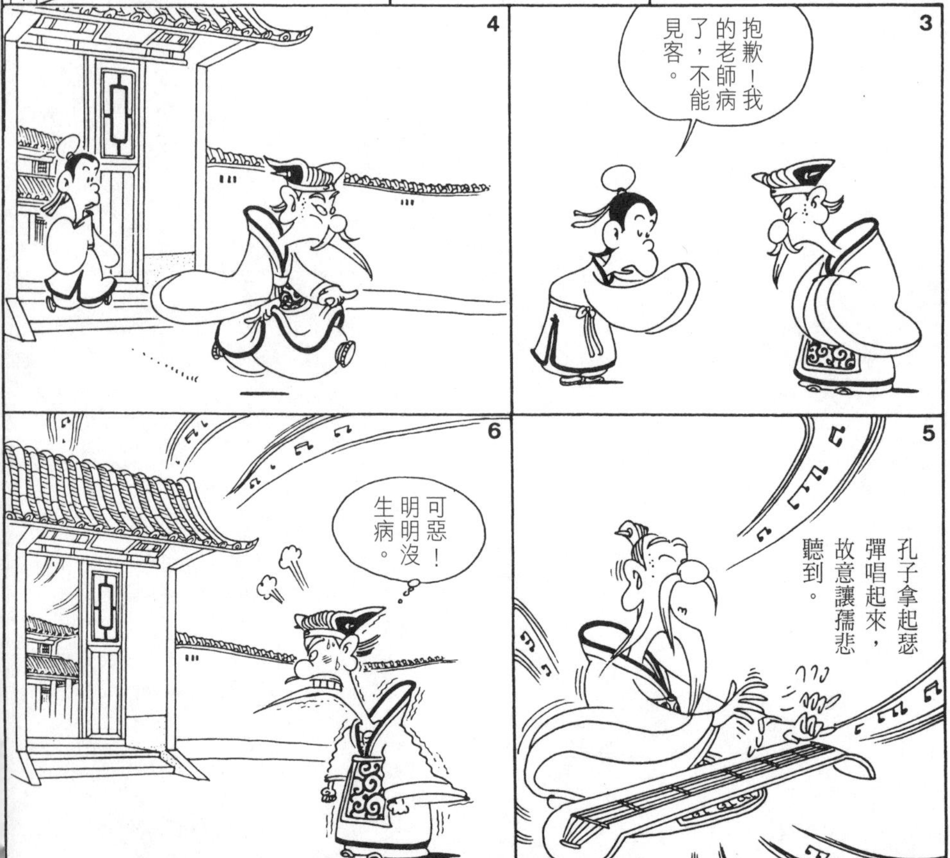
3
抱歉！我的老師病了，不能見客。
4
5
孔子拿起瑟彈唱起來，故意讓孺悲聽到。
6
可惡！明明沒生病。

飽食終日，無所用心，難矣哉！不有博弈者乎？為之猶賢乎已！
陽貨第十七—二二
1
一個人整天吃飽了飯，卻一點心思也不用；
2
這種生活絕難有所成就的。
3
不是還有玩雙陸和下圍棋的遊戲嗎？就算是做這些也比整天不用一點心思要好些啊！

唯女子與小人為難養也！近之則不孫，遠之則怨。
陽貨第十七—二五
家中的婢妾和僕人是最難相待的。
過分親近了，他們就不知謙遜；
走開走開！太沒禮貌了！
疏遠了些，他們又會抱怨了。
哼！當主人的就看不起我們下人！

年四十而見惡焉，
其終也已！
陽貨第十七—二六
一個人到了四十歲時，還顯現惡行，
混蛋！
他的這一生也就做不出什麼好事了！

微子去之，箕子為之奴，比干諫而死。子曰：「殷有三仁焉！」

微子第十八─一

1
商紂暴虐無道，他的哥哥微子便離開他；
2
他的叔叔箕子因直言勸諫而被囚禁起來，做了奴隸；
3
另一個叔叔比干更因苦諫不聽，慘遭剖腹而死。
4
所以孔子非常讚嘆地說：
商朝末年有三位偉大的仁人啊！

楚狂接輿，歌而過孔子，曰：「鳳兮！鳳兮！何德之衰？往者不可諫，來者猶可追。已而！已而！今之從政者殆而！」孔子下，欲與之言。趨而辟之，不得與之言。

微子第十八—五

楚國的狂人接輿唱著歌走過孔子的車前，

鳳鳥啊！鳳鳥啊！你的運命為什麼這麼壞？過去的不可挽回了，但未來的還可以趕得上啊……
算了吧！算了吧！現在從政的人都很危險呀！
孔子下車想和接輿談談，但他卻很快地避開，因此孔子就無法跟他談話了。

長沮、桀溺耦而耕，孔子過之，使子路問津焉。長沮曰：「夫執輿者為誰？」子路曰：「為孔丘。」曰：「是魯孔丘與？」曰：「是也。」曰：「是知津矣！」問於桀溺，桀溺曰：「子為誰？」曰：「為仲由。」曰：「是魯孔丘之徒與？」對曰：「然。」曰：「滔滔者，天下皆是也，而誰以易之？且而與其從辟人之士也，豈若從辟世之士哉？」耰而不輟。子路行以告。夫子憮然曰：「鳥獸不可與同群，吾非斯人之徒與而誰與？天下有道，丘不與易也。」

微子第十八—六

1
長沮和桀溺兩人在田裡耕作，孔子剛好經過那裡。
2
去請問他們過河的渡口在哪裡。
是。
3
請問渡口在什麼地方？
那位在車上拉著韁繩的人是誰呢？

4
他是孔丘。
是魯國的孔丘嗎？
5
是的。
哼……
6
!
那他一定知道過河的渡口在哪裡了。
7
請問渡口在什麼地方……
8
你是誰？
我是仲由。
9
是魯國孔丘的學生嗎？
10
是的。

天下到處都是一樣的混亂，有誰能改變這種局勢呢？
我看你與其跟隨孔丘那種逃避壞人的人，還不如跟隨我們這些逃避亂世的人。
說完之後，仍舊不停地耕作。
子路回去把這二人的話告訴孔子。
我們既然不能和鳥獸一起生活，那麼我不跟人在一起，要跟誰在一起呢？
天下如果太平安樂的話，我就不用來改變它了。

子貢曰：「君子之過也，如日月之食焉；過也，人皆見之；更也，人皆仰之。」

子張第十九—二一

1
君子的過失，就像日食、月食一樣，他有過失人人都看得見；

2
等到過失改正之後，大家仍都仰視他。

孔子的弟子

我的學生中，道藝精通的弟子有七十七人，他們各有特出的才能和成就。
長於德行的有顏淵、閔子騫、冉伯牛、仲弓；
長於政事的有冉有、季路；
長於言語的有宰我、子貢；
長於文學的有子游、子夏。

顏回

顏回字子淵，魯國人，小孔子三十歲。

顏回才二十九歲，頭髮就已全白了，三十二歲就死了，他死時孔子哭得很傷心。
忌
老師……別哭得太悲痛了！
唉！我這大道沒得傳了，我完了！我完了！
真的過於悲痛嗎？不為他悲痛，還要為誰悲痛呢？

閔損

閔損字子騫，魯國人，小孔子十五歲。

孔子讚美道：「閔子騫真是個孝子啊！他順事父母，友愛兄弟，
教旁人對他的父母兄弟都沒有非議的閒話。」
他守身自愛，不出任權臣的家臣，不接受壞國君的俸祿。
所以他對季氏的使者說：
如果再來召我的話，那我就渡過汶水出國去了。

冉雍

冉雍字仲弓，魯國人，小孔子二十九歲。他的家世不好，父親是個身分卑賤的人。

1
即使是耕牛所生的小牛，只要是毛色純赤，頭角端正，就具備了做犧牛的體德。
2
雖然人們顧忌牠的出身低而不用來做祭牛，
3
但山川的神靈難道肯捨棄牠而不歆饗嗎？

仲由

仲由字子路，是卞地方的人，小孔子九歲。他本來很粗野，喜歡逞勇鬥力，氣性剛猛爽直，後來終受孔子的感化。子路晚年出任衛國蒲邑的大夫，衛國發生變亂，仲由就死於衛亂中。

1
穿了破舊袍子跟穿著狐貉皮衣的人站在一起，而不覺寒酸難為情的，恐怕只有仲由了吧！
2
仲由的學問已經登上正大光明的境地，只是還沒進入精微深密的領域罷了。

宰予

宰予字子我，魯國人，這個人口齒伶俐，能言善辯。宰予出任齊國的臨菑大夫，參與田常的亂事，後來因罪全家遇害，孔子很為他不值。

1
有仁德的人，人家告訴他說有人掉下井裡了，他是不是要跳下去救呢？
救命啊！
井
2
為什麼要這樣呢？君子是要到井邊救人的，但是不會跳下去；
3
君子可能會受騙，卻不會昧於事理。

端木賜

端木賜字子貢，衛國人，小孔子三十一歲。他口才好，能言善辯，愛宣揚別人的長處，卻也不隱匿人家的過失。不只一次幫助魯、衛兩國解除困局。家境富裕，善於做生意，擁有千金財產，晚年死在齊國。

老師覺得我怎麼樣？
你像個有用的器物。
像什麼樣的器物？
就像宗廟裡的寶器瑚璉呀！

卜商

卜商字子夏，是溫地方的人，小孔子四十四歲。孔子逝世以後，子夏定居在衛國的西河地方，教授生徒，成了魏文侯的老師。後來他兒子死了，傷心得眼睛都哭瞎了。

古詩上說：「巧笑倩兮，美目盼兮，素以為絢兮。」詩中這三句話是指什麼？
是說作畫時，首先要素底，然後再加上五彩的顏色。
由此看來，人先要有美德，然後用禮來修飾嗎？
你這話啟發了我，像你這樣穎悟的人，才可以與你談《詩》呀！

澹臺滅明

澹臺滅明字子羽，是武城人，小孔子三十九歲。子羽體態面貌長得很醜，但為人方正規矩，後來他遊歷到江南，追隨他的學生有三百人之多，他制定了個人取予的原則，絕不苟且，所以清譽傳遍了四方諸侯。

1
子游做了武城的邑宰。
2
你在那裡有沒有得到賢能的人來協助？
3
有個叫澹臺滅明的人，做人循規蹈矩從不抄小路捷徑；
4
如果不是為了公事，他從來不到我的住處。

曾參

曾參字子輿，魯國南武城人，小孔子四十六歲。孔子認為他能通達孝道，所以傳授他學業。他著了《孝經》一書，晚年死於魯國。

孝經

1
曾參啊！我平日所講的道，可以用一理將它貫通起來。
2
是的。
3
老師指的是什麼？
4
老師的道理，就是忠恕兩字罷了！

有若

有若字子有，魯國人，小孔子四十三歲。孔子死了之後，學生們都很想念。由於有若長得很像孔子，於是大家共同推舉他當老師。

禮的行使，以和為可貴！
古時聖王之道以和為美，不論小事大事都依照和去做。
和
但也有行不通的！
只知和為美，而不以禮來節制，那也會行不通的。
禮
和

南宮括

南宮括字子容，魯國人。孔子談起子容時說：「國家政治清明時，他不至於沒有職位，國家政治昏亂時，他又能明哲保身，不會遭受禍害。」孔子就把哥哥的女兒嫁給他。

羿擅長射箭，奡很會盪舟，兩人徒尚勇力，但都不得好死。
1
夏禹和后稷卻不這樣，他們親自下田耕種，反而得到了天下，是不是這樣？
2
孔子沒有回答，子容就退出去了。
3
這個人真是一位君子！真是一位崇尚德性的人啊！
4

公西赤

公西赤字子華，魯國人，小孔子四十二歲。

子華奉派出使齊國，冉有替子華的母親向孔子請求安家米糧。
給他六斗四升吧。
再多給他一些吧！
那就再給他十六斗吧。
冉有卻自作主張給了他八百斗。
孔子知道了，說：
公西赤這次出使齊國，坐著肥馬拉的車，穿著輕暖的裘衣。我聽說：一個君子是周濟人家的急難，而不是增加他的財富。

論語

——儒者的諍言

論語

有子曰：「其為人也孝弟，而好犯上者，鮮矣。不好犯上，而好作亂者，未之有也。君子務本，本立而道生。孝弟也者，其為仁之本與！」

學而第一—二

有若說：
一個孝順父母、尊敬兄長的人而會侵犯在上位的，極為稀少。

既不喜好侵犯上位的人，而還喜好作亂，那是不會有的。
君子從事於根本，根本建立了，道理就從此而生。
孝順父母和恭敬兄長這兩種道理，就是仁的根本吧！

子曰：「道千乘之國，敬事而信，節用而愛人，使民以時。」

學而第一—五

1
孔子說：
治理一個能出千輛兵車的國家，務必謹慎政事而取信於民，

2
同時還要節省財用，而愛護人民，
3
使用民力也要適時，最好揀在人民空閒的時候。

子曰：「弟子入則孝，出則弟，謹而信，泛愛眾，而親仁。行有餘力，則以學文。」

學而第一—六

1
孔子說：做一個學生在家要孝順父母；

2
出外應當要恭敬尊長；
3
做事謹慎而說話誠信；
4
更要博愛眾人而親近有仁德的人。
5
在實行這些德性以外，還要努力用功讀書。

子曰：「君子不重則不威，學則不固。主忠信，無友不如己者，過則勿憚改。」

學而第一—八

孔子說：一個君子，如果不莊重就不能使人畏敬；
要努力讀書，不要放縱自己。
是啊是啊，嘻嘻……

所學到的也不能牢固地理解其道理。
不要結交道德學識不如自己的人。
如發現自己有了過失，不要怕改正！

曾子曰：「慎終，追遠，民德歸厚矣。」

學而第一—九

子曰：「不患人之不己知，患不知人也。」

學而第一——十六

孔子說：
一個人不要因為別人不知道自己的長處而擔憂。
1

2
而是擔憂自己不知道別人的長處。

子曰：「道之以政，齊之以刑，民免而無恥；道之以德，齊之以禮，有恥且格。」

為政第二—三

1
孔子說：用政令來領導民眾，用刑罰來整治人民，人民害怕不敢做壞事，但只是避免受到刑罰罷了，並不會存有羞恥之心。

2
被抓到會判重刑，還是別幹壞事的好……
沒抓到，就算是賺到的。
3
如果以道德來感召他們，以禮節來引導他們，人民便存有羞恥之心，而能改過向善。
德政
4
做壞事實在沒面子，還是改邪歸正的好。
是啊！

子游問孝。子曰：「今之孝者，是謂能養。至於犬馬，皆能有養；不敬，何以別乎？」

為政第二—七

1
子游問孝道，孔子說：
現在一般人所謂的孝，只知能供養父母就算孝了；
2
但人們也養犬馬……
3
如果只養而不敬，則養父母跟養犬馬還有什麼不同？

子曰：「溫故而知新，可以為師矣。」

為政第二—十一

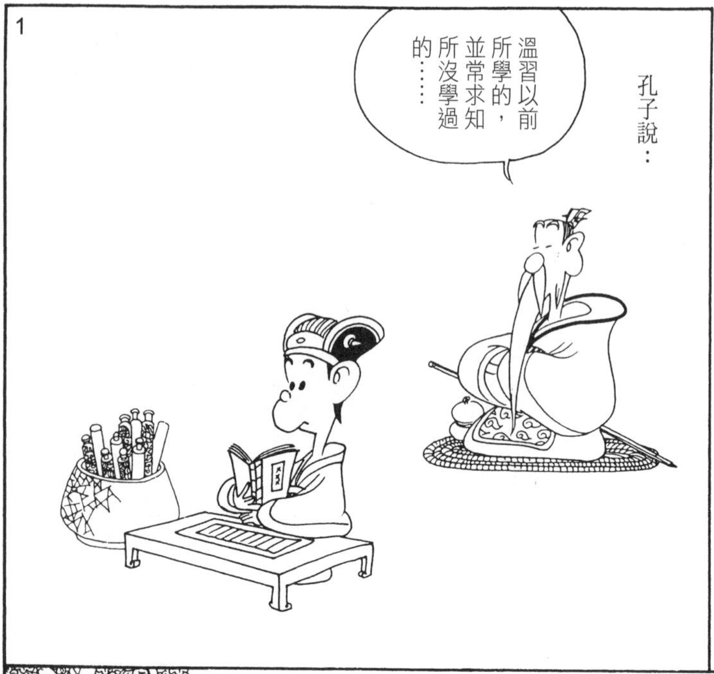
孔子說：
溫習以前所學的，並常求知所沒學過的……

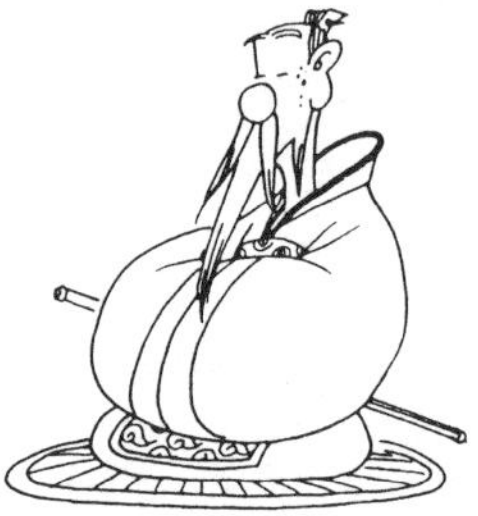

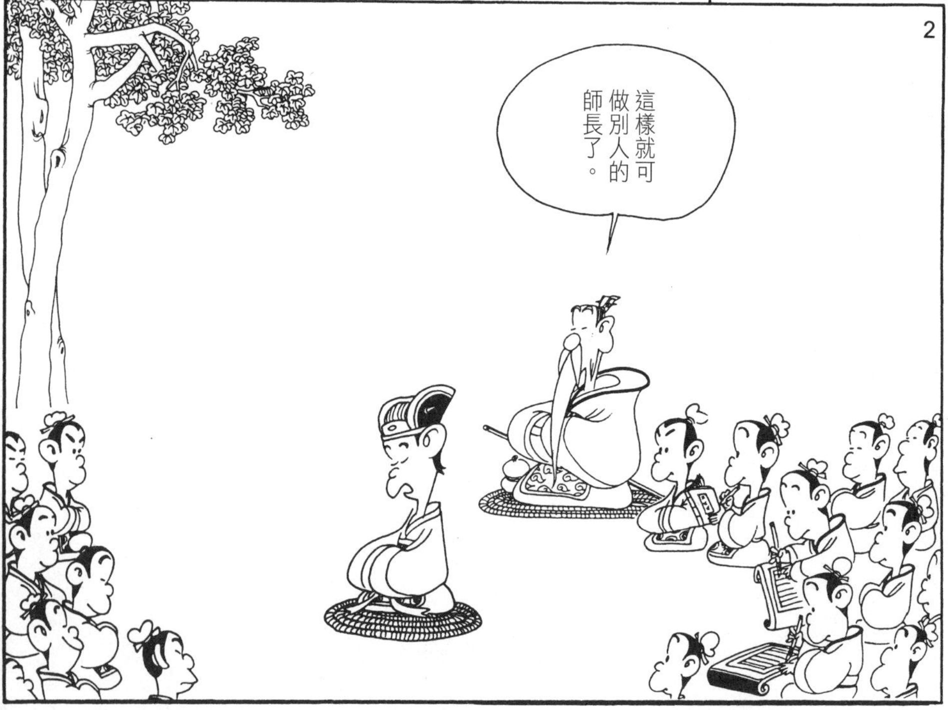
這樣就可做別人的師長了。

子貢問君子。子曰：「先行其言，而後從之。」

為政第二——十三

子貢問孔子怎樣才算是君子。孔子說：
君子在說話以前先做，
1

2
做到了然後才說。

子曰：「君子周而不比，小人比而不周。」

為政第二—十四

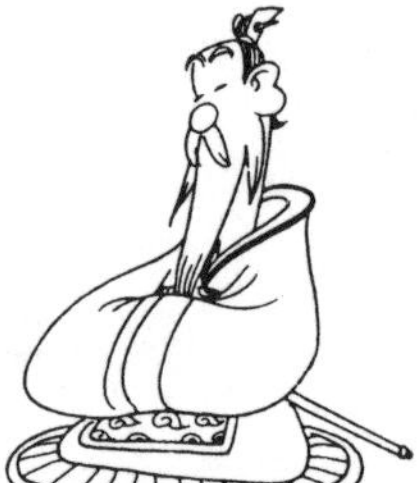

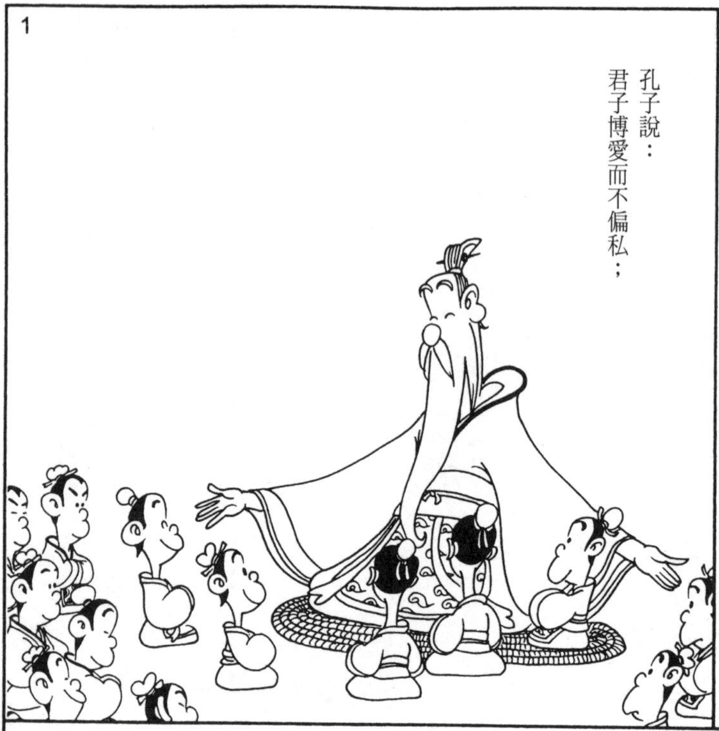
1
孔子說：
君子博愛而不偏私；

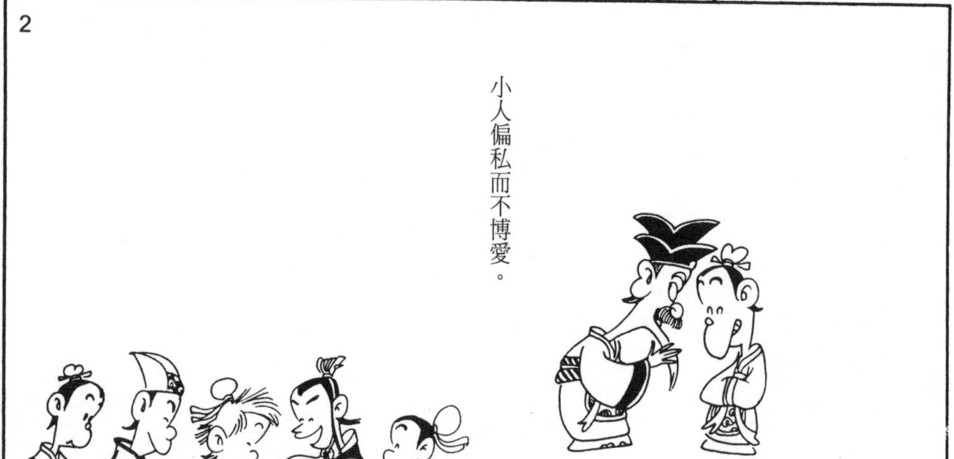
2
小人偏私而不博愛。

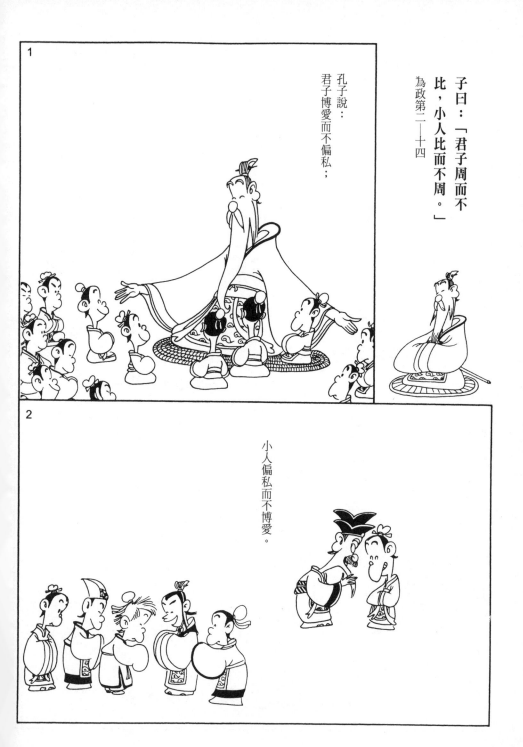

子曰：「學而不思則罔，思而不學則殆。」

為政第二—十五

孔子說：
勤求學問而不用心思索，
那還是惘然無所知的；
書呆子一個呀。
只用心空想而不勤求學問，那就疑而不能自定。
胡言亂語。

子曰：「攻乎異端，斯害也已。」

為政第二——十六

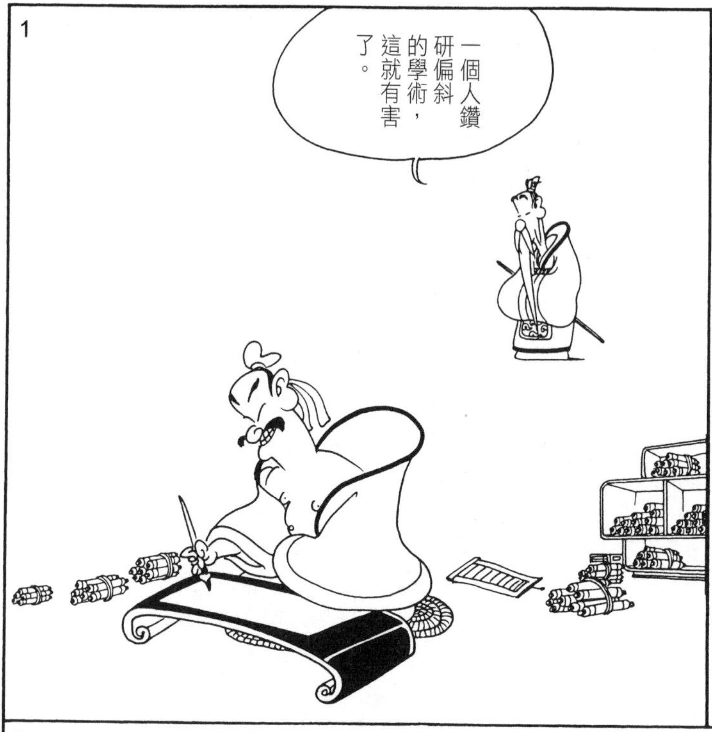
1
一個人鑽研偏斜的學術，這就有害了。

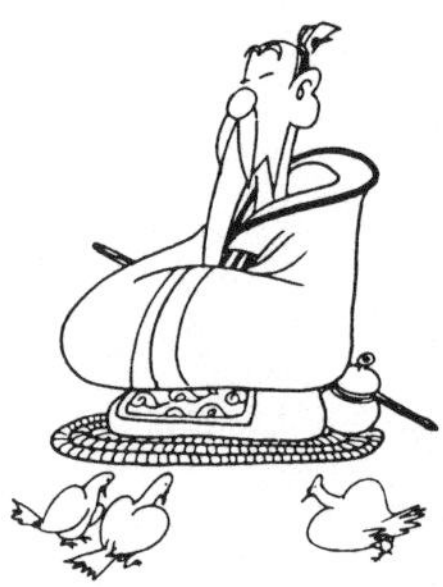

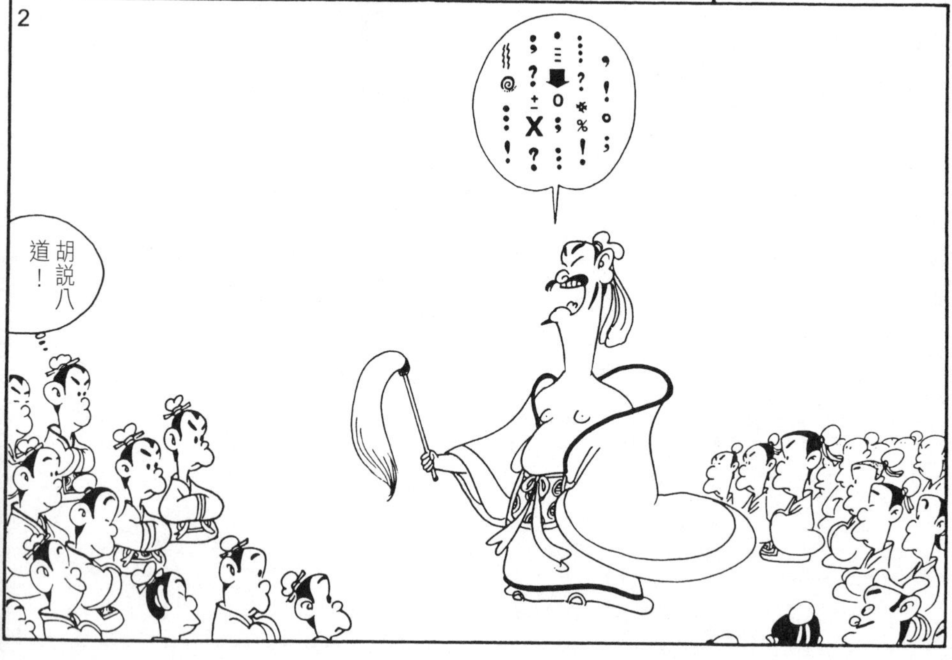
2
胡說八道！

子曰：「君子無所爭，必也射乎！揖讓而升，下而飲，其爭也君子。」

八佾第三—七

孔子說：
君子對人沒有什麼可爭的事情，若是有，也只是在比賽射箭的時候吧！

比賽射箭之前，要互相作揖禮讓……
然後升堂比賽；
射完後，又互相作揖下堂，
射輸的，罰他飲酒，這樣的競爭可說是君子之爭啊！

定公問：「君使臣，臣事君，如之何？」孔子對曰：「君使臣以禮，臣事君以忠。」

八佾第三—十九

1
魯定公問：
國君使喚臣子，臣子侍奉國君，該怎樣才可以呢？

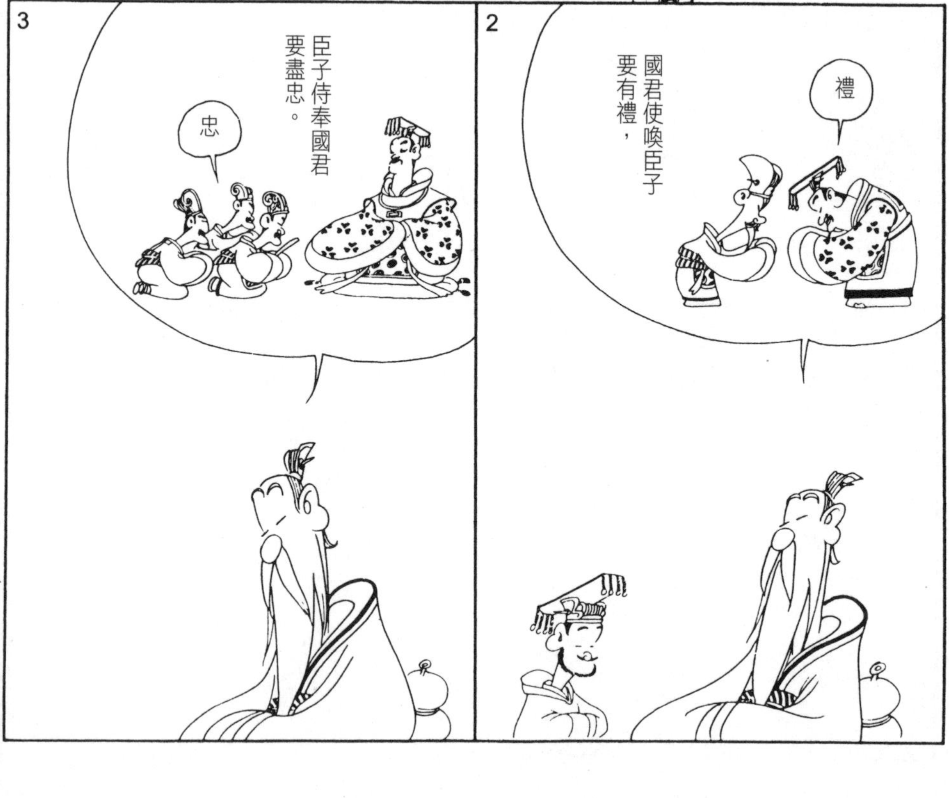
2
禮
國君使喚臣子要有禮，
3
忠
臣子侍奉國君要盡忠。

子曰：「里仁為美。擇不處仁，焉得知？」

里仁第四—一

居住的地方要有仁厚的風俗才好。

若不選擇在風俗仁厚的地方居住，怎能算是明智呢？

子曰：「不仁者，不可以久處約，不可以長處樂。仁者安仁，知者利仁。」

里仁第四—二

1
孔子說：
一個沒有道德修養的人，不能長久過窮困的生活，
大丈夫當如此一生窮困？

2
也不能長久過安樂的生活。
大丈夫當如此安樂而已？
3
一個有仁德的人，以仁德為他生活中最大的快樂；
4
一個聰明的人，把仁德當作最有利的生活規範。

子曰：「唯仁者，能好人，能惡人。」

里仁第四—三

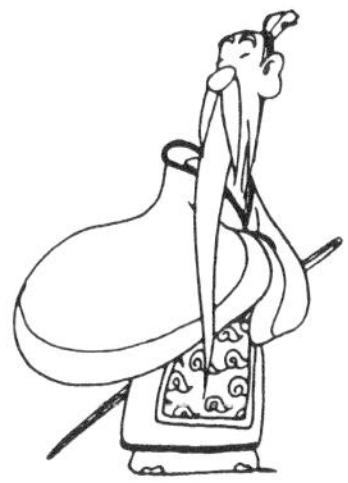

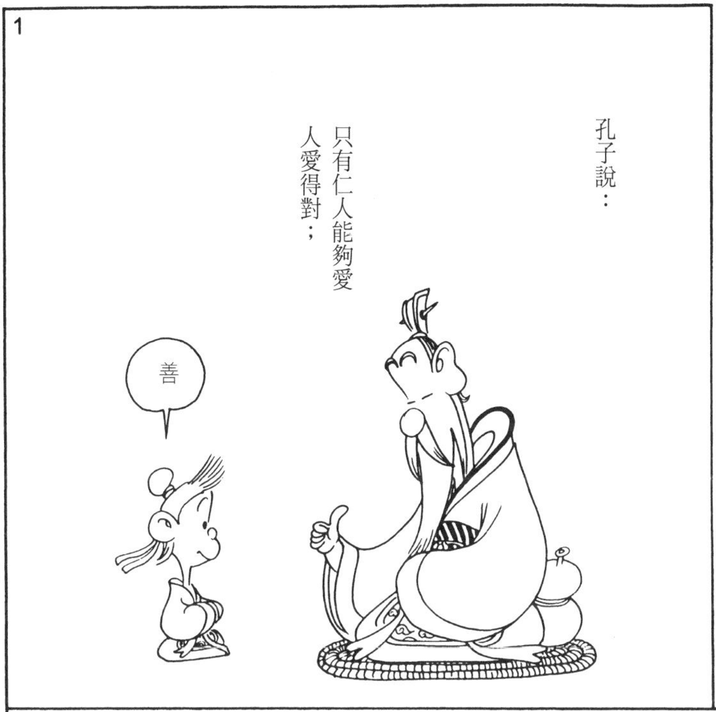
1
孔子說：
只有仁人能夠愛人愛得對；
善

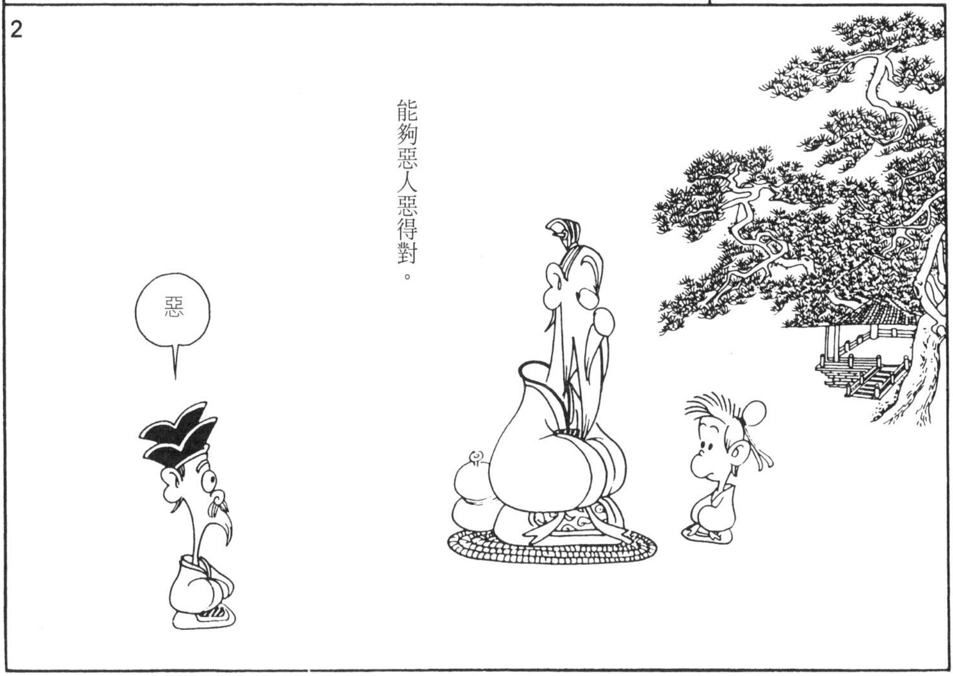
2
能夠惡人惡得對。
惡

子曰：「苟志於仁矣，無惡也。」

里仁第四—四

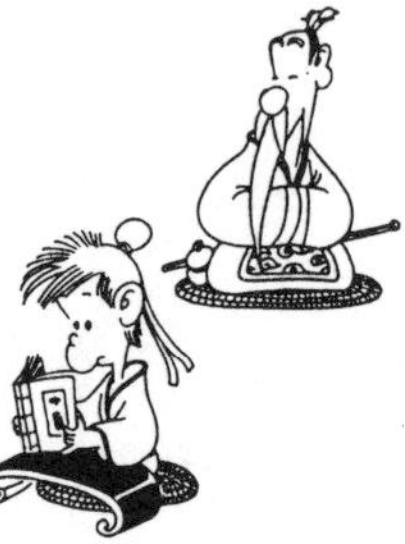

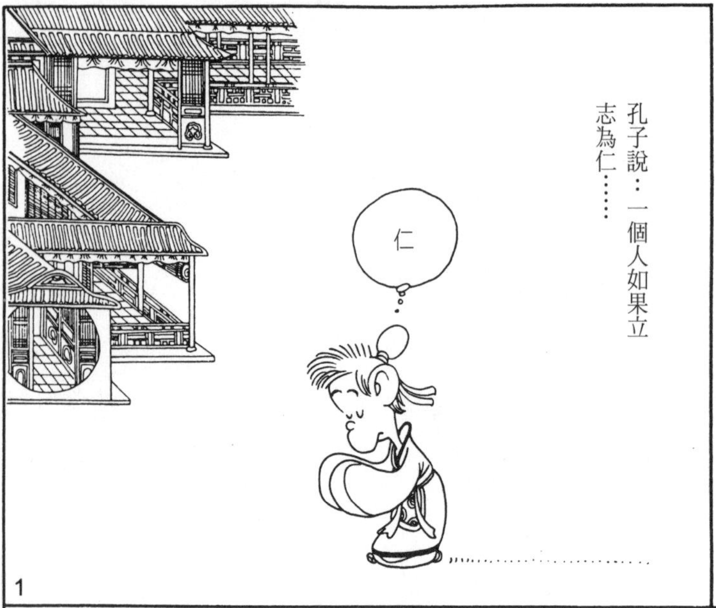
1
孔子說：一個人如果立志為仁……
仁

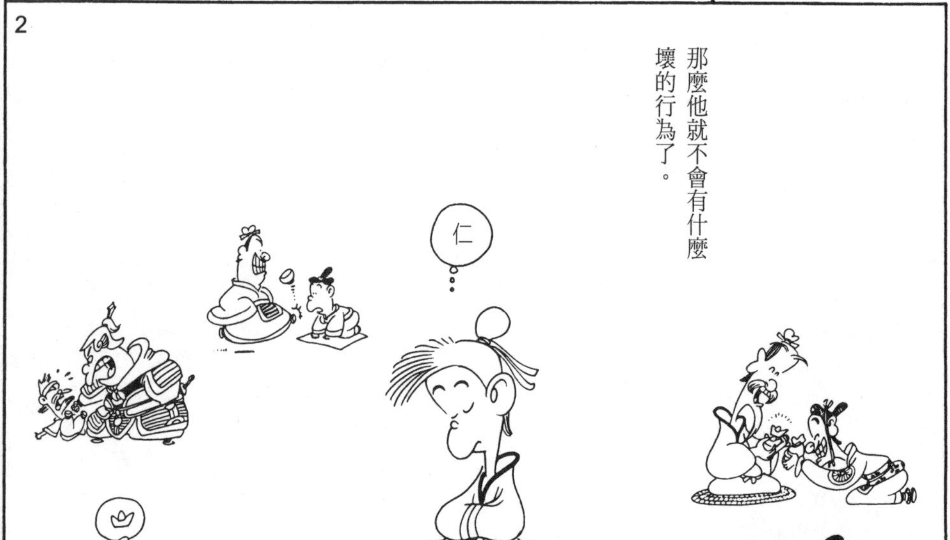
2
那麼他就不會有什麼壞的行為了。
仁

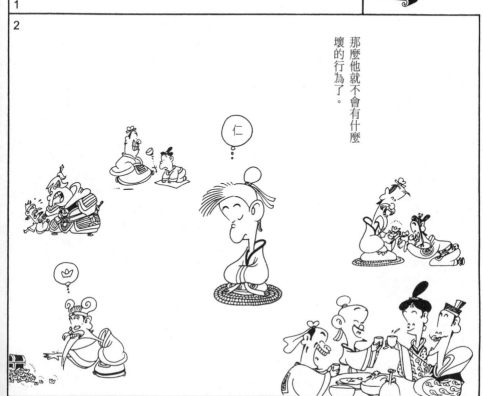

子曰：「朝聞道，夕死可矣！」

里仁第四—八

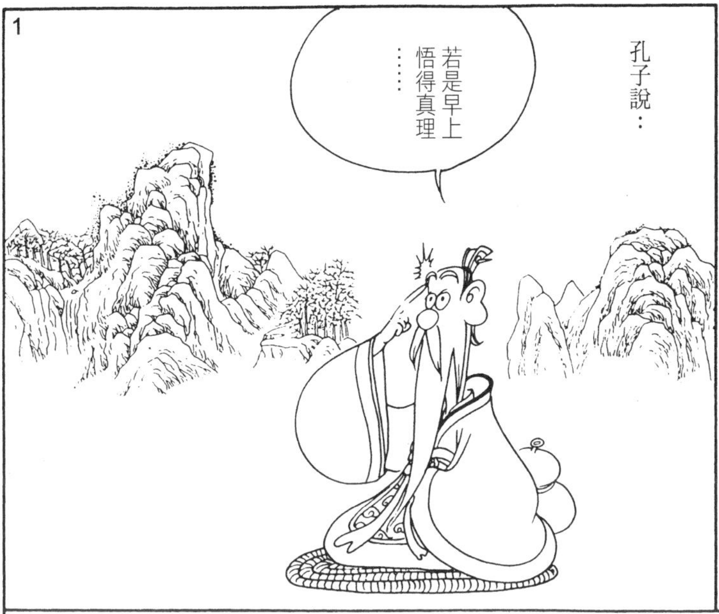
1
孔子說：
若是早上悟得真理……

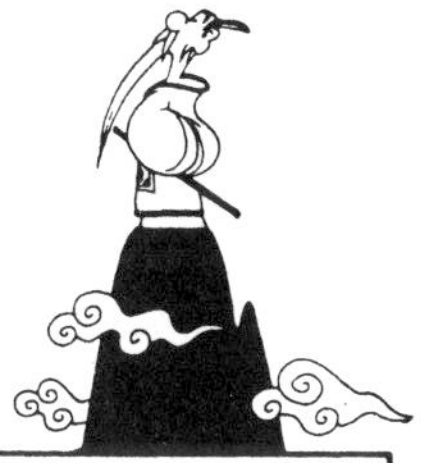

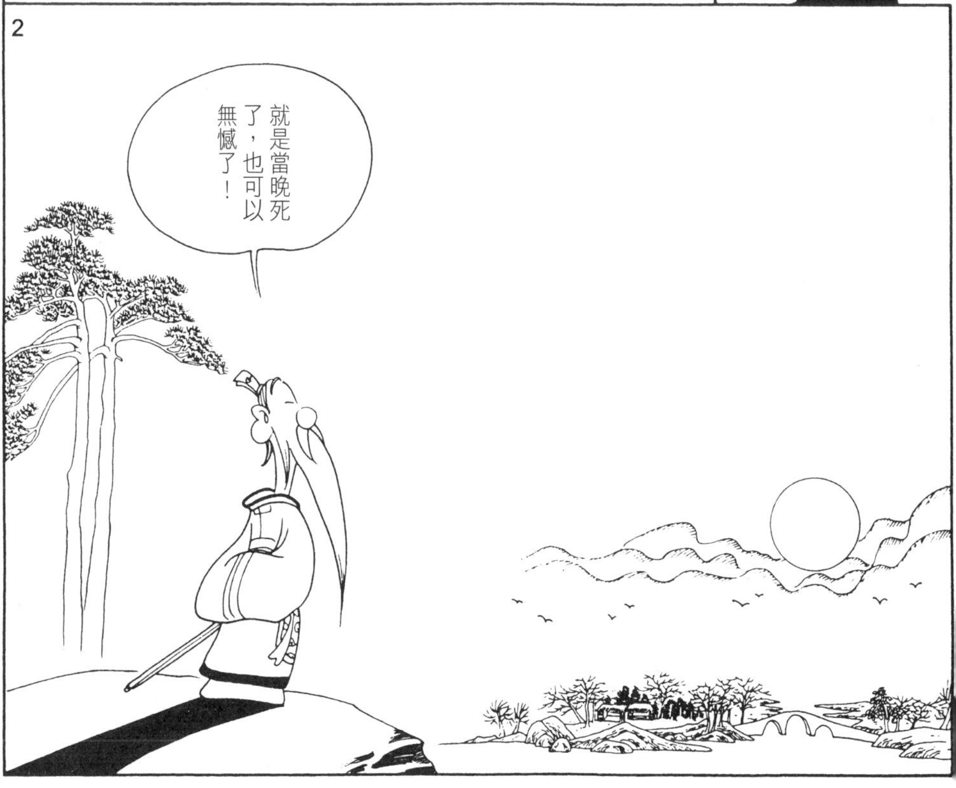
2
就是當晚死了，也可以無憾了！

子曰：「君子之於天下也，無適也，無莫也，義之與比。」

里仁第四—十

1
孔子說：
君子對於天下的事，不固執一定可以、一定不可以的成見，

2
一切以義為依歸。
義

子曰：「放於利而行，多怨。」

里仁第四—十二

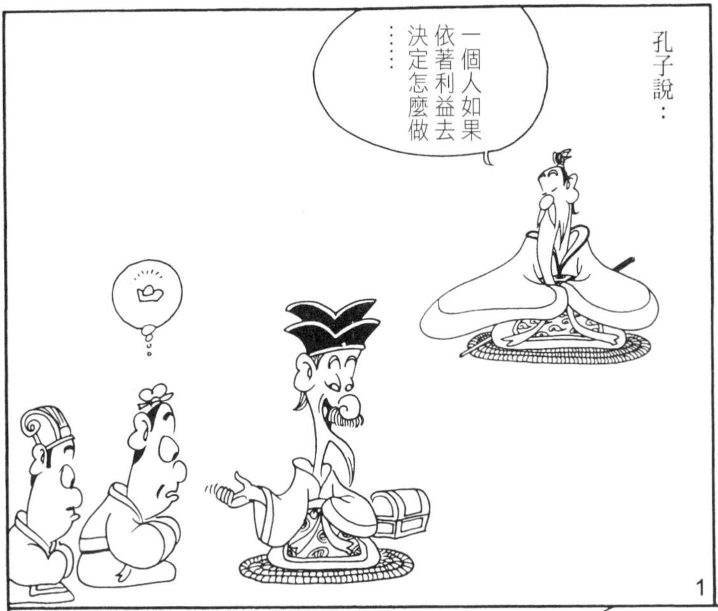
孔子說：
一個人如果依著利益去決定怎麼做……

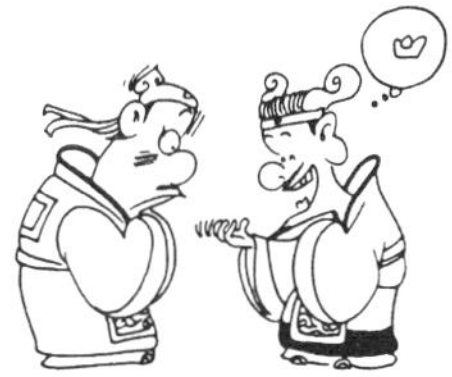

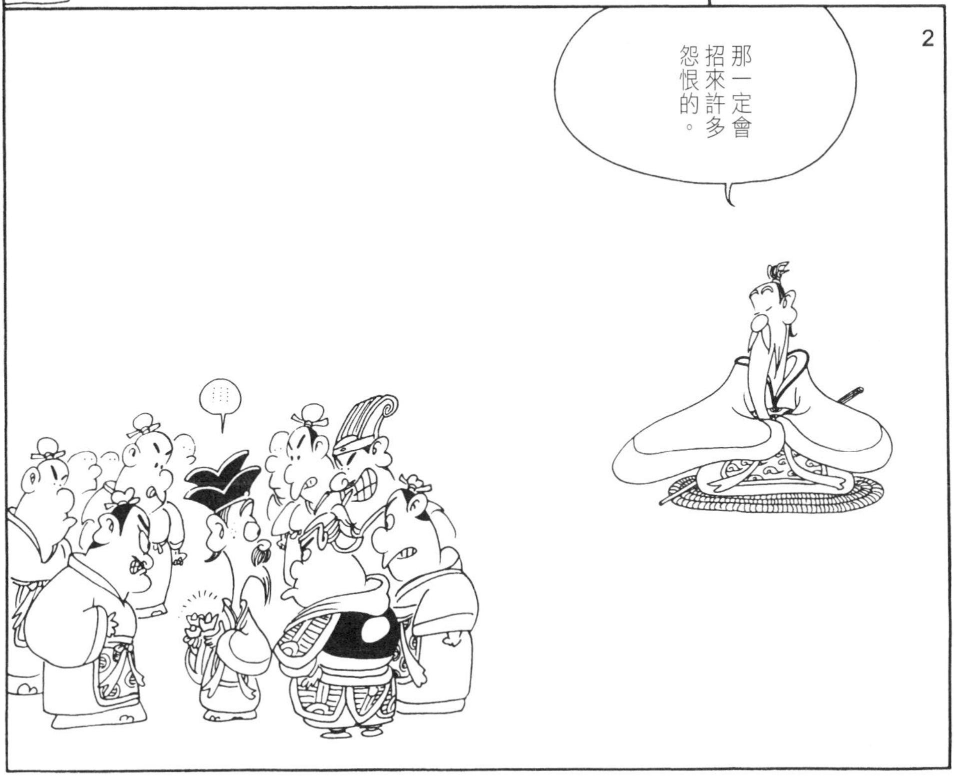
那一定會招來許多怨恨的。

子曰：「君子喻於義，小人喻於利。」

里仁第四—十六

1
孔子說：君子所瞭解的是義，
合乎於義，出生入死我都會去做。

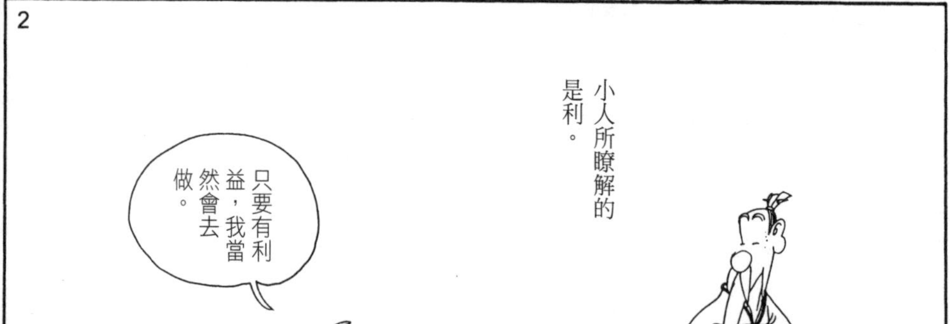
2
小人所瞭解的是利。
只要有利益，我當然會去做。

子曰：「古者言之不出，恥躬之不逮也。」

里仁第四—二二

孔子說：
古人不隨便說話，
1

2
因為說到做不到是可恥的。
丟人啊！自己所說的自己竟做不到。

子曰：「吾未見剛者。」
或對曰：「申棖。」
子曰：「棖也欲，焉得剛？」
公冶長第五——十一

1
我從未見過堅強不屈的人。
2
申棖不就是個堅強不屈的人嗎？
3
申棖嗎？不不不……他差得遠呢。
4
他欲望太多，怎能堅強不屈呢？
名
利

子謂：「子產有君子之道四焉；其行己也恭，其事上也敬，其養民也惠，其使民也義。」

公治長第五——十六

孔子說：
子產有四種行為合乎君子之道：
1

2
自己行事很恭順；
3
對在上位的人很誠敬；
4
愛護百姓，廣施恩惠；
5
使用民力很得宜。

子曰：「伯夷、叔齊，不念舊惡，怨是用希。」

公治長第五—二三

1
伯夷、叔齊不記過去別人對自己的不好。
2
所以別人對他們的怨恨也就很少了。
是啊！
他們真是好人！

子曰：「已矣乎！吾未見能見其過，而內自訟者也。」

公冶長第五—二七

1
孔子說：
罷了！罷了！
2
我還沒有見到一個知道自己的過失而能夠自責的人！

子曰：「質勝文則野，文勝質則史。文質彬彬，然後君子。」

雍也第六——十六

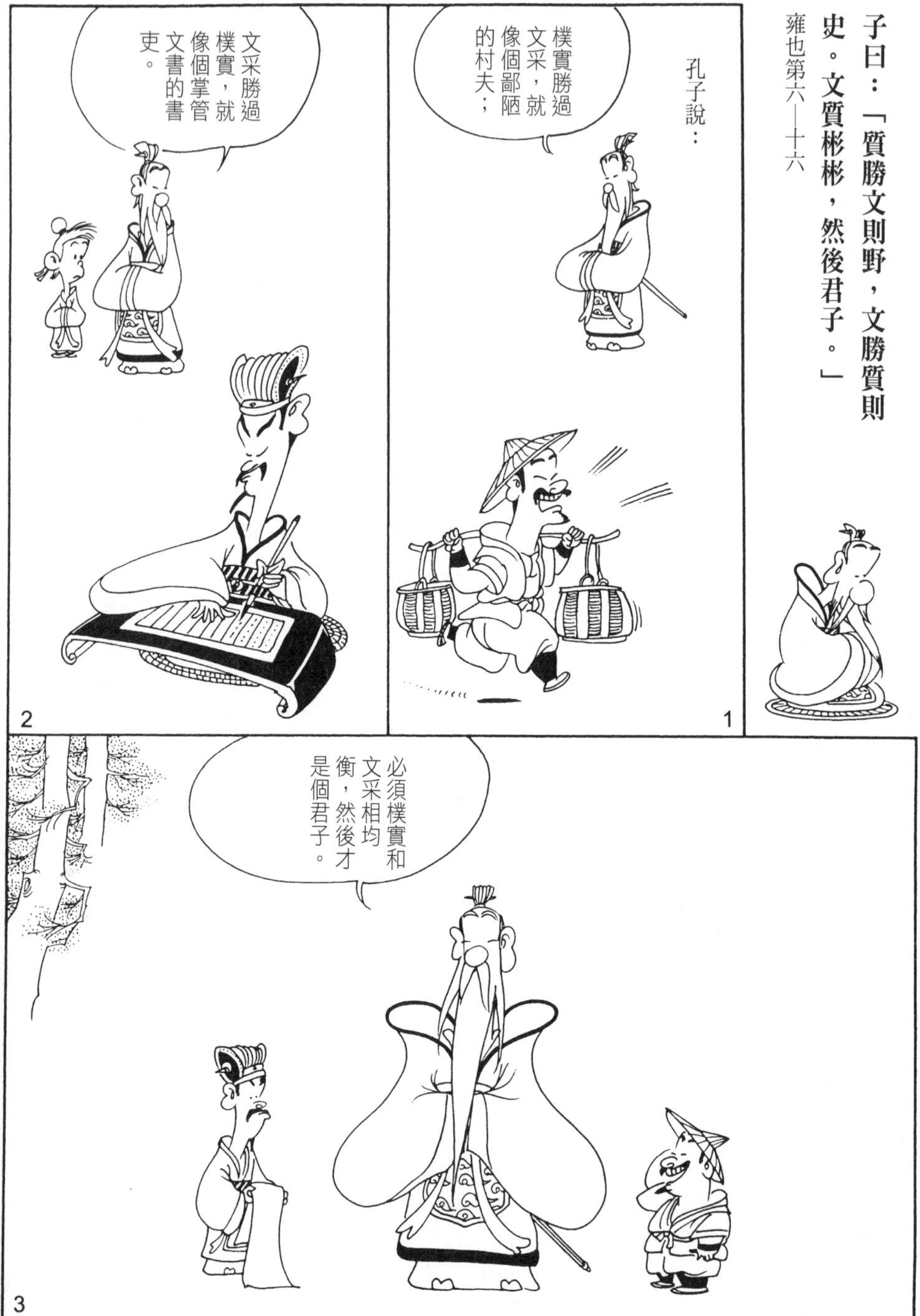
孔子說：
樸實勝過文采，就像個鄙陋的村夫；
文采勝過樸實，就像個掌管文書的書吏。
必須樸實和文采相均衡，然後才是個君子。

子曰：「知之者不如好之者，好之者不如樂之者。」

雍也第六——十八

我明白，學道的好處很多。
我喜歡學道。
我能學道而自得其樂。
知道學道的不如愛好學道的，愛好學道的不如以學道而能自得其樂的。

子曰：「君子博學於文，約之以禮，亦可以弗畔矣夫！」

雍也第六—二四

1
孔子說：
君子要博學經典，從書上廣求知識；
2
規矩守禮。
3
這樣行為便不會有過失了！

子貢曰：「如有博施於民，而能濟眾，何如？可謂仁乎？」子曰：「何事於仁，必也聖乎！堯舜其猶病諸！夫仁者，己欲立而立人，己欲達而達人。能近取譬，可謂仁之方也已。」

雍也第六—二七

子貢問孔子說：
假如有人能廣博施惠給人民，又能普遍濟助大眾，這樣的人可算是仁人嗎？
1
何止是仁人，一定是聖人了！就是堯舜都還做不到這樣呢！
2
所謂仁就是自己能立也要使人能立；自己能通達也要使人能通達。
3
拿自己的事情為別人設想，這可以說是求仁的方法了。
4

子曰：「德之不修，學之不講，聞義不能徙，不善不能改，是吾憂也。」

述而第七—三

孔子說：
道德不好好地修養……
學問不深入地研究……
聽到合宜的道理不能照著做……
不良的行為不能改過向善……
這就是我所憂慮的啊！

子曰：「富而可求也，雖執鞭之士，吾亦為之；如不可求，從吾所好。」

述而第七—十一

1
富貴若是可以求得的，就是那執鞭的賤役我也甘願做；
2
如果富貴不可強求，那還是照我心裡所愛好的去做吧！

子曰：「奢則不孫，儉則固；與其不孫也，寧固。」

述而第七—三五

孔子說：
奢侈便不恭順於禮……
太節儉了又限於固陋；
與其不恭順於禮，寧可固陋。

子曰：「君子坦蕩蕩，小人長戚戚。」

述而第七─三六

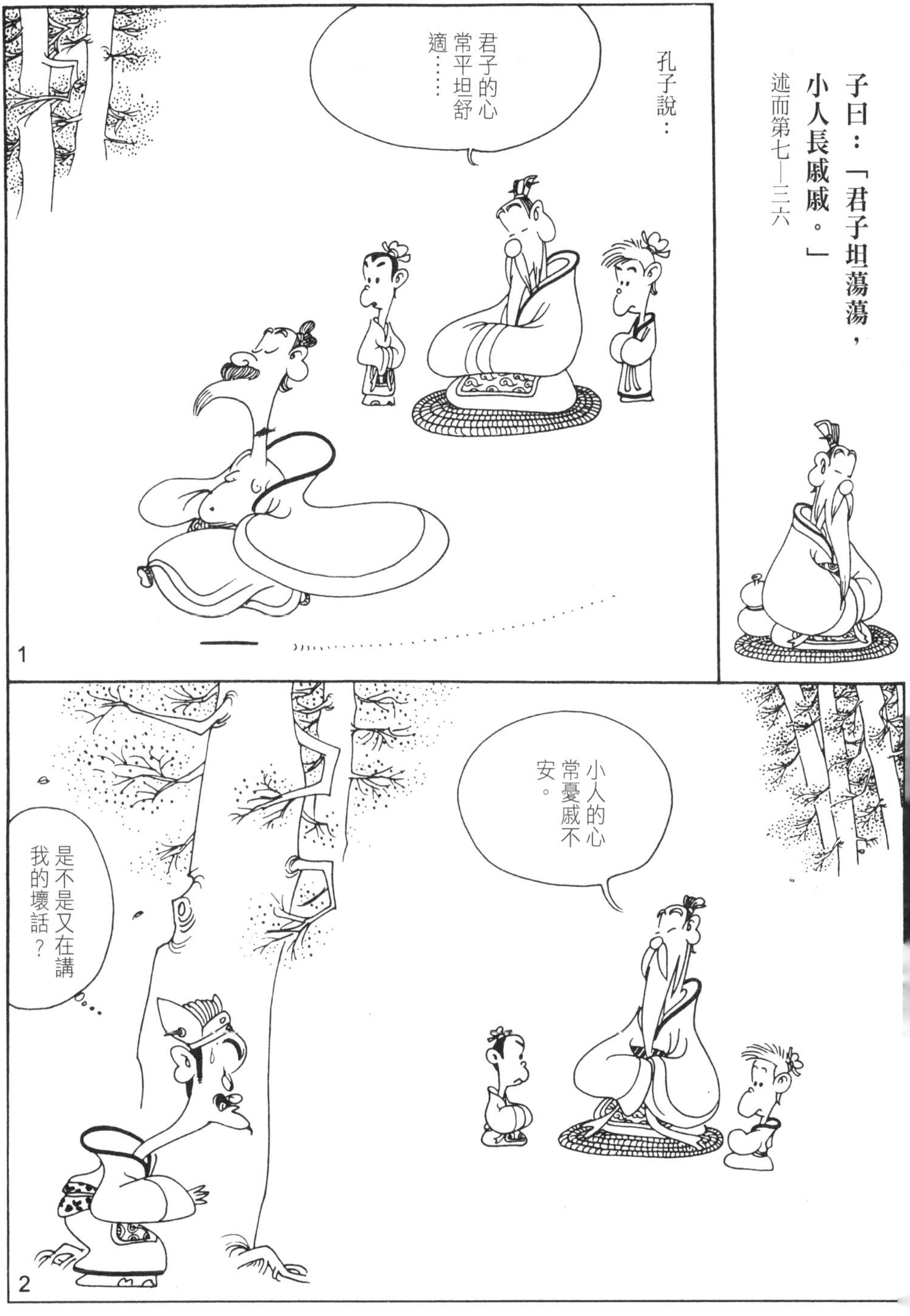

孔子說：
君子的心常平坦舒適……
小人的心常憂戚不安。
是不是又在講我的壞話？

曾子曰：「士不可以不弘毅，任重而道遠。仁以為己任，不亦重乎？死而後已，不亦遠乎？」

泰伯第八—七

曾子說：
讀書人的志氣不可不遠大強毅！
然後能擔當重任而致遠道。
把行仁道視為自己的責任，不是很重嗎？
一直到死才罷休，不是很遠大嗎？

子罕言利，與命，與仁。

子罕第九—一

1
孔子很少主動談到利益、命運或仁德的道理……
利
命
仁

2
老師為何不談利、命和仁呢？
3
因為談到利就會不顧道義；
4
而命運的道理太玄妙了，
5
仁德的道理又是那麼遠大。

子曰：「三軍可奪帥也，匹夫不可奪志也。」

子罕第九—二五

1
孔子說：
三軍的兵士雖多，仍然可以把他們的主帥擄過來；

2
但是一個人只要堅定意志，誰也動搖不了他的。

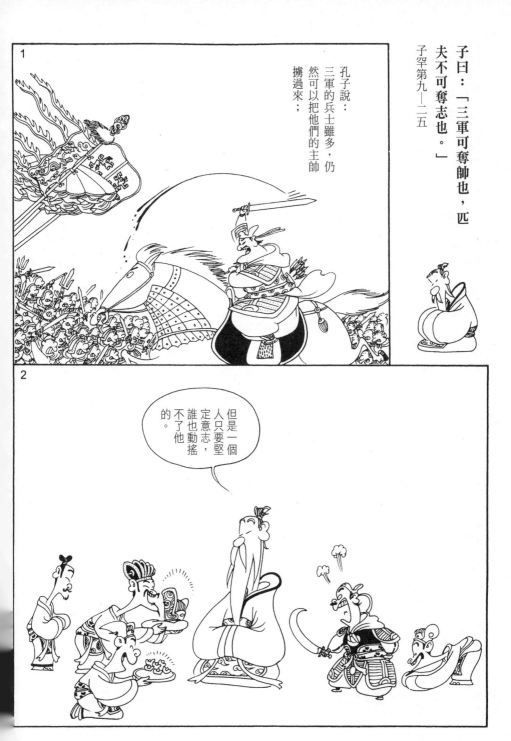

仲弓問仁。子曰：「出門如見大賓，使民如承大祭。己所不欲，勿施於人。在邦無怨，在家無怨。」仲弓曰：「雍雖不敏，請事斯語矣！」

顏淵第十二—二

仲弓問，怎樣才能算是仁。
出門要像拜見貴賓一樣恭敬。
1

派用老百姓做事時，要像負責大祭一樣的鄭重。
2
自己所不喜歡的，不要加在別人的身上。
3
在諸侯的邦國做事毫無怨言，在卿、大夫家做事也無怨言。
4
我雖然魯鈍，但我希望能遵照這些話去努力。
5

季康子問政於孔子。孔子對曰：
「政者正也，子帥以正，孰敢不正？」

顏淵第十二—十七

正

季康子問孔子有關處理政事的道理……
政治的政就是正道的正，
1

2
你正己來領導民眾，誰敢不歸於正呢？

子貢問友。子曰：「忠告而善道之，不可則止，毋自辱焉。」

顏淵第十二—二三

子貢問交友的道理。
老師，待朋友之道應該如何？
1

2
朋友有過失，要盡心盡力勸告他，並引導他向善。
但他若是不聽勸告要怎麼辦？
3
朋友要是不接受勸導就算了，不要再自討沒趣了。
你滾開！誰要你管！
4

子路問政。子曰：「先之，勞之。」請益。曰：「無倦。」

子路第十三—一

1
子路問孔子為政之道……
老師，為政之道應該要如何去做？

2
要人民行善，就要先做給他們看；自身能夠耐得住勞苦，人民再勞苦些也不會怨恨了。
3
還有什麼要特別注意的嗎？
4
只要對這兩點持久不懈怠就行了。

子曰：「其身正，不令而行；其身不正，雖令不從。」

子路第十三—六

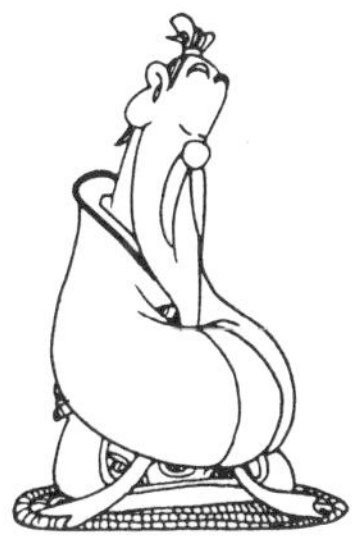

孔子說：
做長官的本身做得正當，不用命令，人民自然照樣去做；
他以身作則，我們應以他為榜樣！

反之，本身做得不正當，就是下了命令，人民也不肯聽從。
上梁不正下梁歪，自己做不到還要求別人？

樊遲問仁。子曰：「居處恭，執事敬，與人忠。雖之夷狄，不可棄也。」

子路第十三—十九

樊遲問孔子說：
老師，怎樣才是仁？
1

2
日常生活要謙恭，做事要敬慎，待人要忠誠。
3
這些德行就是到了野蠻的夷狄地方，也是不可以沒有的。

子曰：「君子和而不同，小人同而不和。」

子路第十三—二三

孔子說：
君子與人和諧相處，卻不結黨營私；
1

2
小人結黨營私，卻不能與人和諧相處。

子曰：「君子泰而不驕，小人驕而不泰。」

子路第十三—二六

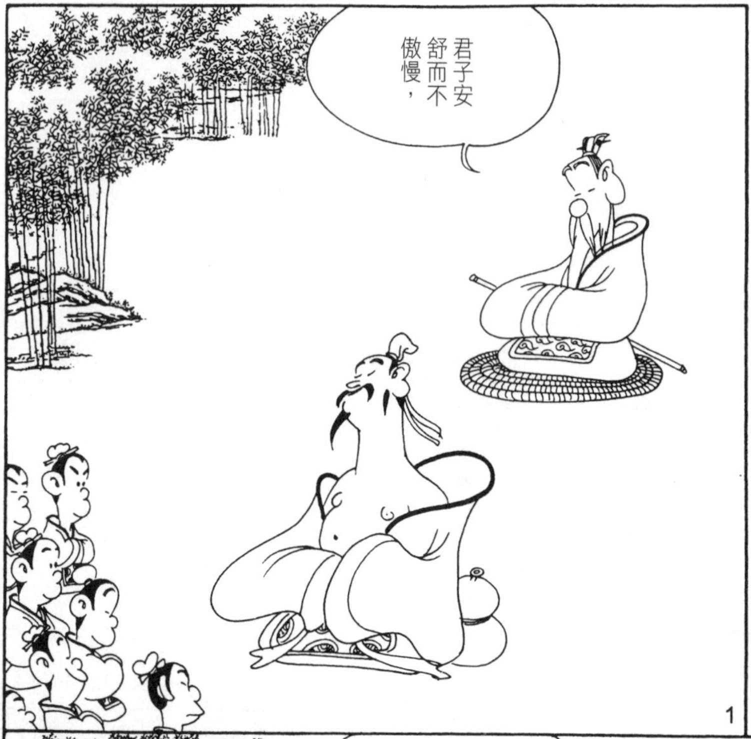
君子安舒而不傲慢，
1

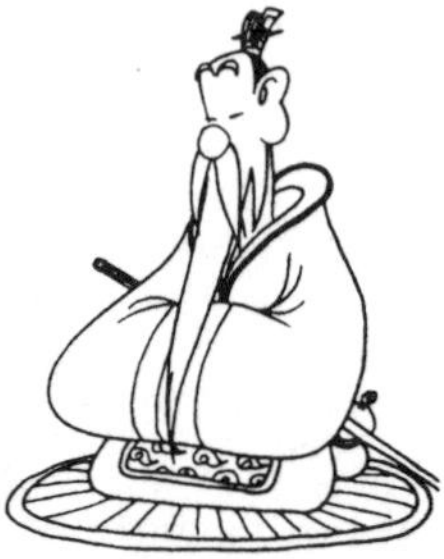

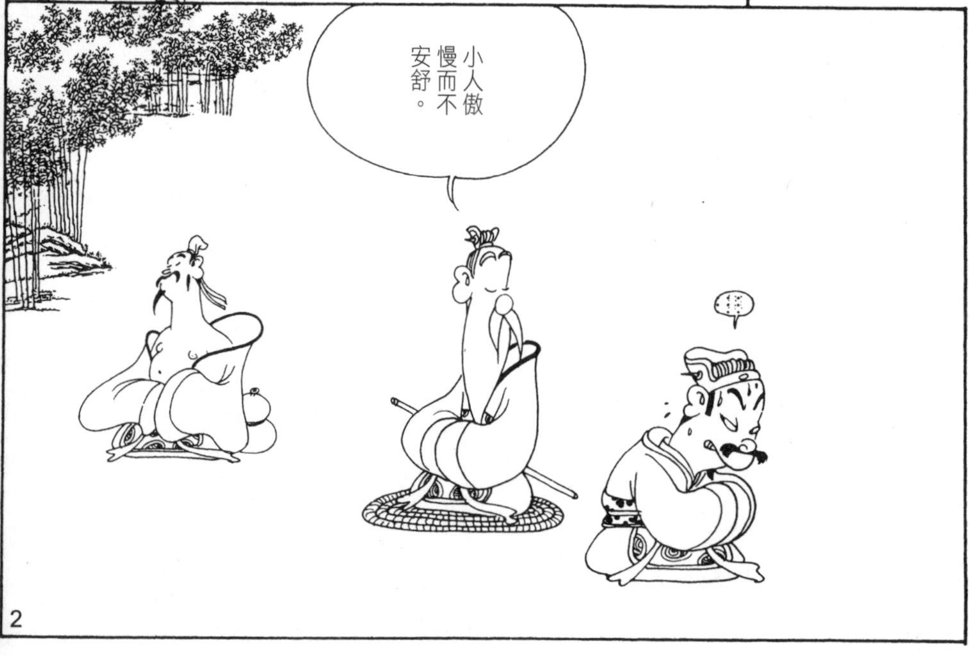
小人傲慢而不安舒。
2

子曰：「貧而無怨，難；富而無驕，易。」

憲問第十四——十一

貧困而不怨恨，是很難的；
老天待我太不公平了！
富貴而不驕傲，比較容易做到。

子曰：「其言之不怍，則為之也難！」

憲問第十四—二一

1
我文采很棒，詩畫也都很行！
2
孔子說：
說大話不慚愧的人……

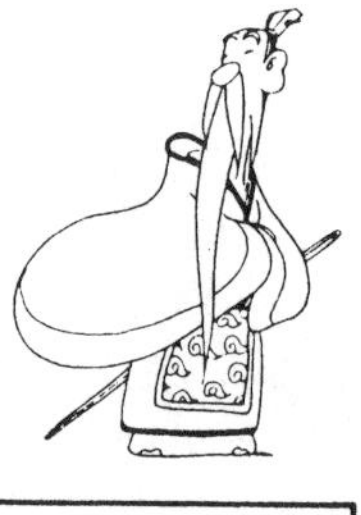

3
要他實踐就難了！

子曰：「古之學者為己，今之學者為人。」

憲問第十四—二五

古代求學的人，是為充實自己而學習的；
現在求學的人，是為了給別人知道而學習的。

子曰：「可與言，而不與之言，失人；不可與言，而與之言，失言。知者不失人，亦不失言。」

衛靈公第十五—七

1
可以和他説話而不和他説話，是錯過了人；

2
不可和他説話而和他説話，是説錯了話！
3
聰明的人不會錯過人，也不會説錯話。

子曰：「群居終日，言不及義，好行小慧，難矣哉！」

衛靈公第十五—十六

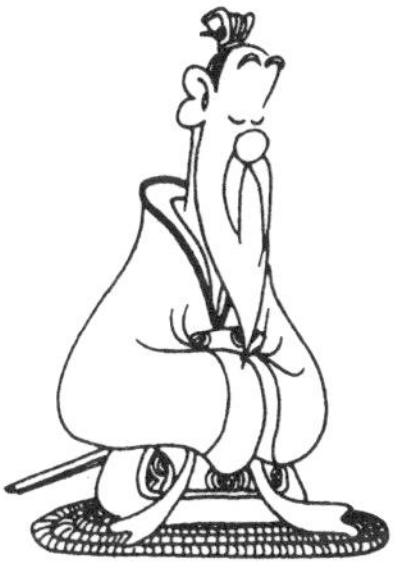

一群人整天聚在一起，沒有一句正經話，喜歡耍小聰明，
1

2
這種人要使他學好是很難的！

子曰：「君子不以言舉人，不以人廢言。」

衛靈公第十五—二三

他說得很好，推薦他去當官吧！
君子不因為這個人的話講得對就貿然舉用他；
也不因為這個人行為不好而抹殺他有道理的話。
可是這個人的人品實在太差了……

子曰：「巧言亂德。小不忍，則亂大謀。」

衛靈公第十五—二六

沒有真誠的花言巧語，會使人失掉原來的操守。
1

對小事不能容忍，就會敗壞了大事。
我不能再忍耐了
2
3
你瞧！壞了大事了吧……

子曰：「眾惡之，必察焉；眾好之，必察焉。」

衛靈公第十五—二七

1
他這個人很壞！
是嗎？
2
真的是很壞嗎？
3
他做人很好！
是嗎？
4
孔子說：
大家所討厭的人，一定要仔細審察；大家所喜愛的人，也一定要仔細審察。

子曰：「人能弘道，非道弘人。」

衛靈公第十五—二八

子曰：「過而不改，是謂過矣！」

衛靈公第十五—二九

孔子說：
人難免會犯過錯，能改就好了。
可是我不覺得我犯了過錯！
1

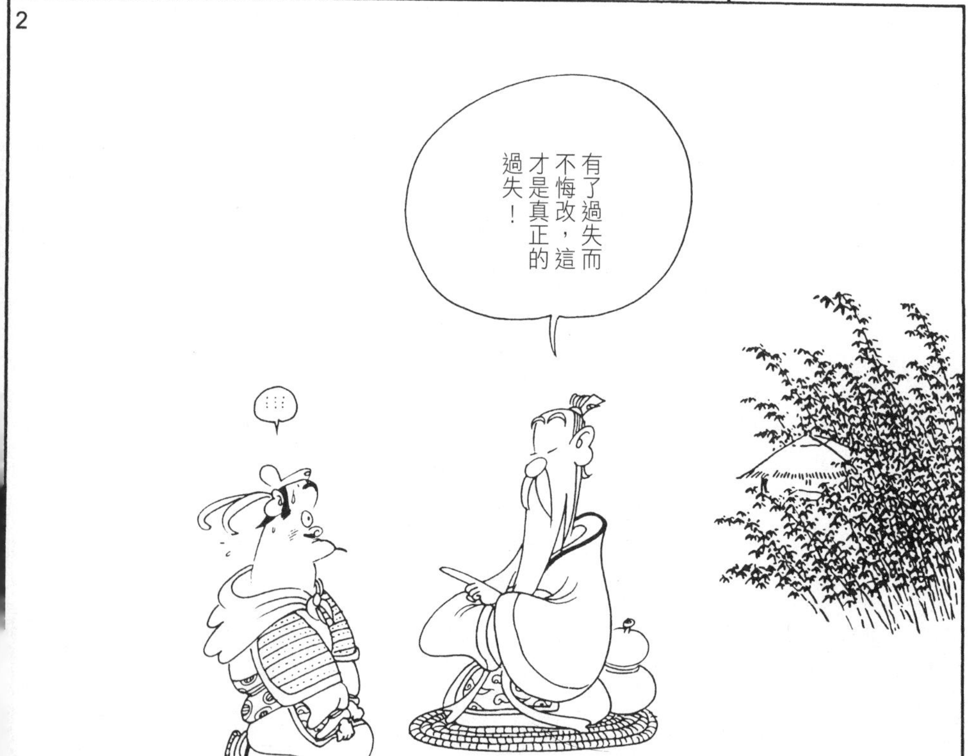
2
有了過失而不悔改，這才是真正的過失！
⋯⋯

子曰：「君子貞而不諒。」

衛靈公第十五—三六

1
孔子說：
君子固守正道，

2
卻不拘泥於不擇是非輕重的小信。
是啊！
當信有害於正道時，就棄信而守正道。

孔子曰：「益者三友，損者三友：友直、友諒、友多聞，益矣；友便辟、友善柔、友便佞，損矣。」
季氏第十六—四
孔子說：
有益的朋友有三種，有害的朋友也有三種：
結交正直的人，結交誠信的人，結交博學多聞的人，是有益的；
正直
誠信
博學
結交慣於逢迎、不正直的人，結交工於獻媚、不誠信的人，結交花言巧語、沒有真實見聞的人，是有害的。
逢迎
獻媚
花言巧語

子曰：「生而知之者，上也；學而知之者，次也；困而學之，又其次也；困而不學，民斯為下矣！」

季氏第十六─九

孔子說：
生下來就知道的人，是上等資質的人；
1
經過學習然後知道的人，是次一等資質的人；
2
發憤苦學，也會逐漸通曉的人，是又次一等資質的人；
3
至於下苦工才能學得，卻懶惰不學的人，這是最下等的人了！
4

子曰：「鄉愿，德之賊也！」

陽貨第十七——十三

他不好，你們才好，我支持你們。
他們不好，你才好，我支持你。
孔子說：
那種善於諂媚世俗，偽裝善良，卻處處同流合污的好好先生，是戕害道德的敗類呀！

子曰：「道聽而塗說，德之棄也！」

陽貨第十七—十四

1
啊！
告訴你一個小道消息！
嘻！
2
我得到個小道消息，想不想聽？
!

3
孔子說：
!
偶爾在路上聽到不實的傳言，不問是非就在路上說給別人聽，這是背棄道德的行為啊！

子曰：「鄙夫！可與事君也與哉？其未得之也，患得之。既得之，患失之；苟患失之，無所不至矣！」
陽貨第十七─十五
1
孔子說：
一個鄙陋庸俗的人怎麼可以和他共同侍奉君上呢？
2
因為這種人心中只存有私利，
要為我的利益做打算……
3
所以當他還沒有得到職位時，便唯恐得不到。
拜託你替我說說好話……
4
等到獲得職位後，又深怕會失掉它；
5
如果他只擔心會失去職位，那便什麼都做得出來了！
誰想染指我的位置，我就與他拚了！

子曰：「惡紫之奪朱也，惡鄭聲之亂雅樂也，惡利口之覆邦家者。」

陽貨第十七—十八

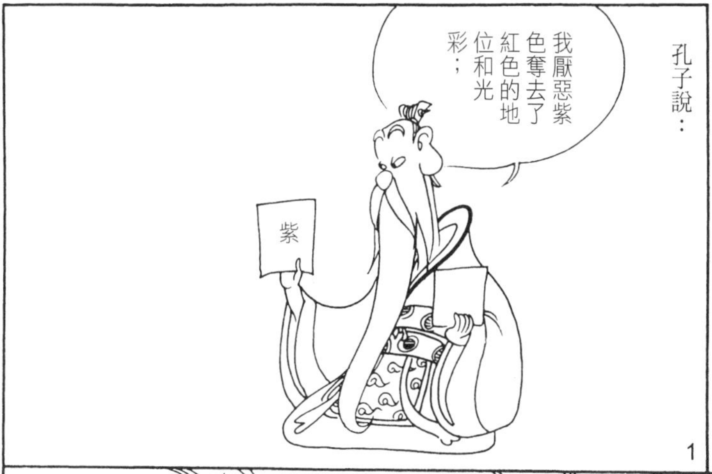
孔子說：
我厭惡紫色奪去了紅色的地位和光彩；
紫
1

我也厭惡鄭國的靡靡之音擾亂了先王正統的音樂；
2
我更厭惡那些善於詭辯，專門用美麗的謊話騙人，而使國家覆亡的人。
3

子張曰：「士見危致命，見得思義，祭思敬，喪思哀，其可已矣。」
子張第十九—一
子張說：
一個士，臨難不避義死；
臨財不為苟得；
是否該得的？
祭不忘敬；
是否恭敬？
是否盡了哀悼之心？
喪能盡哀；能做到這樣，就夠好了。

子夏曰：「日知其所亡，月無忘其所能，可謂好學也已矣！」

子張第十九—五

1
子夏說：
每天能夠學到一些過去所不懂的新知識……
2
每月能夠溫習已學到的東西；
3
能這樣做，便可算是好學的人了！

子夏曰：「博學而篤志，切問而近思，仁在其中矣。」
子張第十九—六
1
子夏說：
一個人能廣博地去學習，不斷地充實自己；
嘎
2
又能堅定自己修道的心志，
志向不變
3
很懇切地去發問，向人請教；
4
遇到任何問題，能夠先從周遭的事物加以思考；
5
能夠這樣做，仁德就在其中了。
仁

子夏曰：「君子信而後勞其民；未信，則以為厲己也。信而後諫；未信，則以為謗己也。」
子張第十九—十
子夏說：
在位的人必須先獲得民眾的信任，然後才役使他們。
1
如果沒有獲得百姓的信任就役使他們，那他們必以為是在害他們。
2
你故意要虐待我們嗎？
另外，也要先獲得君上的信任，然後才能直言勸諫；
3
4
如果沒有獲得君上的信任就進諫，那他必以為是在毀謗他。
你膽敢罵我？

子夏曰：「大德不逾閑，小德出入可也。」

子張第十九—十一

子夏說：
一個人在大的德操上是不可超越規矩的，
1

至於行為上的小節，有時稍有出入是可以的。
酒
2

後記

1
孔子死後，學生們為感戴老師的恩德，由子貢提議，大家為老師守喪三年。
2
三年歲月在憂思哀傷中過去了，師兄弟們想留的留，想走的走，大家互相道別……
3
由於當時人君對人才強烈的需求，有才學的弟子們也分散到各地去活動，傳布孔子之道。

4
被後世稱為「傳經」之儒的子夏，也應魏文侯的招聘，而擔起教育魏國子弟的責任。
5
而被後世稱為「傳道」之儒的曾子，則留下來，致力於孔學的傳授。
6
自孔子死後，他的門人及魯人相繼聚居在他墓旁，形成一個小部落，稱為孔里。
7
孔子的家宅照原來的樣子陳列著他的遺物，並改為廟，成為崇尚儒學者的聖地。

曾子就利用這個環境，聚集了魯國的年輕人，從事儒學的傳布工作。
8
曾子和子游、子夏在對孔子學說的傳承上，是有所不同的。子游、子夏這一派著重在形式的儀禮和實際的政務上……
9
恕
誠
忠
信
而曾子所重視的，卻是孔子學說中人類自覺精神的忠恕誠信之德。
10

曾子所傳的「孔子之道」由孔子的孫子子思傳承接續，子思死後，再由子思的門人傳給了孟子。

曾子

子思

孟子

孟子說

——亂世的哲思

孟子

孟子是繼承孔子思想和道統的人，他受業於子思之門人。學成後遊說諸侯卻不能被晉用，退而與弟子萬章等序《詩》、《書》，述仲尼之意，作《孟子》七篇。後世以其宗孔聖之道，尊為亞聖。

唐韓愈說：「堯以是傳之舜，舜以是傳之禹，禹以是傳之湯，湯以是傳之文武周公，文武周公傳之孔子，孔子傳之孟軻；軻之死，不得其傳焉。」不但把他媲美孔子，而且認為自他之後，道統的傳承就中斷了。

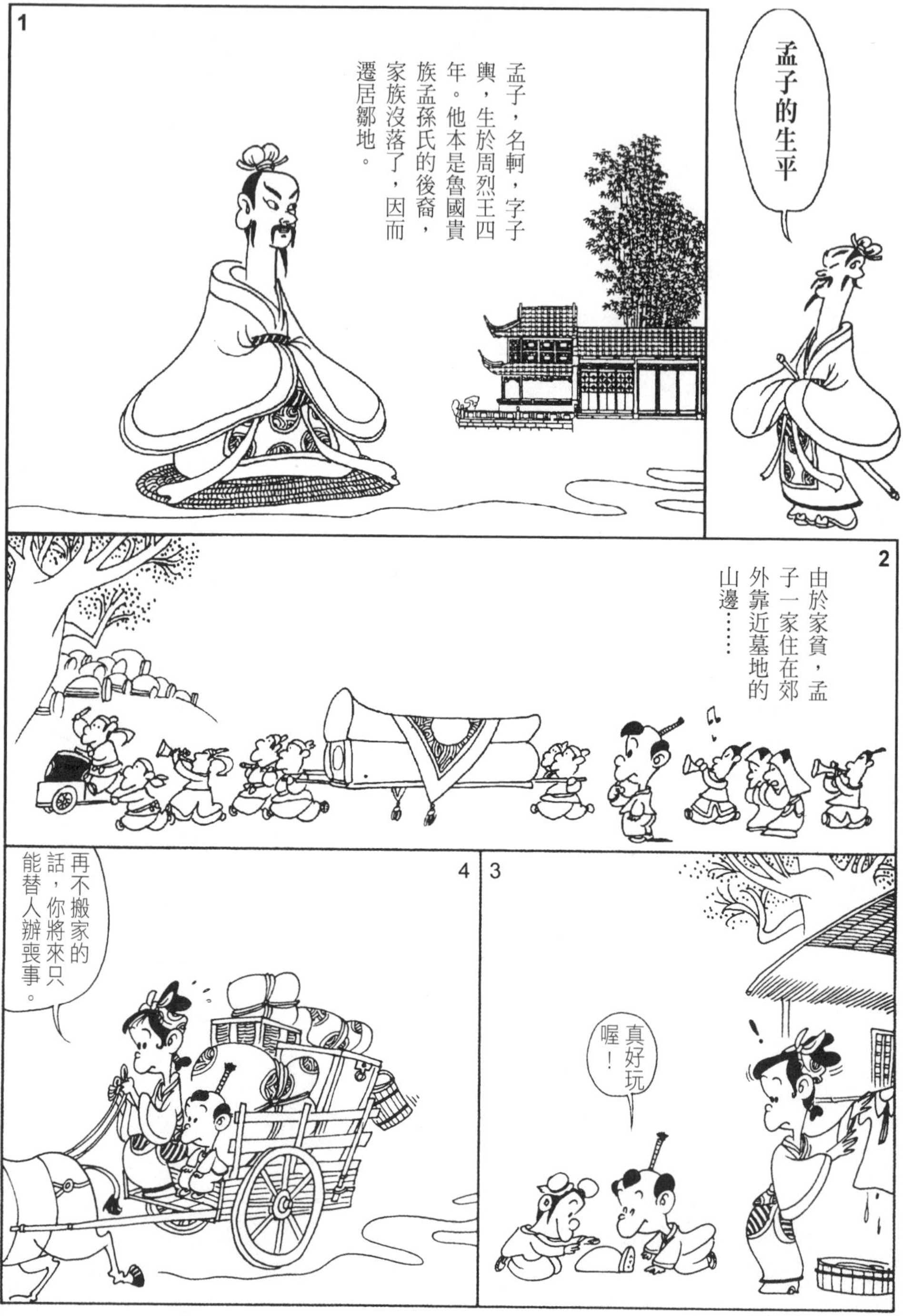
孟子的生平
孟子，名軻，字子輿，生於周烈王四年。他本是魯國貴族孟孫氏的後裔，家族沒落了，因而遷居鄒地。
由於家貧，孟子一家住在郊外靠近墓地的山邊……
真好玩喔！
再不搬家的話，你將來只能替人辦喪事。

上好的豬肉喔！
孟子遷到街市，住在市場附近，每天看到的淨是商人小販做生意。
5
6
!
上好的豬肉，一斤三十文。
買一斤
7
去收拾你自己的東西，我們要搬家了。
又要搬家？
8
再不搬，我看你將來只能去殺豬……
哦。

9
子曰：學而時習之，不亦説乎？
這一次孟母慎重地選擇，找到一所學校附近的房子住下來。
10
子曰：學而時習之，不亦説乎。
好極了。
11
孟子八歲時，孟母便把他送進學校讀書。
12
有朋自遠方來，不亦樂乎？
過了一段時候，孟子的學習熱忱便逐漸下降……

讀書真沒意思！
你學到哪兒了啊？
還不是跟以前一樣，好無聊喔！
啊！
你讀書無恆心，中途而廢，就好像我把紗線剪斷一樣，終成廢物！

……
娘！我今後一定認真讀書，不讓你失望……
從此孟子發憤向學，不敢懈怠……
孟子長大後，便到魯國遊學，
這時子思已經去世了，因此他便受教於子思的門人。

23
在這裡可以看到祠堂舉行祭祀大典的禮儀程序。
24
也能看到許多有關於孔子言行的記錄和孔子的手稿。
25
孟子懷著求知問道的熱忱，居住在文化氣息極濃的孔子家鄉，努力在道德學問上求進步。
26
雖然我無法直接當孔子門下的學生，但從他的傳人身上，我也等於間接以孔子為師啊！

27
從有人類以來，不曾有過像孔子這麼偉大的人啊！
28
這時孟子真正明白了他所要走的路。
29
明白了他所要追隨的人。

30
這時的諸侯之間，強凌弱，大欺小，互相攻伐。
31
戰爭慘痛到「易子而食，析骸而炊」的地步。
32
這些野心家為了個人的利益，到處發動戰爭，使戰死的人堆滿各處，真是率領土地來吃人肉啊！
33
於是孟子率領他的門人周遊列國，向諸侯遊說實現王道和仁政的理想。

34
但是當時的諸侯，個個都只求眼前的利益，而不肯採納他的主張。
z z
35
因此他也和孔子一樣，始終找不到實現他學說的機會。
36
他老年的時候，也像孔子一樣，從事教育講學的工作，並著書立說。
37
序《詩》、《書》，述仲尼之意，並著《孟子》七篇，記載當時活動的記錄和學術問答，以及和其他學派的爭論。

梁惠王篇

王何必曰利？

《梁惠王篇》上第一章

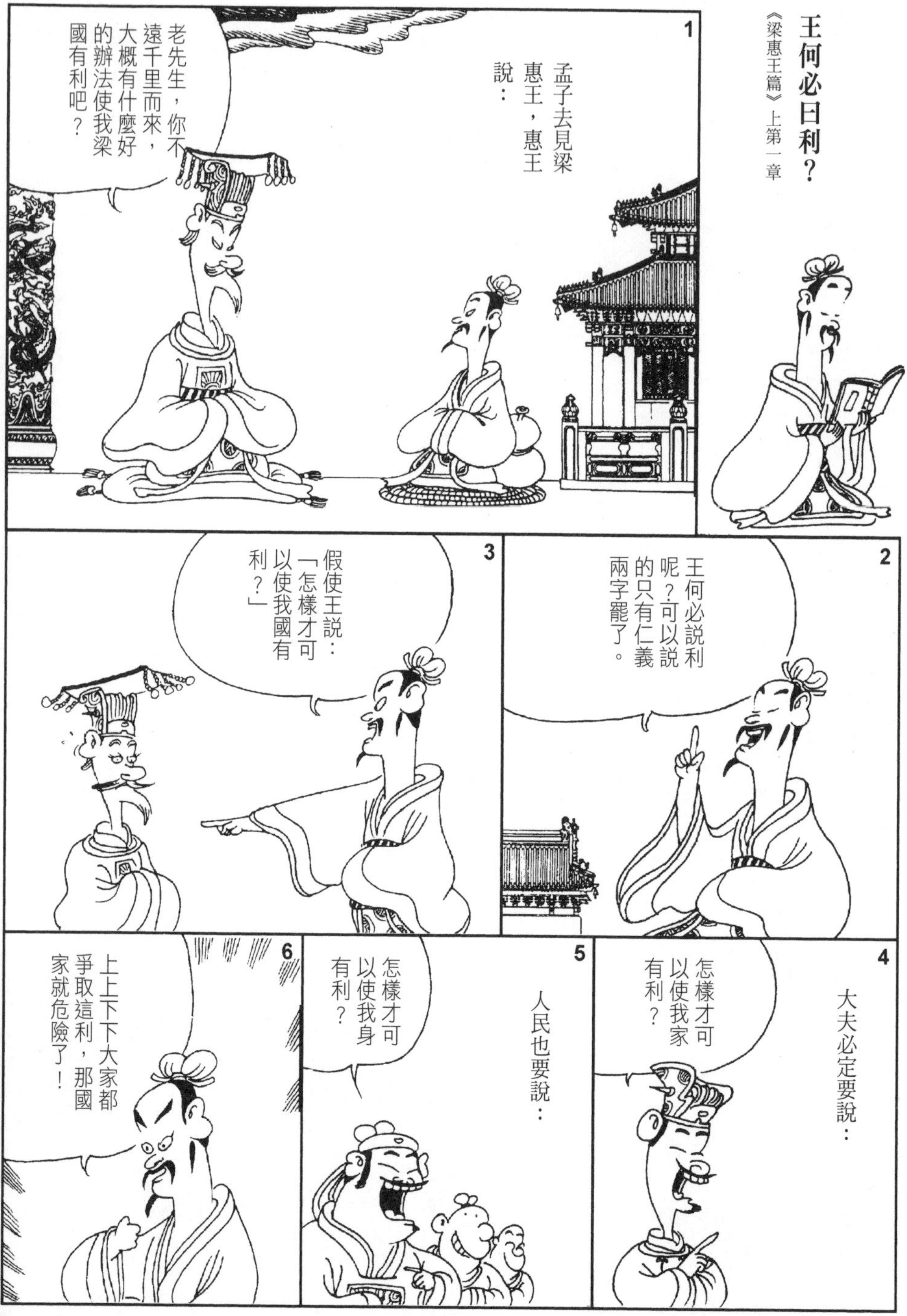
1
孟子去見梁惠王，惠王說：
老先生，你不遠千里而來，大概有什麼好的辦法使我梁國有利吧？
2
王何必說利呢？可以說的只有仁義兩字罷了。
3
假使王說：「怎樣才可以使我國有利？」
4
大夫必定要說：
怎樣才可以使我家有利？
5
人民也要說：
怎樣才可以使我身有利？
6
上上下下大家都爭取這利，那國家就危險了！

7
所以，那萬乘的天子國，殺天子的人一定就是那千乘的公卿；
8
千乘的諸侯國，殺諸侯的人一定就是那百乘的大夫。
9
從萬乘中取得千乘，從千乘中取得百乘，這樣十分之一的比例也不算不多了。
10
但是假使不講道義而先講私利，那是不完全奪過來總不會心滿意足的。

11
至於講仁義，那就益處多多了。
12
從來沒有講仁愛而遺棄親長的。
13
從來沒有講道義而不顧君上的。
14
王你只要講仁義就可以了……
15
何必要說利呢？
談到利，人人都將站在自己的立場考慮，唯有仁義才能深廣地涵蓋眾人的共同利益。

五十步笑百步

《梁惠王篇》上第三章

1
梁惠王向孟子說：
我對於國家可算是竭盡心力了！河西遇著荒年，就遷移那些人民到河東去就食，
2
再把河東有餘的米穀搬移過來賑災，假如河東鬧飢荒，也同樣辦理。
3
我調查鄰近各國，沒有比得上我這樣用心的；
4
但鄰國的人民不見得減少，我國的人民不見得增多，這是什麼緣故？
5
王向來喜歡戰爭，現在就用戰爭來做個比喻……

6
咚咚！
咚咚咚！
戰鼓震天，兩軍的刀劍已經交鋒，那被打敗的，棄掉盔甲，拖著兵器就逃，有的逃了一百步後站住，有的逃了五十步後站住……
7
哈哈哈，你比我還膽小，我只逃五十步，你逃了一百步！
嗚……
8
逃五十步的軍士笑那逃一百步的軍士膽小，你說可以不可以呢？
9
不可以的，他不過不到一百步罷了，同樣也是逃啊！
10
王既然知道這個道理，那就不必希望人民的數目比鄰國多，貴國與鄰國也差不多罷了。

遁詞
《梁惠王篇》上第三章
看到自己養的豬狗吃了別人家的東西也不加以阻止……
這又不是我的錯！
我快餓死了……
你餓死又不是我的錯！
人死，也不是我的錯，是荒年帶來的災禍啊！
若一國之君也這樣說，那不正像拿刀刺死人然後說：
這可不是我的錯，是這把刀的過錯。

不為和不能
《梁惠王篇》上第七章
1
你能把泰山挾在胳肢窩底下而跳過北海嗎？
這我辦不到。
2
你能折一樹枝給我嗎？
這我辦不到。
3
挾泰山以超北海，的確是件不可能做到的事；若說為老者折取樹枝而不能，這就是不為而非不能了。
能力上做不到的是「不能」，做得到而不去做是「不為」。人往往是「不為」而諉稱「不能」。

夫撫劍疾視曰：「彼惡敢當我哉！」此匹夫之勇，敵一人者也。
《梁惠王篇》下第三章
1
手按寶劍，睜目怒視說：
他怎麼敢抵擋我呢？
2
這是匹夫之勇，只能抵敵一個人而已。
勇之大小，不在一人敵與萬人敵之分，而在合義與否。義俠之舉，雖一人亦大勇；不義之師，雖舉國亦只是小勇。

老而無妻曰鰥，老而無夫曰寡，老而無子曰獨，幼而無父曰孤。此四者，天下之窮民而無告者。文王發政施仁，必先斯四者。《詩》云：「哿矣富人，哀此煢獨。」《梁惠王篇》下第五章

1
年老而無妻叫做「鰥夫」，
2
年老而無夫叫做「寡婦」，
3
老年而無子叫做「獨老」，
4
年幼而無父叫做「孤兒」。

5
這四種人是天下間苦而無處訴的人，文王施行仁政，必先保護這四種人。
6
《詩經》說：富人是可以過活的了，最可憐的就是這些孤苦的人啊！
同情幼弱者，幫助孤寡，這是王者行仁政的出發點。

齊宣王問曰：「湯放桀，武王伐紂，有諸？」孟子對曰：「於傳有之。」曰：「臣弒其君，可乎？」曰：「賊仁者謂之賊，賊義者謂之殘。殘賊之人，謂之一夫。聞誅一夫紂矣。未聞弒君也。」

《梁惠王篇》下第八章

1
齊宣王問孟子說：
商湯放逐夏桀，周武王興兵伐商紂，究竟是否真有其事？
在古書上相傳是有的。

2
桀紂是君，湯武是臣，臣子去弒國君，是可以的嗎？
3
傷害仁道的人叫做賊，毀壞義理的人叫做殘，賊仁殘義的人就叫做獨夫。
4
我只聽說武王殺了一個獨夫紂，沒有聽說武王殺過國君啊！
君為民而設，不以民為重，即失其君之職責；桀紂暴虐，殘民以逞，故湯武行仁，弔民伐罪。

公孫丑篇

揠苗助長
《公孫丑篇》上第二章
宋國有個人，因憂慮他的稻苗不長大……
稻苗長得真慢啊！真急死人啊……
把它們拔高些，幫它們長大。
今天真夠累的，我已經幫稻苗長大了不少。
這怎麼可能？快去瞧瞧……
哇！稻苗全都枯死了……
天下的事理都有一定的法則，刻意人為地助長，往往只是摧殘了它罷了。

以力服人者，非心服也，力不贍也；以德服人者，中心悅而誠服也。

《公孫丑篇》上第三章

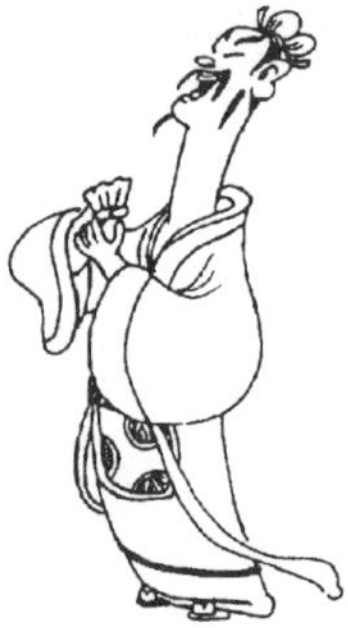

1
拿武力去降服人，人不是真心服氣，只是力量不足罷了。
力氣輸給你罷了，沒什麼了不起。

2
拿德行去降服人，人是心中喜悅而誠心信服的。

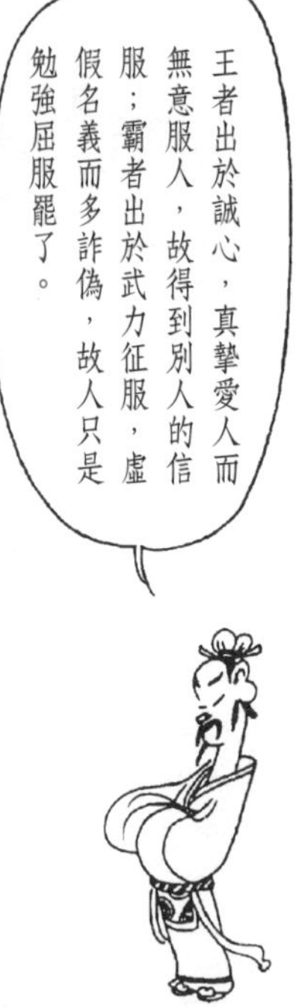
王者出於誠心，真摯愛人而無意服人，故得到別人的信服；霸者出於武力征服，虛假名義而多詐偽，故人只是勉強屈服罷了。

人皆有不忍人之心者，今人乍見孺子將入於井，皆有怵惕惻隱之心；非所以內交於孺子之父母也，非所以要譽於鄉黨朋友也，非惡其聲而然也。

《公孫丑篇》上第六章

1
啊！
有人忽然看見有個孩子快要掉到井裡去。

2
無論是誰都會有驚駭和憐憫的心情表現出來。
危險！
哇！
3
這並非想藉此去結交孩子的父母，
4
也不是想獲得別人的讚賞，更不是厭惡那求救的呼聲而這樣心動的。
人皆有憐憫的心，沒憐憫心的人，就不是人；沒有羞恥心的，也不是人。

大舜有大焉，善與人同……
《公孫丑篇》上第八章
子路，有人告訴他有過失，他就喜歡。
夏禹聽見人說一句善言，就感激得下拜。
大舜比他兩人更偉大，有善言善行，必和人共享。
能犧牲自己的私心，去服從眾人的公意，喜歡取人的善以為模範。
他從種田、燒窯、捕魚，一直到做皇帝，沒有不是取人之長以為法則的。
聖賢好善的誠心沒有窮盡，舜比別人偉大的地方就是他能取人為善，與人為善。

滕文公篇

舜，何人也？予，何人也？有為者亦若是！

《滕文公篇》上第一章

舜是怎樣的人呢？
我是怎樣的人呢？
只要我有志去做，也能像他一樣啊！
聖人也是人，聖人的偉大，也是努力的結果。舜是偉大的聖人，並不是高不可攀的呀！

枉己者，未有能直人者也。

《滕文公篇》下第一章

1
從前趙簡子令王良為他的寵臣奚駕車去打獵，打了一天卻連隻禽鳥也射不到……
2
王良真是全天下最差勁的駕車手了！
是嗎？
3
奚獵不到鳥獸，卻怪罪你不會駕車。
請再給我一次機會，讓我再替他駕一回車看看。
4
王良再三要求，奚才勉強答應，果然只一個早上就射到了十隻鳥獸……

王良真是全天下最會駕車的好手啊！
既然這樣，我就叫他專替你駕車吧！
奚很欣賞你的技術，你就專替他駕車吧？
這我不答應。
我替他駕駛，依照馳驅的規則駕車，他卻一天到晚射不到一隻鳥獸；
後來不照規則駕車，他卻一個早晨就射到十隻鳥獸。
《詩經》上說：「駕車人不失去馳驅的規則，射手一發就能中的。」我不願給不懂規則的人駕車。
君子守身以正，不可放棄自己的正道去遷就別人的不正。

居天下之廣居，立天下之正位，行天下之大道；得志，與民由之；不得志，獨行其道。富貴不能淫，貧賤不能移，威武不能屈，此之謂大丈夫。

《滕文公篇》下第二章

1
禮
義
仁
住的是仁道的廣宅，立的是禮法的正位，行的是義理的大路；
2
得志時，就領導百姓共同地如此做；不得志，就獨自實踐他所守的正道。
3
雖是富貴，不能動搖他的心意；貧賤，不能改移他的節操；
4
威武，不能挫折他的志氣。這樣的人，才叫做大丈夫！
光是有權有勢算不得什麼大丈夫；真正的大丈夫是不淫、不移、不屈，不因外物而改其節志的。

偷雞賊
《滕文公篇》下第八章
有個人，每天都偷鄰家的雞。
咯！
咯！
嘻嘻嘻，我每天偷他一隻雞打牙祭。
這種行為實在不是君子應該做的。
……
那麼，我以後少偷一點，每個月只偷一隻，然後到明年就洗手不幹。
知道自己做的事不正當，就必須馬上停止，哪有延到明年才住手的道理？

離婁篇

規矩，方圓之至也；聖人，人倫之至也。欲為君，盡君道；欲為臣，盡臣道。二者皆法堯、舜而已矣。不以舜之所以事堯事君，不敬其君者也；不以堯之所以治民治民，賊其民者也。《離婁篇》上第二章

1
規矩是做方圓的唯一標準。
2
聖人是做人道理的最高模範。

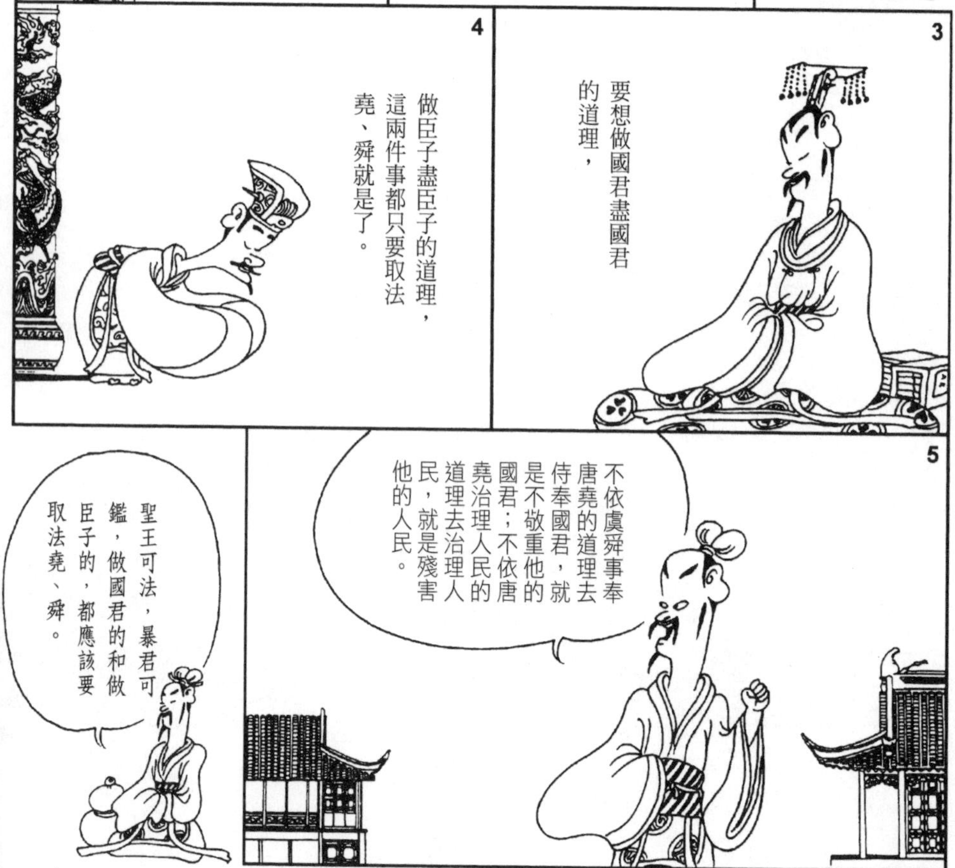
3
要想做國君盡國君的道理，
4
做臣子盡臣子的道理，這兩件事都只要取法堯、舜就是了。
5
不依虞舜事奉唐堯的道理去侍奉國君，就是不敬重他的國君；不依唐堯治理人民的道理去治理人民，就是殘害他的人民。
聖王可法，暴君可鑑，做國君的和做臣子的，都應該要取法堯、舜。

愛人不親，反其仁；治人不治，反其智；禮人不答，反其敬。

《離婁篇》上第四章

1
我愛人，人卻不親近我，
哼！
2
我就應反省自己的仁愛有沒有缺點；
3
我治理人，卻不能把人治理好，
……
4
我就應反省自己的智能有沒有缺點；
5
我禮敬人，人卻不回敬我，
……
6
我就應反省自己的敬意有沒有缺點。

7
大凡做事不能得到對方應有的反應，就應該在自己身心上反省。
8
等到自己的身心正了，那天下的人，自然都歸服你了。
9
《詩經》上說：「常常思念行為是否合於天理，自己去求得那圓滿的幸福。」
人與人相處，像照鏡子；你對鏡子笑，鏡中人也對你笑了。做人不能只責求他人，應當經常反省責己以正身，盡其在我而已。

孟子曰：「人有恆言，皆曰：『天下國家。』天下之本在國，國之本在家，家之本在身。」

《離婁篇》上第五章

1
人常常說：「天下國家……」

2
卻未必知道天下是以國為基本，
3
國以家為基本，
4
家以個人為基本，所以說個人最重要。
人是天下的根本，有了個人才會有家，有家才會有國，有國才會有天下。所以說人為貴，治理天下必須由修身開始。

人必自侮，然後人侮之；家必自毀，而後人毀之；國必自伐，而後人伐之。

《離婁篇》上第八章

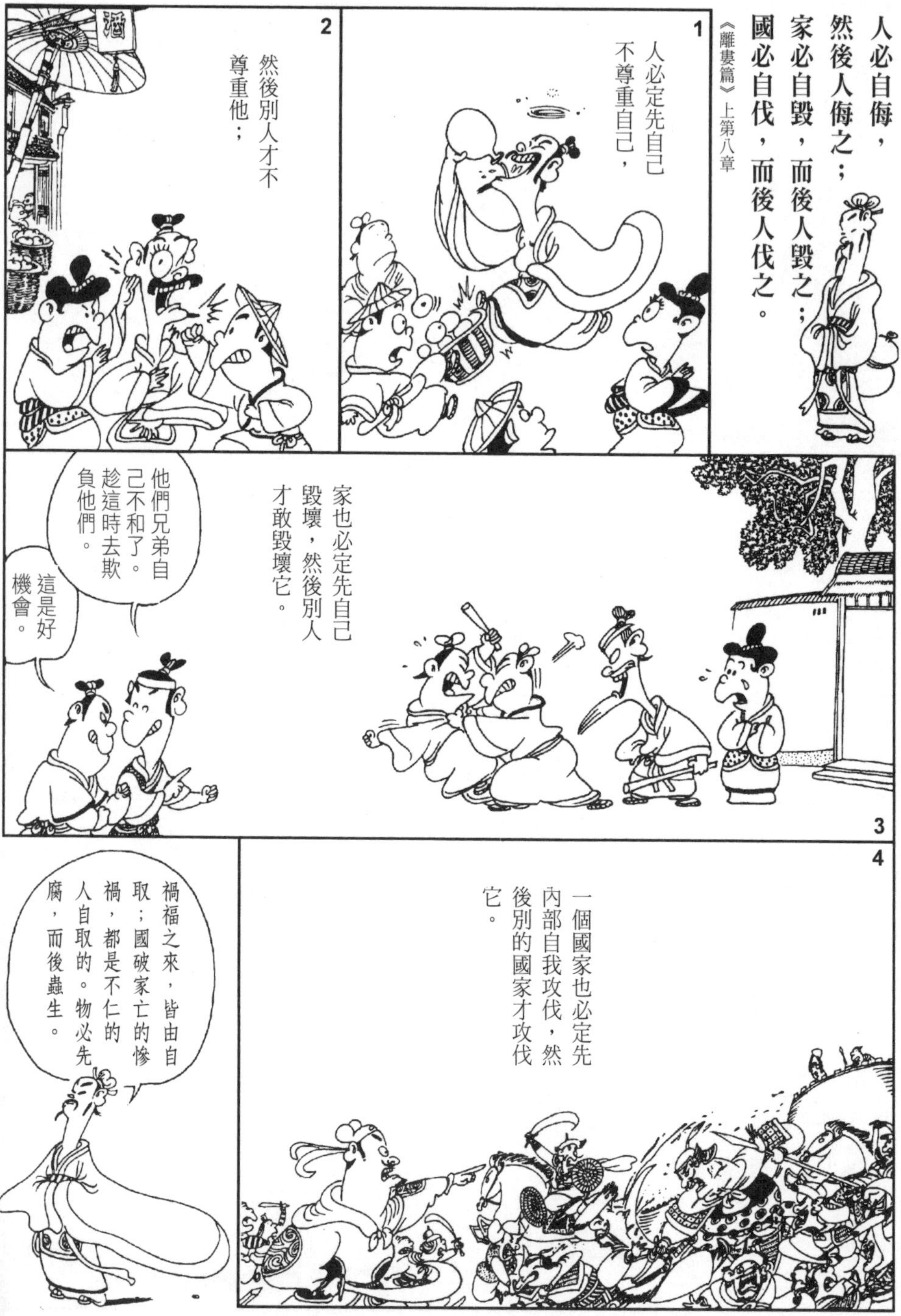
1
人必定先自己不尊重自己，
2
酒
然後別人才不尊重他；
3
家也必定先自己毀壞，然後別人才敢毀壞它。
他們兄弟自己不和了。趁這時去欺負他們。
這是好機會。
4
一個國家也必定先內部自我攻伐，然後別的國家才攻伐它。
禍福之來，皆由自取；國破家亡的慘禍，都是不仁的人自取的。物必先腐，而後蟲生。

《太甲》曰：「天作孽，猶可違；自作孽，不可活。」

《離婁篇》上第八章

1
《書經．太甲篇》說：「天造的災孽，還可以逃避；

2
自己造的災孽，就難以避免了。」

幸福與禍患都是自己招來的，自找的禍患、自己造的孽，只能自己去承受後果。

孟子曰：「道在爾而求諸遠，事在易而求諸難。人人親其親，長其長，而天下平。」

《離婁篇》上第十一章

1
平天下的道理就在眼前，卻偏要向遠處去求尋；
道

2
平天下的事情極其容易，卻偏要向難處去著手。
3
只要人人親愛他的父母，尊重他的長輩，天下就可以平治了。
平天下的道理非常簡單，就在眼前，只要人人愛親敬長，各盡人倫之責。

孟子曰：「存乎人者，莫良於眸子。眸子不能掩其惡。胸中正，則眸子瞭焉；胸中不正，則眸子眊焉。聽其言也，觀其眸子，人焉廋哉！」

《離婁篇》上第十五章

1
觀察人的正邪，沒有比觀察人的眼珠更好了；眼珠不能遮掩他的惡念。

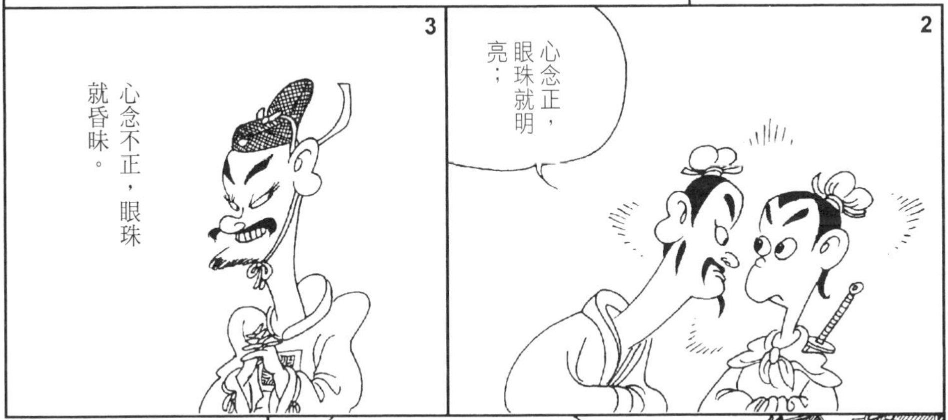
2
心念正，眼珠就明亮；
3
心念不正，眼珠就昏昧。

4
聽了他說的話，再看他的眼珠，人的邪正，哪裡隱藏得住呢？
言以達意，目以傳神；言為心聲，目為心影。善惡邪正往往都從眼光中流露出來，所以觀察人的方法，就是觀其眼珠。

淳于髡曰：「男女授受不親，禮與？」孟子曰：「禮也。」曰：「嫂溺，則援之以手乎？」曰：「嫂溺不援，是豺狼也。男女授受不親，禮也。嫂溺，援之以手者，權也。」曰：「今天下溺矣，夫子之不援，何也？」曰：「天下溺，援之以道，嫂溺，援之以手。子欲手援天下乎？」《離婁篇》上第十七章

1
淳于髡問孟子：
男女不能彼此直接用手相接觸，這是禮嗎？
是禮。

2
如果嫂子掉到水中，用不用手去救她呢？
3
嫂子掉到水裡，如不去救她，簡直就是豺狼；
4
男女不能直接用手相接觸，這是常禮；嫂子掉到水裡，用手去救她，這是權宜之計。

5
現在天下百姓的痛苦，也像掉到水裡一樣，先生不肯救他們，是什麼緣故？
6
天下的百姓掉到水裡，要用道來救他們；
7
嫂子掉到水裡，要用手來救她。
8
你要我用手救天下的百姓嗎？
濟世救助天下要用正道，以道援世必先使自己合於道，不能行一時權宜的措施。

孟子曰：「人之患在好為人師。」

《離婁篇》上第二十三章

1
人最大的憂患就是……

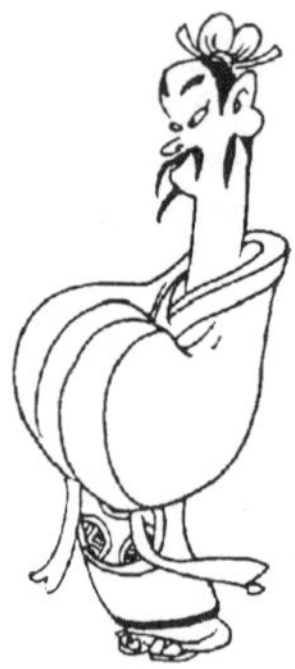

2
喜歡做別人的老師，太喜歡教導別人！

自信自滿者，喜歡教導別人，故不再有進步；為學不進則退，豈不是大患嗎？

孟子曰：「不孝有三，無後為大。舜不告而娶，為無後也。君子以為猶告也。」
《離婁篇》上第二十六章
1
不孝的事有三樣：一、阿意曲從，陷親不義。二、家貧親老，不為祿仕。三、不娶無子，絕先祖祀。
2
其中以絕嗣的罪為最大。
3
舜不稟告父母而娶妻，就因為恐怕絕嗣啊！
4
所以後來的君子認為這種不告是和告一樣的合乎孝道。
不告而娶，與告而不得娶，均不合孝道；勢難兩全，不告乃權宜之計，舜的不告實仍不背正道。

子產聽鄭國之政，以其乘輿濟人於溱洧。孟子曰：「惠而不知為政。歲十一月，徒杠成；十二月，輿梁成。民未病涉也。君子平其政，行辟人可也，焉得人人而濟之？故為政者，每人而悅之，日亦不足矣。」

《離婁篇》下第二章

1
當初子產治理鄭國，用自己坐的車子，在冬天載百姓渡溱洧二水。

2
孟子說：
這是小惠，卻不知施政的道理。每年十一月，乘農事完畢時，先把人行的橋修好；
3
到十二月，再把通行車輛的橋修好。這樣百姓自然不會苦於赤足渡水了。
4
在上位的人，只要將政事辦妥，出行時，叫百姓迴避都可以，怎能用自己的座車渡盡人人呢？
所以施政的人要想施小惠討好人人，就是每天這樣做也來不及。

君之視臣如手足，則臣視君如腹心；君之視臣如犬馬，則臣視君如國人；君之視臣如土芥，則臣視君如寇讎。

《離婁篇》下第三章

1
人君看待臣子像手足，臣子就把人君看待成腹心；

2
人君看待臣子像犬馬，臣子就把人君看待成路人；
3
人君看待臣子像土芥，臣子就把人君看待成敵人。
哈哈哈
哈哈哈哈
人與人相處，如同一面鏡子，如何待人，人也將如何回報於你。

孟子曰：「無罪而殺士，則大夫可以去；無罪而戮民，則士可以徙。」

《離婁篇》下第四章

1
國君無故殺了士人，
哇！
2
那麼做大夫的就該離開這個國家。
3
平民沒有犯罪而被殺害，
哇！
4
那麼士人就該移居遷往他處。
事情發生之前必有徵兆，君子處事，當見機而作，別待禍迫眉睫再謀對策。

孟子曰：「非禮之禮，非義之義，大人弗為。」
《離婁篇》下第六章
1
行之似禮，實際不是禮；
2
正義之師
行之似義，實際不是義。
3
有德的君子是不會做的。
徒具形式、表面虛假的禮不是真正的禮。假借義的名目，以達個人欲望的義，非真正的義。所以禮義的準則，然非察理精者莫能辨立。

孟子曰：「人有不為也，而後可以有為。」

《離婁篇》下第八章

1
一個人如能有不肯做的事，

2
然後才能有偉大的作為。
成功者必有自己明確的道路，不合乎自己的道的，一定不會被迷惑。能有所不為，才能有為。

孟子曰：「言人之不善，當如後患何？」

《離婁篇》下第九章

1
這個人好壞好壞好壞哦！

2
你膽敢背後說我壞話！
專愛指摘別人短處的，要想到將來的後果怎麼樣。
好言人惡，受者必懷恨而圖報復於他日，其後果必不堪設想。

孟子曰：「仲尼不為已甚者。」

《離婁篇》下第十章

1
孔子處世待人。
至聖先師

2
從不做太過分的事。
生活的態度應守分安常，自以中正為宜，待人處世勿做過分的事，做絕了就無轉圜的餘地。

孟子曰：「大人者，言不必信，行不必果，惟義所在。」
《離婁篇》下第十一章
1
有道德的偉人，說的話不一定守信。
2
行事不一定要一定如此。
3
只要依照那義理所在一心去做就是了。
義
有道的人，他的言行不拘泥死板，一切皆以義理為準繩。

孟子曰：「大人者，不失其赤子之心者也。」

《離婁篇》下第十二章

1
有德學的人，
哈哈哈

2
他一定永遠保持那孩提時的一片天真。
保持著純一無偽的本性，去面對千變萬化的事情，才不會存忌害之心。

孟子曰：「博學而詳說之，將以反說約也。」

《離婁篇》下第十五章

1
君子所以要廣博學問而詳盡研究，

2
就是要在融會貫通後，返歸到簡要的精義。
求學要注重心得，廣泛地吸收學問後，要能融會貫通，體會領悟出真理來。

人之所以異於禽獸者幾希，庶民去之，君子存之。舜明於庶物，察於人倫，由仁義行，非行仁義也。《離婁篇》下第十九章

1
人和禽獸的區別，就在於人的天性具有仁義而已，

2
仁義
眾人不知仁義，往往把它拋棄了，君子是隨時知道仁義的可貴而保存它。
3
大舜是個聖人，他明白天下萬事萬物的道理，又詳細考察做人的大道，

4
完全順著天性的仁義去做，並不是勉強假借仁義的虛名而去施行。
人性本善，君子全順自然的本性去做，並非認為仁義有利於己，而假借仁義之名去施行。

君子之澤，五世而斬；小人之澤，五世而斬。予未得為孔子徒也，予私淑諸人也。
《離婁篇》下第二十二章
1
君子流傳下來的德業，大約流傳到五代就完了，
2
平民流傳下來的事業，大約流傳到五代也就完了。
3
我雖沒能做孔子的門徒，
4
但孔子的德業還沒斷絕，還可以從傳授的人那裡學來修習呢。
凡人的德澤，不過五世；聖人的德澤，萬世流芳。吾承繼孔子的道統，傳仁義之道。

逢蒙學射於羿。

《離婁篇》下第二十四章

夏朝時，有位名叫逢蒙的人，他到有窮的國君后羿那裡去學射箭……
1
2
不久，他已完全學會了后羿的箭術……
3
把他射殺了，我就是全天下最善射的人！
4
死吧！
咻！
哇！
5
公明儀說：「后羿似乎沒有什麼錯處。」而孟子卻認為：「這事后羿也有錯處啊！」

從前鄭國派子濯孺子去攻打衛國。
衛國即派庾公之斯追他！
糟了！今天我舊病復發，拿不起弓來，看來非死在這裡不可了……
喝！
噠噠噠！
追我的是什麼人？
是庾公之斯。
那我可活命了！

11
庾公之斯是衛國最會射箭的人，夫子卻說能夠活命，這是怎麼說的呢？
12
庾公之斯的射箭之術是向尹公之他學的。而尹公之他的箭術是向我學的；
13
尹公之他是個正派的人，他所擇交的朋友也必定是正派的人。
14
他已經追上了。
別緊張，我來對付。
噠噠噠！
15
先生為何不拿弓？
今天我舊病復發，拿不起弓來。

16
我是學射於尹公之他的門下，尹公之他是學射於先生的門下。
17
我不忍拿先生所教的射術反來傷害先生。可是今日之事是國君之令，我不敢因私廢公。
18
抽矢扣輪，去其金，發乘矢。
說罷，就抽出箭來，折去箭頭尖鋒，往空中射了四箭，
19
然後掉頭回去。
噠噠噠！
取友不可不慎，羿不能知人，被所教的弟子所害，當然羿也有過失。

西子蒙不潔，則人皆掩鼻而過之。雖有惡人，齋戒沐浴，則可以祀上帝。
《離婁篇》下第二十五章
像西施這樣美麗的女子，若她身上沾染了不潔的東西，
那麼路人都要掩鼻而過了。
好臭……
反過來說，雖是一個醜惡的人，只要他能靜修心情、清潔身體，
那麼他也可以去祭祀上天的神明。
有善不足恃，能持之勿失才算可貴。有惡不足慮，能改過自新，便能成為有用的人了。

世俗所謂不孝者五：惰其四支，不顧父母之養，一不孝也；博弈好飲酒，不顧父母之養，二不孝也；好貨財，私妻子，不顧父母之養，三不孝也；從耳目之欲，以為父母戮，四不孝也；好勇鬥狠，以危父母，五不孝也。

《離婁篇》下第三十章

1
世上有五種不孝的事情：
2
第一種不孝：懶動手足，不肯勞作，不能奉養父母。

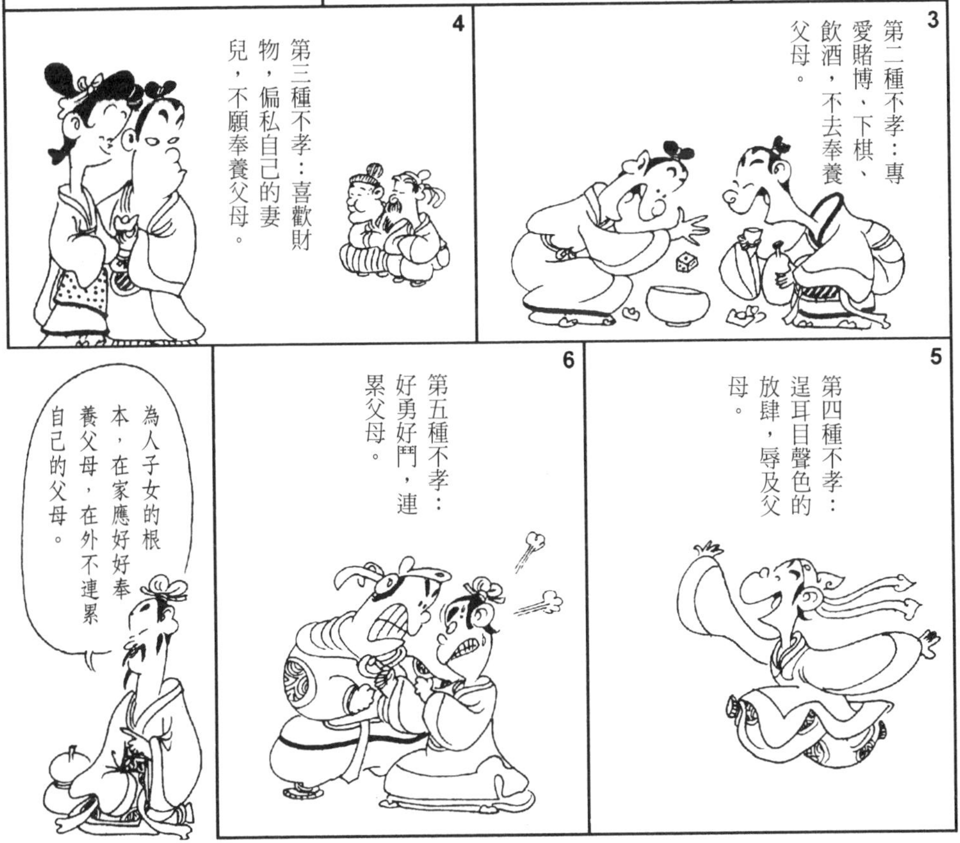
3
第二種不孝：專愛賭博、下棋、飲酒，不去奉養父母。
4
第三種不孝：喜歡財物，偏私自己的妻兒，不願奉養父母。
5
第四種不孝：逞耳目聲色的放肆，辱及父母。
6
第五種不孝：好勇好鬥，連累父母。
為人子女的根本，在家應好好奉養父母，在外不連累自己的父母。

儲子曰：「王使人瞯夫子，果有以異於人乎？」孟子曰：「何以異於人哉？堯、舜與人同耳。」

《離婁篇》下第三十二章

1
齊人儲子告訴孟子說：
齊王派人來偷看先生，看看先生有沒有異於常人的地方。

2
哈哈哈，怎麼會和常人不同呢！
3
就是堯、舜，也和常人一樣的啊！
聖賢的外貌與常人並無兩樣，聖賢所異於常人之處，就是心存仁義之道。

形同乞丐
《離婁篇》下第三十三章
1
有個齊國人擁有一妻一妾同住在家裡。
2
吃得好飽哦！
每次他出去一定吃飽了酒肉才回來。
3
你都是和誰一起吃的？
都是和一些富貴的人一起啊！
4
我們的丈夫出去，一定吃飽酒肉才回來，
問他和誰吃的，他説都是富貴人。但卻沒見到一個富貴的人到我們家裡來過。
5
我想跟蹤他去看個究竟。
6
隔天，妻子一大早就起身，暗中跟隨在丈夫身後。

7
走遍了全城，也沒有一個人和他交談啊！
8
最後來到城東的墳場……
9
求您給我點祭拜的酒肉吃好嗎？
10
拿去一邊吃！別在這兒礙事。
謝謝，謝謝！
11
好吃！好吃！

想不到竟會嫁給這種人啊……
啊！
丈夫是我們託以終身的人，誰知道他竟如此不爭氣！
哇！
我倆真是所託非人，好命苦喲！
我在外頭跟些富貴人吃得好飽哦！
無恥！
世人謀求富貴，為達到目的往往不知羞愧地屈身辱節，這種與乞人無異的行為，如果讓妻妾知道的話，也會因羞恥而不勝欷歔。

萬章篇

欺之以方
《萬章篇》上第二章
從前鄭國有人送活魚給子產……
把這條魚養在池子裡。
是。
這麼肥的魚正好吃了，還養牠幹嘛？
管池的小吏就把魚煮熟吃了。
魚現在養得如何？
起初把那魚放到池裡，還不太自在，不一會兒，就舒展身子游到池子的深水裡去了。
這魚真得到了安逸的所在了！
嘻嘻嘻。
誰說子產聰明呢？我已經把魚煮來吃了，他還說「魚得到了安逸的所在」呢！
對於君子，可以用合情合理的事去欺騙他，卻不可以用不合情理的事去蒙蔽他。

天之生此民也，使先知覺後知，使先覺覺後覺也。

《萬章篇》上第七章

1
須知天所以生出這些人民，是要使先有知識的人去覺醒那後有知識的人，

2
是要使先明道理的人去覺醒那後明道理的人。
世人有先知先覺，有後知後覺；先知先覺的人不可獨善其身，而應教導別人。

告子篇

告子曰：「食、色，性也。」

《告子篇》上第四章

1
告子說：
愛吃好吃的東西，喜歡漂亮的美色，這是人的本性。

2
「仁」是從內心發出的，不是自外面來的。
3
「義」是來自外面的，不是從內心發出的。
4
為什麼仁是發自內的，而義是來自外的呢？
5
好比他年紀比我長，我才以禮尊他為長輩，並不是我預先有敬重他之心。
6
如同看見一樣東西的顏色是白的，就以白來稱它，是依照它的外表顏色而定的。所以說義是從外面來的。
白

7
那白馬的白色，是同那白人的白色一樣沒錯……
8
不知尊重年紀老的馬，是不是也和不知尊重年紀長的人一樣呢？
9
並且，是說他年長合於義呢，還是說尊重他年長合於義？
10
我自己的弟弟就愛他，秦人的弟弟就不愛他。
11
這就是從我喜悅的心所發出來的，所以說仁愛之心是在裡面的。

12
長楚人之長，
尊重楚國年長的人，也和尊重我自家年長的人一樣。
13
這就是從年長的現象所生的道理。所以說事物的義理是在外面的。
14
耆秦人之炙。
譬如喜歡吃秦人燒的爊肉，也和喜歡吃自家燒的爊肉一樣；
15
可見對那吃的東西，也同是一個喜歡的心罷了。
16
難道喜歡吃爊肉這事，也有個在外面的主意嗎？
事物的發生雖然都是外在的，但行其事的人，均發自於自己的內心，仁是由內發出，義也是由內發出的。

孟子曰：「魚，我所欲也；熊掌，亦我所欲也。二者不可得兼，舍魚而取熊掌者也。生，亦我所欲也；義，亦我所欲也。二者不可得兼，舍生而取義者也。」《告子篇》上第十章

1
魚是我喜歡吃的，熊掌也是我所喜歡吃的；
2
如果兩樣不能兼得，只有捨棄魚而取熊掌。
3
生命是我所愛好的，義理也是我所愛好的；
4
如果兩樣不能兼全，只有捨去生命而取義理。
生命雖然重要，但還有比生命更重要的「義」。保全本心的義，不要因私欲而失掉，就算失掉生命去守義，也在所不惜。

孟子曰：「仁，人心也；義，人路也。舍其路而弗由，放其心而不知求，哀哉！人有雞犬放，則知求之；有放心，而不知求。學問之道無他，求其放心而已矣。」《告子篇》上第十一章

1
仁，就是人的本心；義，就是人的大路。
2
拋棄大路而不行走，丟失本心而不尋求，真是可憐啊！
3
有人雞犬丟失了，倒曉得去尋找，但丟失了本心卻不曉得找尋回來。

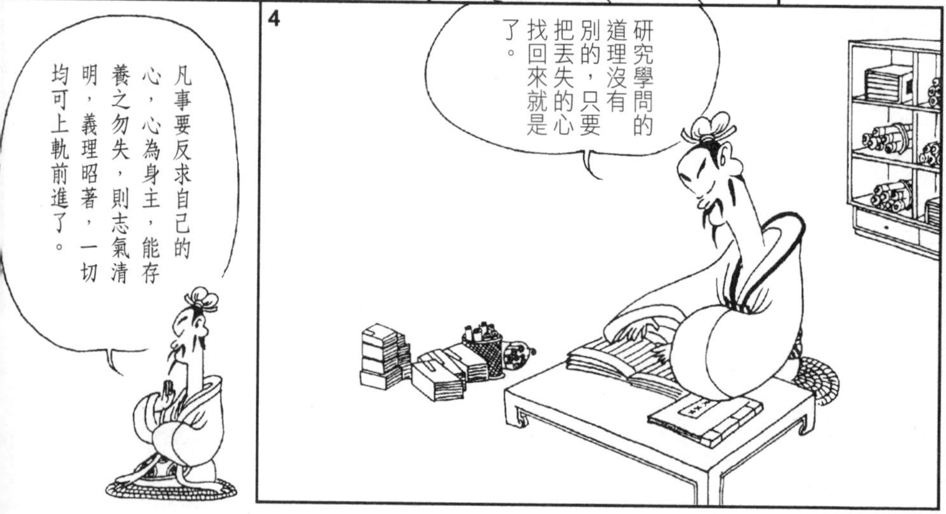
4
研究學問的道理沒有別的，只要把丟失的心找回來就是了。
凡事要反求自己的心，心為身主，能存養之勿失，則志氣清明，義理昭著，一切均可上軌前進了。

拱把之桐梓，人苟欲生之，皆知所以養之者。至於身，而不知所以養之者，豈愛身不若桐梓哉？弗思甚也！

《告子篇》上第十三章

1
每個人都知道如何照顧培育幼弱桐樹和梓樹的生長。
2
但卻不知道如何培育自己的身心。
!
3
難道是愛惜自己的身心反而不及桐樹、梓樹嗎？只是不肯用心去研究罷了。
?
人對於外物能客觀地認清真相；但對於自身反而易陷於主觀而看不清事實，找不到方法。

杯水車薪

《告子篇》上第十八章

仁道戰勝不仁，如同水能剋火一樣！
不仁
現在施行仁道的人，都好像用一杯水去救一車柴燒起的大火，火當然不會熄。
他卻反而說：
水真的不能剋火啊！
這種話，足以助長那不仁的氣焰，到後來也一定要弄到完全滅亡才罷休啊！
為仁不力，反而怪罪仁不能剋不仁。故應力行求仁，不可畏難而不行。

羿之教人射，必志於彀；學者亦必志於彀。大匠誨人，必以規矩；學者亦必以規矩。

《告子篇》上第二十章

1
羿教人射箭，要用心將弓拉滿；
2
學射箭的人，也就必須用心將弓拉滿。
3
工匠教人手藝，要依照規矩做成方圓的東西；
4
學手藝的人，也就必須依照規矩做成方圓的東西。
無論小藝或大道，都有一定的方法，無論教者或學者，均須以此作為法則，不能離開規矩準繩。

盡心篇

孟子曰：「盡其心者，知其性也。知其性，則知天矣。存其心，養其性，所以事天也。殀壽不貳，修身以俟之，所以立命也。」《盡心篇》上第一章

1
能夠發揮自己靈明本心的人，就可以知道自己自然的本性。
2
能知自己的本性，就可以知道天理。

3
保守自己靈明的本心，培養自己的本性，就是侍奉原本的天啊！
4
短命或長壽，心裡一點都不加疑慮；只管專心修養自己的身心，等待那命數；這就是全立天命啊！
要講求事天立命，須從盡心下手。盡心之道，在存心。養性以事天；修身以立命。

莫非命也，順受其正。是故知命者不立乎岩牆之下。盡其道而死者，正命也；桎梏死者，非正命也。

《盡心篇》上第二章

1
人生的吉凶禍福，沒有不是天命的，只要順從聽受那正當的命運就是了。

2
所以知道正命的人，不站在將要覆倒的牆下。
3
全盡天道而後死的，是天定的正命；
4
犯罪受拘罰而死的，不是天定的正命。
人要守義安命。知命者，必能盡其本分；人事合理，即符天道而得正命。

孟子曰：「待文王而後興者，凡民也。若夫豪傑之士，雖無文王猶興。」《盡心篇》上第十章

1
必須等到有了文王那樣的教化才能奮發向上的，是一般的常人。

2
至於有非常才智的賢傑，那就不必等待像文王一樣的教化也能奮發興起。

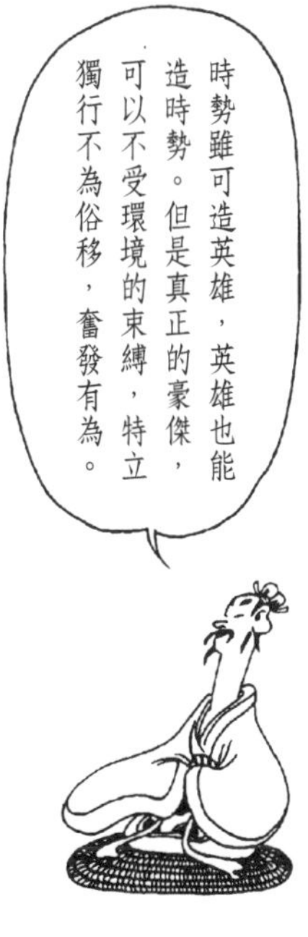
時勢雖可造英雄，英雄也能造時勢。但是真正的豪傑，可以不受環境的束縛，特立獨行不為俗移，奮發有為。

舜之居深山之中，與木石居，與鹿豕遊，其所以異於深山之野人者幾希。及其聞一善言，見一善行，若決江河，沛然莫之能禦也。《盡心篇》上第十六章

1
當初大舜住在深山裡的時候，和木石同處，和鹿豕同遊，
2
和那深山裡的鄉人實在很少有不同的地方。
3
等到他聽到一句善言，見到一種善行，就去實行，
4
像開通了江河的水，盛流下來，無法阻止它。
舜之所以為舜，是因他能虛心從善，吸收別人的優點。

無為其所不為，無欲其所不欲，如此而已矣。

《盡心篇》上第十七章

不要做本性所不願意做的事。

不要想本性不願意想的私欲。
做人的道理，就是這樣罷了。
做人的道理很簡單，不做自己本性不想做的事，不想本性不該想的欲。

孟子曰：「人之有德慧術知者，恆存乎疢疾。獨孤臣孽子，其操心也危，其慮患也深，故達。」

《盡心篇》上第十八章

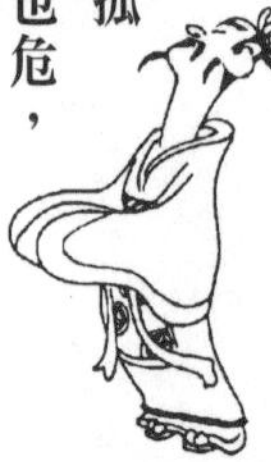

1
一個人有品德、智慧、道術、才識，常常是生長在憂患的困境中。

2
就像那被疏遠的臣子和那被人輕視的庶子，他們時時操持著危懼的心，保存著深切的憂慮。

3
所以通曉事理，練達人情。
處在困苦中的人應自己奮發，當從患難困苦中磨練出品德、智慧、道術、才識。

君子有三樂，而王天下不與存焉。父母俱存，兄弟無故，一樂也；仰不愧於天，俯不怍於人，二樂也；得天下英才而教育之，三樂也。君子有三樂，而王天下不與存焉。《盡心篇》上第二十章

1
君子有了三件樂事，就是把天下給他，他也不放在心裡。
2
父母健在，兄弟和睦，是第一種快樂；

3
對上不愧於天，對下不愧於人，是第二種快樂。
4
得到天下的英俊賢才來教導他們，是第三種快樂。
5
君子有了這三件樂事，就是把天下給他，他也不放在心上。
我把王位交給你來做。
不用了。
君子之樂是發自於自身本性的滿足，不是貴勢外物之樂所能比擬的。

登東山而小魯，登泰山而小天下。
《盡心篇》上第二十四章
孔子登上魯國東境的東山上，看那魯國就覺得小了。
由山上往下看，魯國實在是小……
登到泰山上，看那天下也就覺得小了。
由泰山之頂往下看，天下也是很小啊……
所以見慣海洋的人，難和他講江河裡的小水了。
久處在聖人門下的人，難和他講淺近的話了。

5
看水有個方法，必看
它從源頭流出壯闊的
波瀾。
6
日月的光明，
只要有隙縫的
地方，必定能
夠照射到。
7
流水這樣的東西，
不注滿了低窪的坎
坑，它是不會向前
奔流的；
8
君子立志求道，不積厚到文
章外現的時候，就不會通達
到聖人的境地。
站在什麼層
次，就會得什
麼樣的境界，
想達到聖人之
境，還得從源
頭逐步前進。

雞鳴而起，孳孳為善者，舜之徒也；雞鳴而起，孳孳為利者，蹠之徒也。欲知舜與蹠之分，無他，利與善之間也。《盡心篇》上第二十五章

1
喔喔喔喔
雞鳴時辰就起身，開始勤勉地去行善的，這是舜一類的人；
2
喔喔
雞鳴時辰就起身，開始勤勉地去牟利的，那是盜跖一類的人。
3
要想明白舜與盜跖的分別，沒別的不同，就在行善和牟利的不同上面。
4
我做的全為了公眾的利益。
我做的全為了私自的利益。

柳下惠不以三公易其介。

《盡心篇》上第二十八章

1
柳下惠不因他在三公的高位上，便改變他堅貞不拔的操守。

2
雖然我的爵位高貴，但放棄也不足為惜，要我放棄操守，那是不可能的。
聖人的操守，不因為環境的不同而有所改變。放棄高官厚祿不足惜，放棄自己的節操才可惜。

有為善者辟若掘井，掘井九軔而不及泉，猶為棄井也。

《盡心篇》上第二十九章

1
人的作為就像掘井一樣……
2
沒水啊！
3
再繼續挖啊！
一定是沒水的。
4
掘到七丈二尺那樣深，還不見泉水，如果就此歇手，那就是自己拋棄這個井啊！
人做事要做到成功為止，若是半途而廢自棄前功，並不是力量不夠，而是意志不堅。

食而弗愛，豕交之也；愛而弗敬，獸畜之也。恭敬者，幣之未將者也。恭敬而無實，君子不可虛拘。《盡心篇》上第三十七章

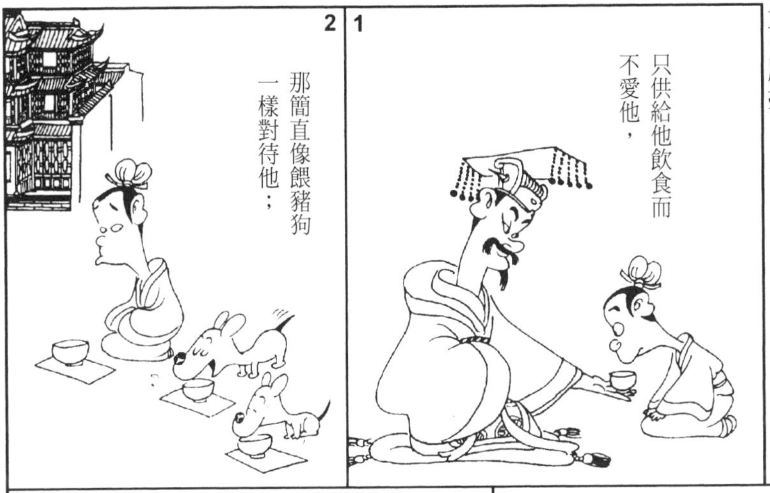
1
只供給他飲食而不愛他，
2
那簡直像餵豬狗一樣對待他；

3
愛他而不敬他，
4
仍舊和畜養鳥獸，當作犬馬養他一樣；
5
恭敬的誠心，是要在禮物未奉之前就存著的。
6
如果僅有外表恭敬，而無內心的誠意，君子對此，不可因那虛禮而就留下。

君子之所以教者五：有如時雨化之者；有成德者；有達財者；有答問者；有私淑艾者。此五者，君子之所以教也。《盡心篇》上第四十章

君子有五種教人的方法：
有像時雨潤育草木那樣；
有成就他的德性；
義
義
有通達他的才能；
有解答他的疑問；
問
答
效法……
有風教所聞而私自取善修養的。
這五種方式，即是君子教人的方法。
君子施教的方法不一，高下遠近各因其才性而誘導之。

天下有道，以道殉身；天下無道，以身殉道。未聞以道殉乎人者也。《盡心篇》上第四十二章

1
道
天下有道時，就拿道義隨身行事；
2
道
天下無道時，就拿身子依道赴難。
道
3
總沒有聽說拿著道義而去遷就他人的呢。
道尊而嚴，可依而不可利用，行道不可屈己枉道以從人。

孟子曰：「君子之於物也，愛之而弗仁；於民也，仁之而弗親。親親而仁民，仁民而愛物。」《盡心篇》上第四十五章

1
君子對於物類，只應有愛惜之心而無仁慈之心；
2
對於百姓，應當對他們仁愛，卻不應對他們親愛。
3
先親愛自己的親人，然後推及到仁愛百姓。
4
再由仁愛百姓，然後推及到愛惜物類。
君子用情，有親疏遠近的次序。愛有差等才合乎本性真情，才能施行無偽。

盡信書，則不如無書。吾於武成，取二三策而已矣。仁人無敵於天下，以至仁伐至不仁，而何其血之流杵也？《盡心篇》下第三章

1
完全相信書上的每一句話，那還不如沒有書的好。

2
就像《周書．武成篇》這樣的書，也只不過兩三頁可信罷了。
周書
3
譬如它記載武王伐紂之事……
4
仁者無敵，以武王這樣的至仁，去討伐紂王那樣的最不仁，本是輕而易舉的。
5
怎會弄到殺人的血竟多到可以漂流起舂米的杵的地步呢？

梓匠輪輿能與人規矩，不能使人巧。

《盡心篇》下第五章

木匠和車匠，只能將做圓做方的方法教人，
規
矩

卻沒法使人做到很巧妙。
先生教人，只是以一種基本成法授業；求學者要自己用心，自求心悟，才能得其妙理。因為下達可以言傳，上達必由心悟。

舜之飯糗茹草也，若將終身焉。
及其為天子也，被袗衣，鼓琴，
二女果，若固有之。
《盡心篇》下第六章
1
舜做平民時，吃乾飯和野菜，非常知足快樂。
2
好像就預備貧窮一世，毫不介意。
3
等到做了天子，穿著華服，彈著琴，又有堯的兩個女兒侍奉著，這又好像本來應該這樣的。
4
本來如此的啊！
聖人處富貴貧賤如一，不為環境所移。處處隨遇而安，窮不怨，而達不驕。

身不行道，不行於妻子；使人不以道，不能行於妻子。
《盡心篇》下第九章
1
自身不能依正道行事，自身的行為，也就不能為妻子所接受。
2
差使他人不用正道，差使妻子也行不通。
3
當初怎麼會嫁給這種人啊……
人必須先正自己，而後才能正人。自身不正者，他人會拒絕這種「不正」。

孟子曰：「周於利者，凶年不能殺，周於德者，邪世不能亂。」

《盡心篇》下第十章

1
財利充足的人，就是凶年飢歲，也不能餓死他；

2
道德高尚的人，雖是亂世，也不會迷失心智。
正
積之厚，則用有餘。平時重道德修養，心存禮義，行為自然合乎禮義，經得起亂世的考驗。

好名之人能讓千乘之國；苟非其人，簞食豆羹見於色。《盡心篇》下第十一章

1
喜好名聲的人，能夠將千輛兵車的大國讓給別人。
我把千乘之國的國君之位讓給你來做吧。

2
瞧！我如同堯舜一樣的神聖偉大吧？

3
但若不是真能看輕富貴，那麼在一小竹籃飯、一碗湯上，反而要現出吝嗇的臉色來。

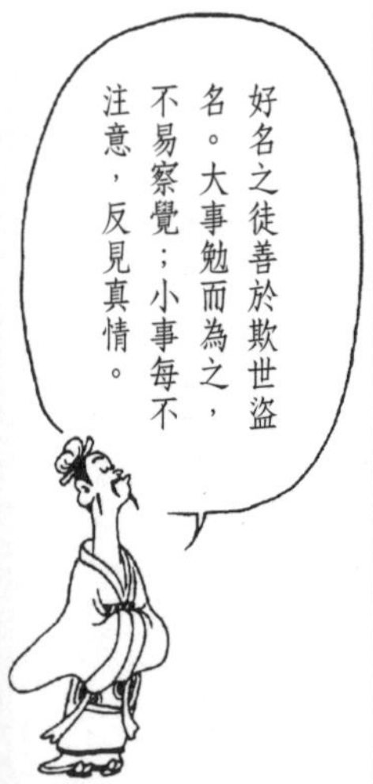
好名之徒善於欺世盜名。大事勉而為之，不易察覺；小事每不注意，反見真情。

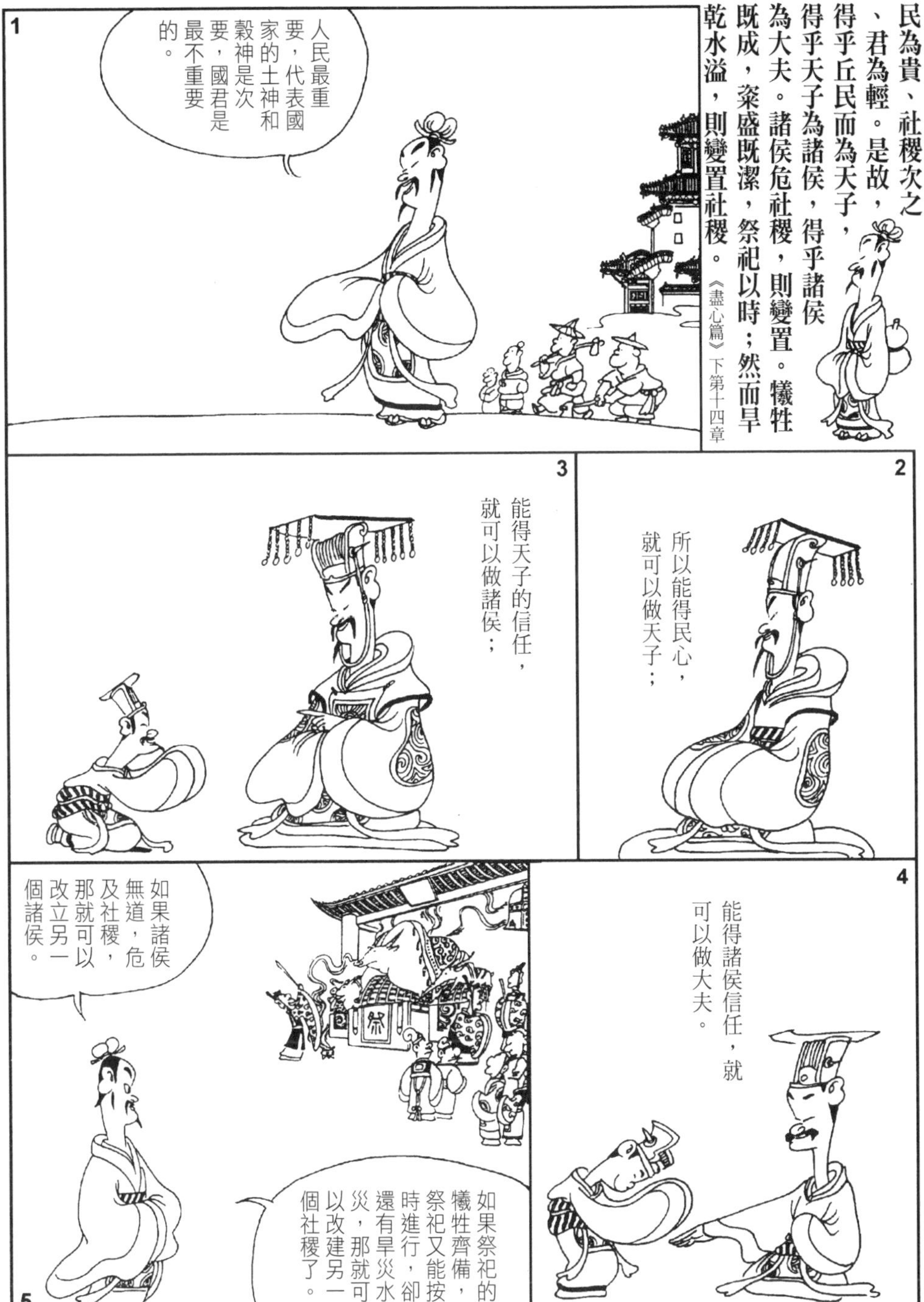
民為貴、社稷次之、君為輕。是故，得乎丘民而為天子，得乎天子為諸侯，得乎諸侯為大夫。諸侯危社稷，則變置。犧牲既成，粢盛既潔，祭祀以時；然而旱乾水溢，則變置社稷。
《盡心篇》下第十四章
1
人民最重要，代表國家的土神和穀神是次要，國君是最不重要的。
2
所以能得民心，就可以做天子；
3
能得天子的信任，就可以做諸侯；
4
能得諸侯信任，就可以做大夫。
5
如果諸侯無道，危及社稷，那就可以改立另一個諸侯。
如果祭祀的犧牲齊備，祭祀又能按時進行，卻還有旱災水災，那就可以改建另一個社稷了。

孟子曰：「仁也者，人也。合而言之，道也。」

《盡心篇》下第十六章

1
「仁」就是人所以為人的原理；

2
合仁和人而言，就是道德。
仁者天地之本性，人類之至德，體會了仁的意義，而盡力本著仁去做，就是道。

孟子曰：「賢者以其昭昭，使人昭昭；今以其昏昏，使人昭昭。」
《盡心篇》下第二十章
1
古代賢人，先使自己明白道理，
2
然後叫人也同時明白道理；
3
現在的人本身自己就糊塗，
4
卻要叫人明白道理。
以昭昭明白的言行施於天下、國家、沒有人不明白順從。但在位者以己之昏暗不明，而求人能明白、遵守，豈不是緣木求魚嗎？

孟子謂高子曰：「山徑之蹊間，介然用之而成路；為間不用，則茅塞之矣。今茅塞子之心矣。」

《盡心篇》下第二十一章

1
孟子對高子說：
山間小路，只能容下步之處，

2
要是常常有人走過，就會變成一條大路。
3
但過一段時間不走，茅草就會把路塞住了。
4
你的心好久不用了，現在茅草已經塞住你的心了。
為善向學，須有恆心。理義之心稍有間斷，邪欲之念即乘隙而入了。

高子曰：「禹之聲，尚文王之聲。」孟子曰：「何以言之？」曰：「以追蠡。」曰：「是奚足哉？城門之軌，兩馬之力與？」

《盡心篇》下第二十二章

1
大禹所作的音樂，比文王作的音樂還要好。
何以見得？

2
因為大禹的鐘紐，像蟲蛀般的快斷了，想是聲音好而用時多的緣故。
3
這怎可以拿來做憑證呢？好比城門口的車軌很深，難道是兩匹馬力所輾成的嗎？
4
只是車子進出得多的緣故啊！大禹的鐘紐像蟲蛀，也只是因為年代較久的緣故罷了。
判斷分析要有周到的見識，不可只憑一點，妄下定論而顧此失彼、見一遺二。

重做馮婦

《盡心篇》下第二十三章

晉國有個人叫馮婦，最會赤手空拳打老虎。
後來想要做個良善的人，就不再打老虎了。
有一次他走到野外，恰巧見到許多人在追趕老虎……
吼！
請幫幫忙。
這老虎非得你出馬不可……
吼！

5
好吧，我就重新下海殺虎。
6
喝！
7
看你還敢再凶嗎？
砰砰砰
8
果然寶刀未老。
太棒了。
啪啪！
啪啪！
這班人都喜歡極了……
9
但是那些為學明理的人，卻笑他不知自制呢！
他放棄了自己的原則……
他又重為馮婦了。
人應明己，見機守義，不應因環境而輕易放棄自己的原則。

養心莫善於寡欲。其為人也寡欲，雖有不存焉者，寡矣；其為人也多欲，雖有存焉者，寡矣。

《盡心篇》下第三十五章

1
養心沒有比減少嗜欲更好的了。
2
如能減少嗜欲，即使失去本心時，那也是很少的。
3
迷失了，快回復本性……
4
$
如果欲念太多，即使保有本心，那也是很少的。
養心的要訣在寡欲，良知常受嗜欲的蒙蔽，所以利令智昏。人不可做嗜欲的奴隸。

大學

——博大的學問

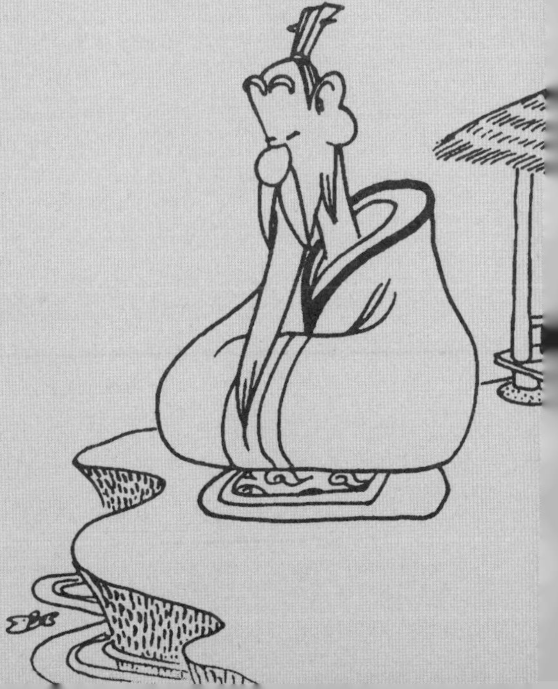

大學

經

程子說：「《大學》是孔子留傳下來的書，為初學的人進修德行的門徑。」到現在還能看得出古人做學問的次序，全靠這本書的存在；至於《論語》、《孟子》還在其次。求學問的人必須從這本書去學，那就差不多不致有錯了。

《大學》之道：在明明德，在親民，在止於至善。

1
《大學》的道理，在於彰明自己天賦的靈明、德性，
2
再推己及人，使人人都能除去舊染之污而自新。
3
我要重新做人，向您學習。
4
而且要做到極完善的地步，並堅持不變。

知止而後有定，定而後能靜，靜而後能安，安而後能慮，慮而後能得。

至善
知道要達到至善的境界，意志才有定向；
意志有了定向，才能心不妄動；
心不妄動，才能所處而安；
能夠所處而安，才能處事精詳；

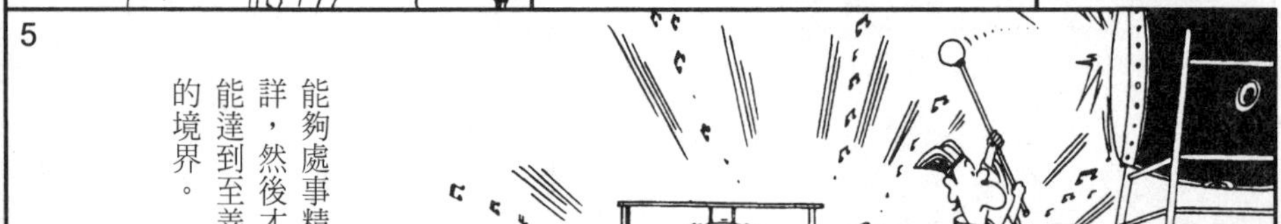
能夠處事精詳，然後才能達到至善的境界。

物有本末，事有終始；
知所先後，則近道矣。

凡物都有本有末，
1

凡事都有終結
和開始，
始
終
2
能夠明白這本末終始
的先後次序，就接近
大學所講的道理了。
3

古之欲明明德於天下者，先治其國；欲治其國者，先齊其家；欲齊其家者，先修其身；欲修其身者，先正其心；欲正其心者，先誠其意；欲誠其意者，先致其知；致知在格物。
1
古人要想使天下人都能彰明自己的明德，先要治好自己的國家；
2
要想治好自己的國家，必先要治好自己的家庭；
3
要想治好自己的家庭，必先要修好自己的品性；
4
要想修好自己的品性，必先要端正自己的心；

5
要想端正自己的心，必先要使自己所發的意念誠實；
6
要想使自己所發的意念誠實，必先要增進自己的知識；
7
而增進知識就在於研析窮究一切事物的真理。

物格而後知至，知至而後意誠，意誠而後心正，心正而後身修，身修而後家齊，家齊而後國治，國治而後天下平。
1
一切事物的真理研析窮究明白，知識就無所不到了；
2
知識無所不到，意念也就真實無妄了；
3
意念能真實無妄，心就能正常不偏；
4
心正常不偏，身體言行就能修治；

身體言行能修
治，家庭就能
整飭和睦；
5
家庭整飭和睦，
邦國就能治理完善；
6
7
邦國治理完善，
天下就能太平了。

自天子以至於庶人，壹是皆以修身為本。其本亂而末治者否矣；其所厚者薄，而其所薄者厚，未之有也。

1
上至天下，下至平民，一切要以修身為根本。
2
真的嗎？
讓我當宰相，我一定能把國治好。
如果不先修身，而想治國平天下是不可能的。
3
把切近自己的身家看得不重要，反而去高談治國、平天下，這是從來所沒有的道理啊。
喂！推薦我去做官吧！
你連自己都管不好。

傳

《大學》本為《禮記》中的一篇，不分章節。而朱熹《大學章句》乃據程子之意，將此篇分為經一章、傳十章。其言曰：「經一章，蓋孔子之言，而曾子述之。其傳十章，則曾子之意，而門人記之也。」

【傳一　釋明明德】

《康誥》曰：「克明德。」《大甲》曰：「顧諟天之明命。」《帝典》曰：「克明峻德。」皆自明也。

1
《尚書．康誥篇》說：「要能彰明本有的靈明德性。」
2
《尚書．大甲篇》說：「要常審視天所賦予我們的德性。」
3
《尚書．堯典篇》說：「要彰明人生最高的德性。」
4
「這三句話都是說，要使自我明悟那與生俱來的光明德性。」

【傳二　釋新民】

湯之《盤銘》曰：「苟日新，日日新，又日新。」《康誥》曰：「作新民。」《詩》曰：「周雖舊邦，其命惟新。」是故君子無所不用其極。

商湯盥盤上的銘辭說：「如果能在今日洗淨污垢，使身心清新，就應天天洗清污垢，使身心清新，更要繼續不斷地每日保持身心清新。」
1

《尚書．康誥篇》說：「鼓勵人民振作自新的精神。」
2

《詩經》說：「周雖是一個古舊的國家，但傳到文王，卻能自新其德，化以及於民，接受天予的新命。」
3

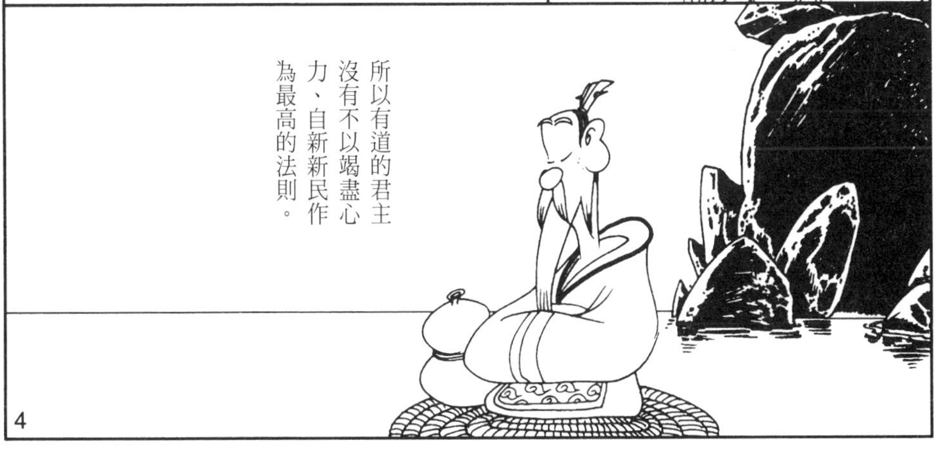
所以有道的君主沒有不以竭盡心力、自新新民作為最高的法則。
4

【傳三　釋止於至善】

《詩》云：「邦畿千里，惟民所止。」《詩》云：「緡蠻黃鳥，止於丘隅。」子曰：「於止，知其所止。可以人而不如鳥乎？」《詩》云：「穆穆文王，於緝熙敬止。」為人君，止於仁；為人臣，止於敬；為人子，止於孝；為人父，止於慈；與國人交，止於信。《詩》云：「瞻彼淇澳，菉竹猗猗。有斐君子，如切如磋，如琢如磨；瑟兮僩兮，赫兮喧兮；有斐君子，終不可諠兮。」如切如磋者，道學也；如琢如磨者，自修也；瑟兮僩兮者，恂栗也；赫兮喧兮者，威儀也；有斐君子，終不可諠兮者，道盛德至善，民之不能忘也。《詩》云：「於戲！前王不忘。」君子賢其賢而親其親，小人樂其樂而利其利，此以沒世不忘也。

1
《詩經》上說：「一國京城的千里之地，是人民居住的地方。」

2
《詩經》上說：「緡蠻地鳴叫著的黃鳥，棲息在山崗草木叢密的地方。」

一隻小鳥尚且知道選擇個好地方來棲息，難道一個人反而不如小鳥嗎？
《詩經》上說：「德性高深的文王，能繼續不斷地做光明正大的事，恭敬地使自己處於至善的境地。」
仁
所以做國君的，要做到仁愛人民。
做臣下的，應該做到敬事君上；
敬

7
做子女的，應該做到孝順父母；
孝
8
做父母的，應該做到慈愛子女；
慈
9
與國人交往，應該做到言而有信。
信

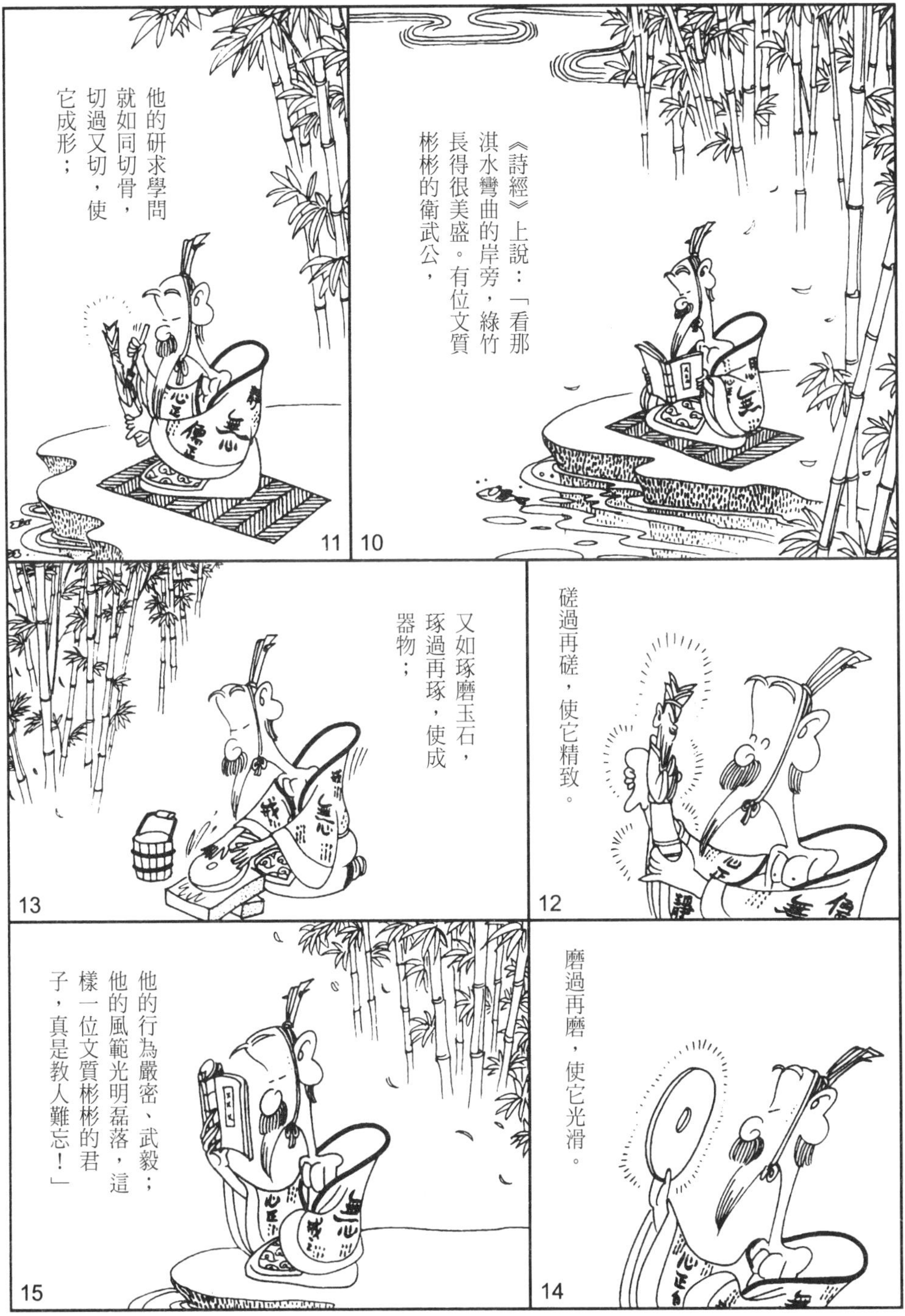
《詩經》上說：「看那淇水彎曲的岸旁，綠竹長得很美盛。有位文質彬彬的衛武公，
他的研求學問就如同切骨，切過又切，使它成形；
磋過再磋，使它精致。
又如琢磨玉石，琢過再琢，使成器物；
磨過再磨，使它光滑。
他的行為嚴密、武毅；他的風範光明磊落，這樣一位文質彬彬的君子，真是教人難忘！」

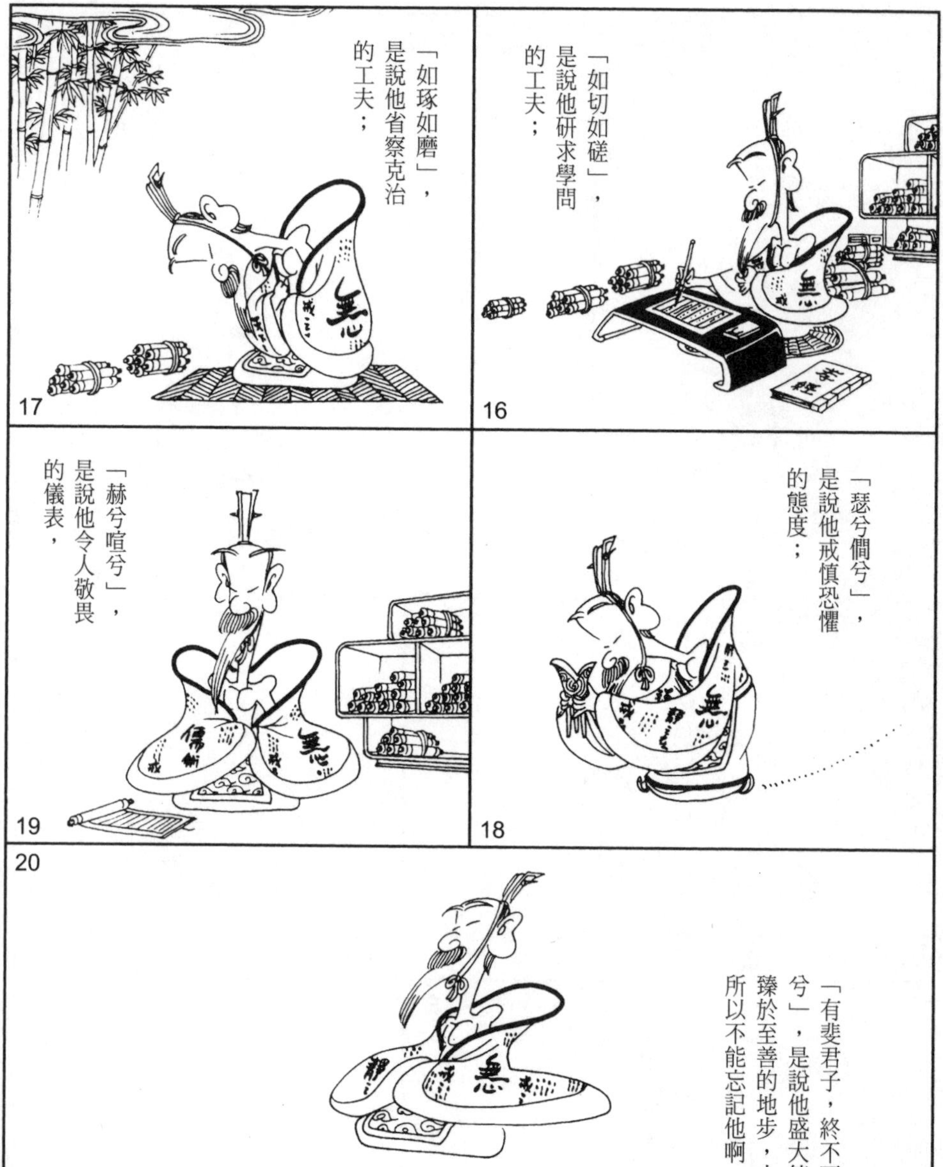
16
「如切如磋」，是說他研求學問的工夫；
17
「如琢如磨」，是說他省察克治的工夫；
18
「瑟兮僩兮」，是說他戒慎恐懼的態度；
19
「赫兮喧兮」，是說他令人敬畏的儀表，
20
「有斐君子，終不可諠兮」，是說他盛大德性臻於至善的地步，人民所以不能忘記他啊。

21
《詩經》上說：「唉！從前的文王、武王，真是教人難忘！」
武王
文王
22
國君尊敬賢者，親愛親人，人民蒙受恩澤，都能享受安樂，
23
所以他們雖歿世多年，後人依然不能忘懷他們。

【傳四　釋本末】

子曰：「聽訟，吾猶人也。必也使無訟乎！」無情者不得盡其辭，大畏民志；此謂知本。

1
孔子說：
審案我也和別人一樣，一定要設法使民間沒有訟案發生。

2
讓沒有講實情的人沒辦法用花言巧語妄訴，
哈哈，其實他沒有罵我……
其實他也沒有打我，是誤會啦！
3
使人民的心志畏服那具有明德的人，這便叫做知本。

【傳五　釋格物致知】

此謂知本，此謂知之至也。

朱子曰：「所謂致知在格物者，言欲致吾之知，在即物而窮其理也。蓋人心之靈，莫不有知，而天下之物，莫不有理；惟於理有未窮，故其知有不盡也。是以《大學》始教，必使學者即凡天下之物，莫不因其已知之理而益窮之，以求至乎其極。至於用力之久，而一旦豁然貫通焉，則眾物之表裡精粗無不到，而吾心之全體大用無不明矣。此謂物格，此謂知之至也。」

1
「致知在格物」的意思是說：要想使我們的知識推展到精深的地步，就應……

2
末
針對事物的現象，

3
用心去探究它的本質和原理。
本

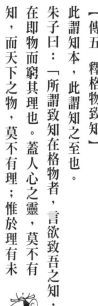

4
因為每個人的心，都具備了天賦的靈敏和知覺，
5
天下的事物同樣的也具備了自然的規則和原理。
本
末
6
由於對事物自然的原理沒有用心去窮究，所以我們的知識不能達到細微明辨的地步。
7
因此《大學》教人，一定要使學者就他所遇的事物，從已知的原理上更深入地去探討研究，
本
末
8
以求達到最高深的境界。
末
⋯⋯
本

9
等到功力用得久了，有一天心地自然會開竅起來！
哈
10
明白了，終於明白了！
那時任何的事物，無論裡裡外外、粗的細的，都能明白它整個的內容和相互間的關係；
11
同時我們的知識才可以完備，我們的見解才可以透徹。
12
這才叫做窮究事理，這才叫做求得知識的極致。

【傳六　釋誠意】

所謂「誠其意」者，毋自欺也。如惡惡臭，如好好色，此之謂自謙，故君子必慎其獨也。小人閒居為不善，無所不至；見君子而後厭然，掩其不善，而著其善。人之視己，如見其肺肝然，則何益矣？此謂誠於中，形於外。故君子必慎其獨也。

曾子曰：「十目所視，十指所指，其嚴乎！」富潤屋，德潤身，心廣體胖。故君子必誠其意。

「誠其意」的意思是說：
自己不要欺騙自己。

要像厭惡腐敗
難聞的氣味，

要像喜愛美
好的顏色一
樣的發自內
心。

這叫做內心自
足愜意。

所以君子獨處的時
候，一定要小心謹
慎，不敢隨便，

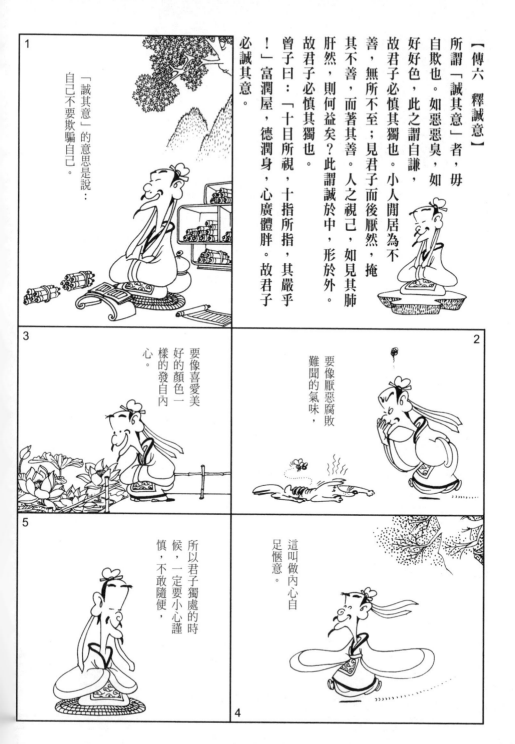

6
小人平常獨處的時候，什麼壞事都會做出來；
7
看到君子便躲躲閃閃地掩飾自己的壞處，而顯露自己的好處；
8
可是別人看來，好像看見他的肺肝一樣，這樣遮掩，又有什麼好處？
惡
劣
9
這就叫做內心真實，會表現到外表上面。
10
所以君子獨處的時候，一定要小心謹慎。

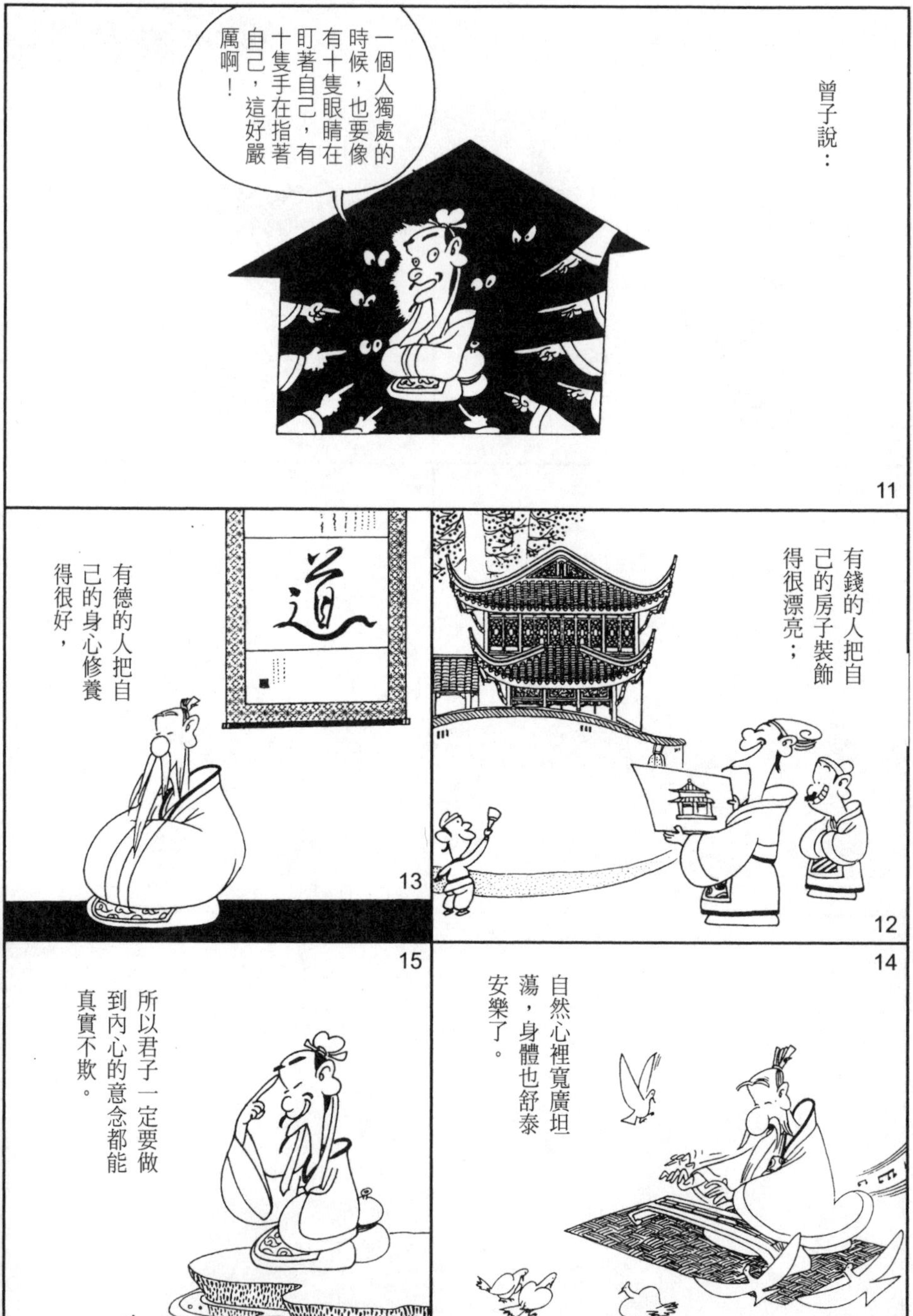
曾子說：
一個人獨處的時候，也要像有十隻眼睛在盯著自己，有十隻手在指著自己，這好嚴厲啊！
有錢的人把自己的房子裝飾得很漂亮；
有德的人把自己的身心修養得很好，
道
自然心裡寬廣坦蕩，身體也舒泰安樂了。
所以君子一定要做到內心的意念都能真實不欺。

【傳七　釋正心修身】

所謂「修身在正其心」者，身有所忿懥，則不得其正；有所恐懼，則不得其正；有所好樂，則不得其正；有所憂患，則不得其正。心不在焉，視而不見，聽而不聞，食而不知其味。此謂「修身在正其心」。

「修身在正其心」的意思是
說：心有了憤怒，心就不得
端正；
1

心有了恐懼，
心也不得端正；
2
心有了偏愛，
心也不得端正；
3

心有了憂患，心也不得端正。
心被憤怒、恐懼、好樂、憂患等情感所動搖時，就好像心不在身上一樣……
憤怒
恐懼
好樂
憂患
一個人的心不能專注，就是睜著眼，也看不見事物；
我看不到自己的缺點……
張著耳，也聽不到聲音；
我聽不到別人的諫言……
吃著東西，也吃不出味道。
所以談修身一定要先端正自己的心。

【傳八　釋修身齊家】

所謂「齊其家在修其身」者，人之其所親愛而辟焉，之其所賤惡而辟焉，之其所畏敬而辟焉，之其所哀矜而辟焉，之其所敖惰而辟焉。故好而知其惡，惡而知其美者，天下鮮矣。故諺有之曰：「人莫知其子之惡，莫知其苗之碩。」此謂身不修，不可以齊其家。

1
「齊其家在修其身」的意思是說：一般人對於自己喜歡的人，就偏心親愛他。
好孩子，你畫得真好！

2
對於自己所賤惡的人，就偏心賤惡他；
你寫得真差！
嘻
3
對於自己所敬畏的人，就偏心敬重他；
4
對於自己所哀憐的人，就偏心哀憐他；
5
對於自己所輕視和怠慢的人，就偏心輕視和怠慢他。
他的哲學思想真菜啊！

6
我很喜歡你，但你有很多缺點要改改……
是！
所以喜愛一個人，但卻能知道他的缺點……
7
討厭一個人，但卻能知道他的優點，具有這種修養的人，天下真是太少了。
我討厭他，可是他有不少優點值得我們學！
！
8
俗語說：「人都不知道自己兒子的缺點；不知道自己禾苗的碩大。」
9
這就是說：自己不能修養的人，便不能整治他自己的家。

【傳九　釋齊家治國】

所謂「治國必先齊其家」者，其家不可教，而能教人者，無之。故君子不出家，而成教於國：孝者，所以事君也；弟者，所以事長也；慈者，所以使眾也。《康誥》曰：「如保赤子。」心誠求之，雖不中，不遠矣。未有學養子而後嫁者也。

一家仁，一國興仁；一家讓，一國興讓；一人貪戾，一國作亂；其機如此。此謂一言僨事，一人定國。堯舜帥天下以仁，而民從之；桀紂帥天下以暴，而民從之。其所令反其所好，而民不從。是故君子有諸己，而後求諸人；無諸己，而後非諸人。所藏乎身不恕，而能喻諸人者，未之有也。故治國在齊其家。

《詩》云：「桃之夭夭，其葉蓁蓁，之子于歸，宜其家人。」宜其家人，而後可以教國人。《詩》云：「宜兄宜弟。」宜兄宜弟，而後可以教國人。《詩》云：「其儀不忒，正是四國。」其為父子兄弟足法，而後民法之也。此謂治國在齊其家。

1
「治國必先齊其家」的意思是說：自己的家人尚且教不好，而能夠教好他人，是沒有的事。
管教你比管教人民還要難！
自己的家人都管不好，如何去管別人？

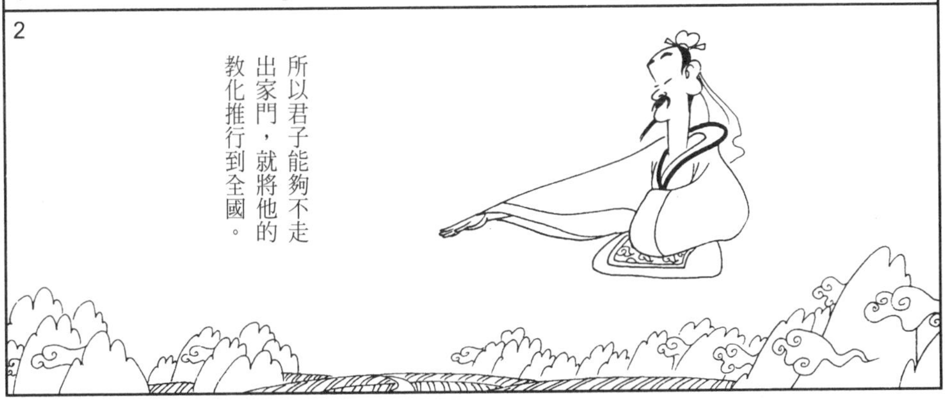
2
所以君子能夠不走出家門，就將他的教化推行到全國。

因為他在家能孝順父母，就能夠侍奉國君。
在家能敬愛兄長，就能夠侍奉長輩。
在家能慈愛幼小，就能夠愛民而指使民眾。
《尚書‧康誥篇》中說：「愛護人民，要像保護自己的孩子一樣。」
如果心裡真的愛護人民，雖不能完全做到，卻也相去不遠了。
就像女人從來沒有先學會養育孩子，然後才出嫁的啊！

9
國君的一家能夠踐行仁愛，仁愛就會在一個國家裡盛行起來；
仁

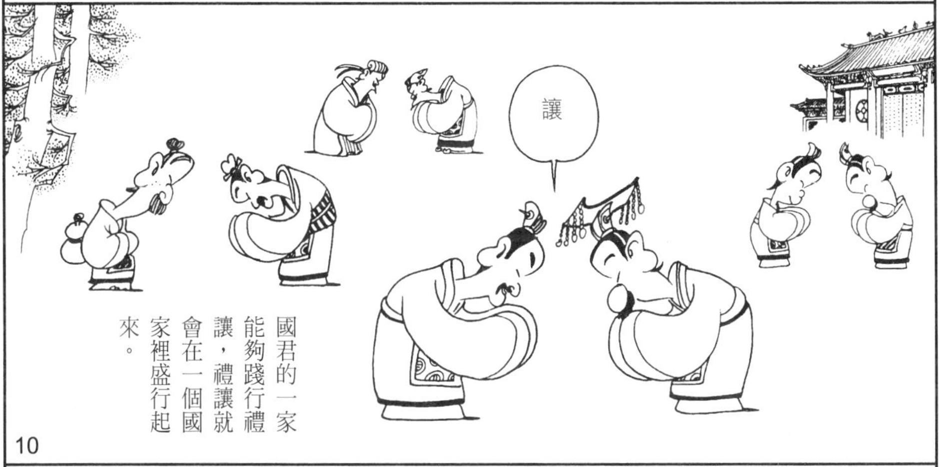
讓
國君的一家能夠踐行禮讓，禮讓就會在一個國家裡盛行起來。
10

11
如果自己貪婪暴戾，那一個國的人也會學著樣子而為非作亂了……

這種轉變風氣的樞機作用是這般重大。
所以說，一句話可以敗壞事情……
一個人也可以平定國家。
堯舜以仁愛領導天下，百姓也跟著踐行仁愛……
桀紂以暴虐領導天下，百姓也跟著做出殘暴的事情。
倘若自己的行為是殘暴不仁的，要百姓踐行仁愛，他們也是不會聽從的。

17
所以，有道的國君一定先使自己有了善行，
18
然後再要求別人行善；
要敬老尊賢啊！
是。
19
先使自己沒有惡行，然後再禁止別人作惡。
20
不要做壞事啊！
是。
21
如果自己沒有恕道，卻能夠教導別人實行恕道，這是從來沒有的事。
要有恕道，要原諒別人的過錯啊！
自己都不原諒別人……
22
所以說，治理國家要先整治自己的家。

23
《詩經》上說：
「桃花是那麼嬌嫩美好，葉子又是那麼茂盛，像花一樣美好的這個女子，嫁到夫家一定會和睦他的家人。」
24
能和家人相處得很和睦，然後才可以教導全國的人。
25
《詩經》上說：「兄弟之間要和睦相處。」
26
兄弟之間能夠和睦相處，然後才可以教導全國的人。

27
《詩經》上說：「他的行為沒有差錯，可以匡正四方的邦國。」
28
父
子
兄
因為一個人在做父、子、兄、弟時，一切行為都足夠做別人的模範，然後人民都效法他。
29
這就叫做要治理國家必須先整治自己的家。

【傳十　釋治國平天下】

所謂「平天下在治其國」者，上老老而民興孝，上長長而民興弟，上恤孤而民不倍。是以君子有絜矩之道也。所惡於上，毋以使下；所惡於下，毋以事上；所惡於前，毋以先後；所惡於後，毋以從前；所惡於右，毋以交於左；所惡於左，毋以交於右；此之謂絜矩之道。《詩》云：「樂只君子，民之父母。」民之所好好之，民之所惡惡之，此之謂民之父母。

《詩》云：「節彼南山，維石岩岩；赫赫師尹，民具爾瞻。」

有國者不可以不慎，辟則為天下僇矣！《詩》云：「殷之未喪師，克配上帝；儀監於殷，峻命不易。」道得眾，則得國；失眾，則失國。是故君子先慎乎德：有德此有人，有人此有土，有土此有財，有財此有用。德者本也；財者末也。外本內末，爭民施奪。是故財聚則民散，財散則民聚。是故言悖而出者，亦悖而入；貨悖而入者，亦悖而出。《康誥》曰：「惟命不於常。」道善則得之，不善則失之矣。《楚書》曰：「楚國無以為寶，惟善以為寶。」舅犯曰：「亡人無以為寶，仁親以為寶。」《秦誓》曰：「若有一個臣，斷斷兮，無他技；其心休休焉，其如有容焉。人之有技，若己有之；人之彥聖，其心好之；不啻若自其口出，實能容之。以能保我子孫黎民，尚亦有利哉！人之有技，媢疾以惡之；人之彥聖，而違之俾不通；實不能容，以不能保我子孫黎民，亦曰殆哉！」惟仁人，放流之，迸諸四夷，不與同中國。此謂惟仁人為能愛人，能惡人。見賢而不能舉，舉而不能先，命也；見不善而不能退，退而不能遠，過也。好人之所惡，惡人之所好，是謂拂人之性，菑必逮夫身。是故君子有大道，必忠信以得之，驕泰以失之。

生財有大道：生之者眾，食之者寡；為之者疾，用之者舒，則財恆足矣。仁者以財發身，不仁者以身發財。未有上好仁，而下不好義者也；未有好義，其事不終者也；未有府庫財，非其財者也。

孟獻子曰：「畜馬乘，不察於雞豚；伐冰之家，不畜牛羊；百乘之家，不畜聚斂之臣；與其有聚斂之臣，寧有盜臣。」此謂國不以利為利，以義為利也。長國家而務財用者，必自小人矣；彼為善之，小人之使為國家，菑害並至，雖有善者，亦無如之何矣。此謂國不以利為利，以義為利也。

所謂「平天下在治其國」是說：在上位的人如能孝養自己的親老……
1
人民就會起來效法而孝順他們的父母；
2

3
在上位的人如能尊敬自己的長輩，
4
人民就會效法而善待他們的兄長；
5
在上位的人如能憐憫救助孤弱的人，
6
人民自然也會跟著去做。
7
這就是推己及人以身作則的道理，這道理就是所謂絜矩之道，是在上位的人所應有的。

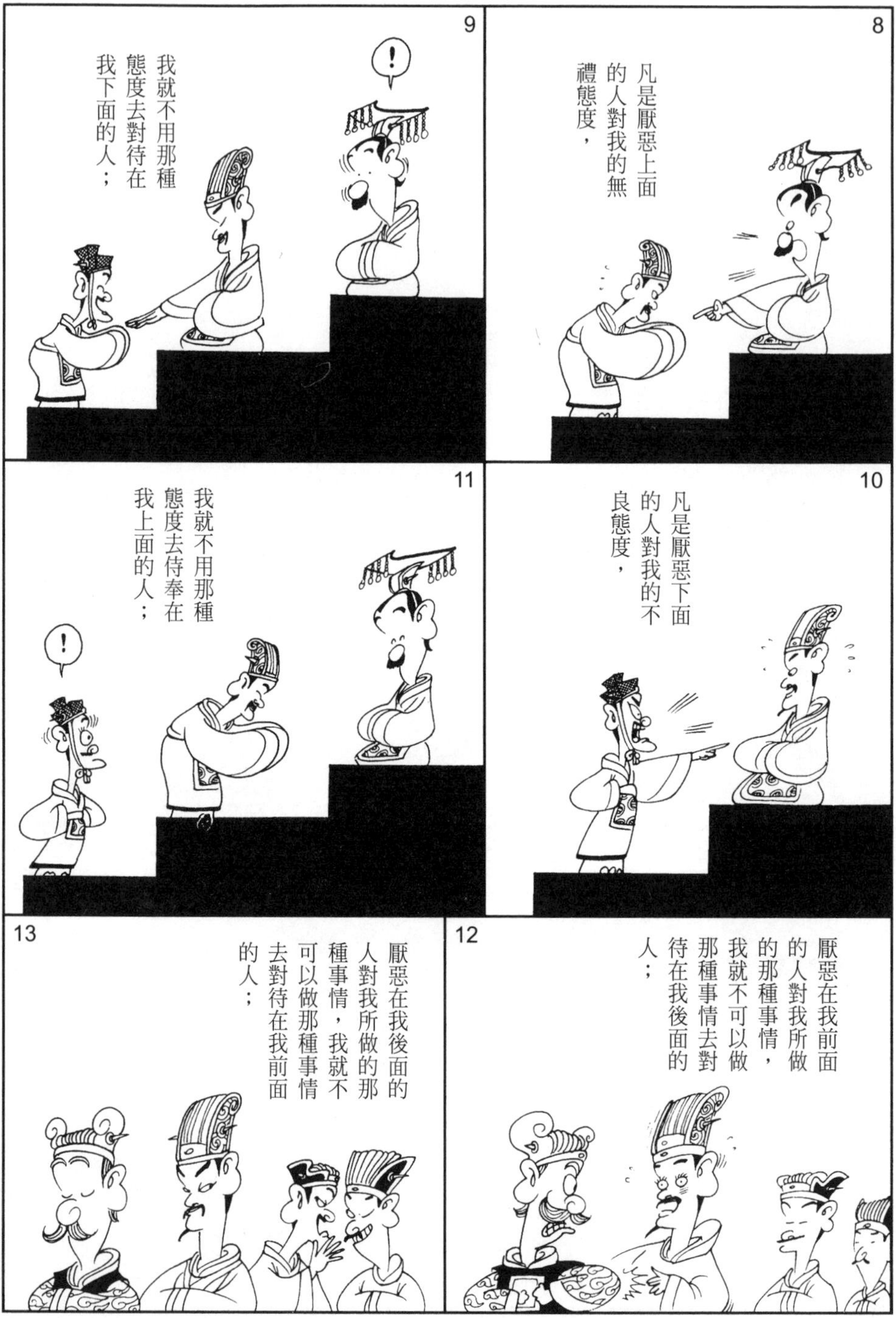
8
凡是厭惡上面的人對我的無禮態度，
9
!
我就不用那種態度去對待在我下面的人；
10
凡是厭惡下面的人對我的不良態度，
11
我就不用那種態度去侍奉在我上面的人；
!
12
厭惡在我前面的人對我所做的那種事情，我就不可以做那種事情去對待在我後面的人；
13
厭惡在我後面的人對我所做的那種事情，我就不可以做那種事情去對待在我前面的人；

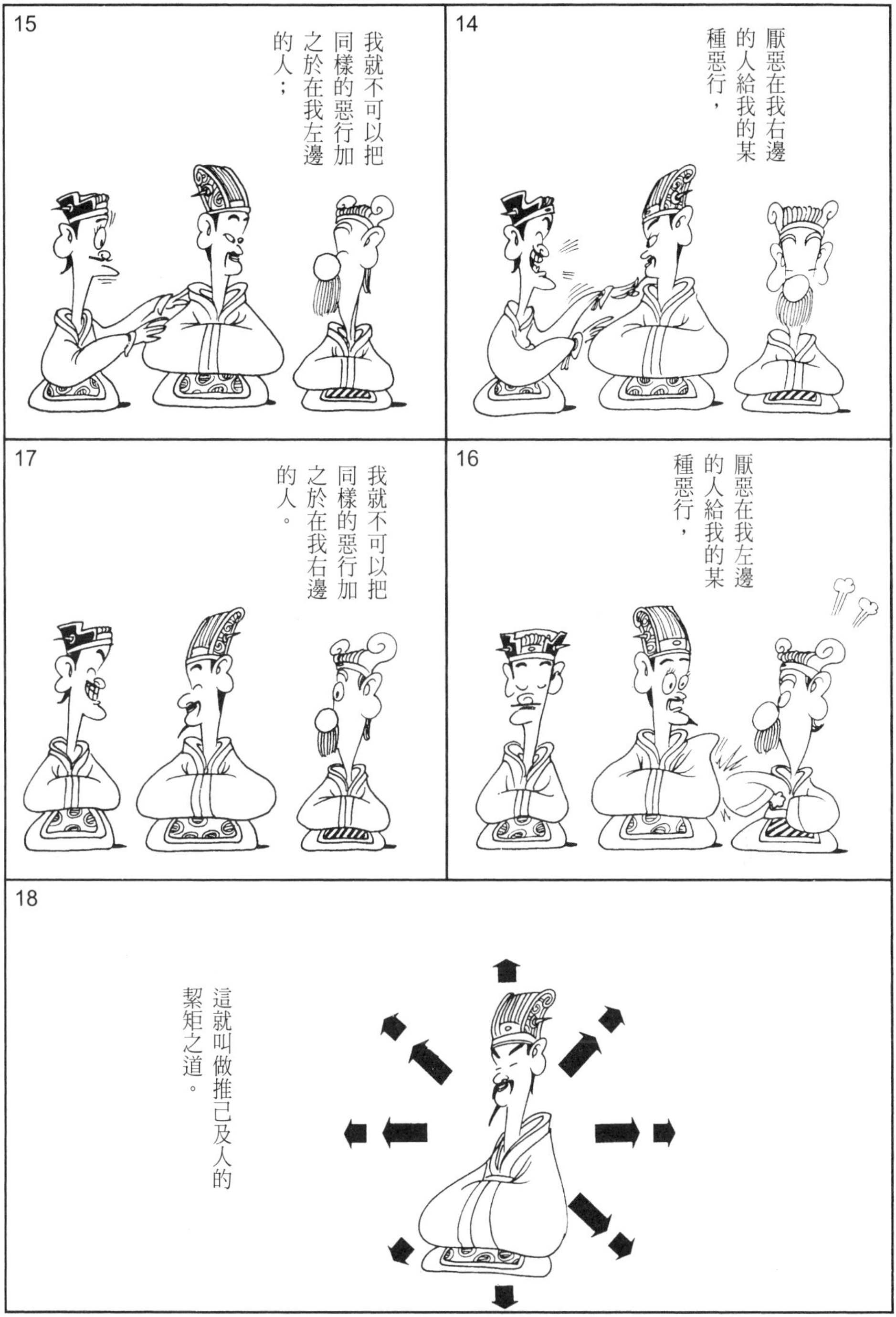
14
厭惡在我右邊的人給我的某種惡行，
15
我就不可以把同樣的惡行加之於在我左邊的人；
16
厭惡在我左邊的人給我的某種惡行，
17
我就不可以把同樣的惡行加之於在我右邊的人。
18
這就叫做推己及人的絜矩之道。

19
《詩經》上說：「和悅的君子，是萬民的父母。」
20
人民所喜愛的事情他也喜愛而樂於去做，
我喜歡天下太平。
我也是。
21
酒
人民所厭恨的事情他也厭恨而把它摒棄。
我討厭戰爭。
我也是。
22
這樣的君子真算得是萬民的父母。

23
《詩經》上說：「高大的南山，岩石嶙峋而險峻。」
24
「權位顯盛的太師尹氏，是人民所共同仰望的。」
25
擁有國家的人不可不謹慎從事啊，
26
如果一切好惡都出於一己偏私而違反民心，
27
就要被天下人所誅戮了。

28
《詩經》上說：「殷朝在未失去民心的時候，他的欲望可媲美天帝……一旦失去民心就亡國了。」
29
「有國家的人應以殷亡做鑑戒，天命是不容易長久保得住的啊！」
30
這是說：能得到民眾的愛戴，就有國家；
31
失去了民眾，就沒有國家了。

32
所以君子先要謹慎修德；
道德
33
有了道德才有人民歸附；
34
有了人民才能保有土地；
35
保有土地才有財貨；
這是今年的税收！
36
有了財貨才有用度。
用這些錢建設地方吧！
37
德是立國的根本，財是末節，輕德重財，那就是爭利於民而施行劫奪的教化了。

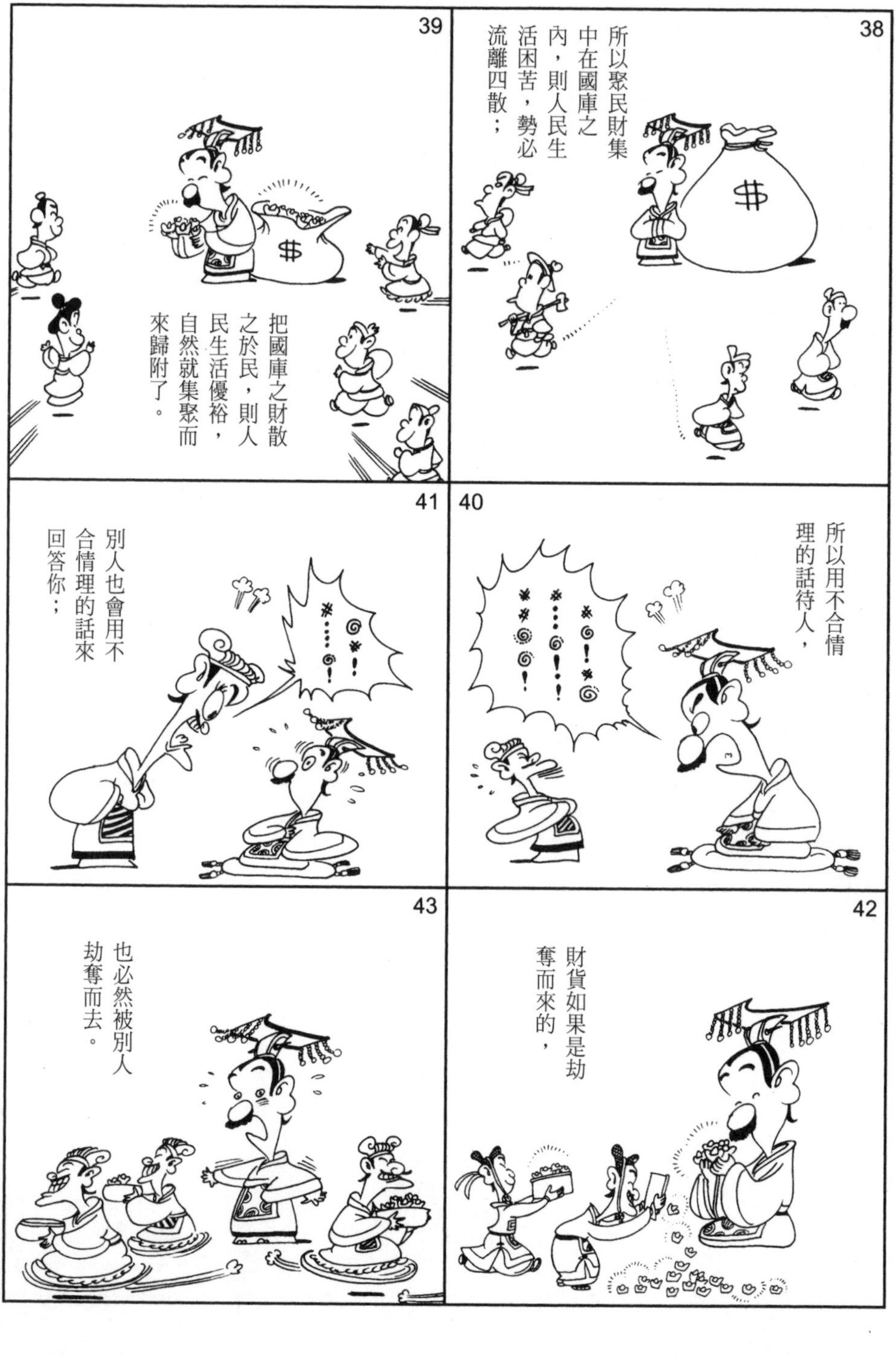
38
所以聚民財集中在國庫之內，則人民生活困苦，勢必流離四散；
39
把國庫之財散之於民，則人民生活優裕，自然就集聚而來歸附了。
40
所以用不合情理的話待人，
41
別人也會用不合情理的話來回答你；
42
財貨如果是劫奪而來的，
43
也必然被別人劫奪而去。

44
《尚書・康誥篇》上說：「天命是不常在的。」
45
這是說，君主如能行愛民的善政，就可以保得天命，
46
不推行善政，就會失去天命，不能保有天下了。

47
《楚書》上說：「楚國沒有把金玉當作寶貝，只把善人當作寶貝。」
48
晉公子重耳的母舅狐偃說：
流亡的人沒有可做寶貝的事物，
49
只把「仁愛」和「相親」當作寶貝。

《尚書．秦誓篇》上說：「假如有一個臣子，為人誠懇忠貞，而沒有其他的技能……」
「但他胸懷寬大能容，樂於為善；」
「別人若有俊才明智，他便由衷地喜愛；」
「不止是像他口裡說的那樣，而且是真心實意地容納他。」
「用這種人來保護我的子孫民眾，對整個邦國是有利的啊！」

55
「反之，別人如有技能就妒忌而厭惡他們；」
差勁。
「別人若有俊才明智，他就阻礙他使之不能進用；」
56
滾！
「這種人實在不能容納賢人。」
57
「用這種人來保護我的子孫民眾，那可說是危險極了！」
除了我之外，全國沒有半個人才。
哦？
58

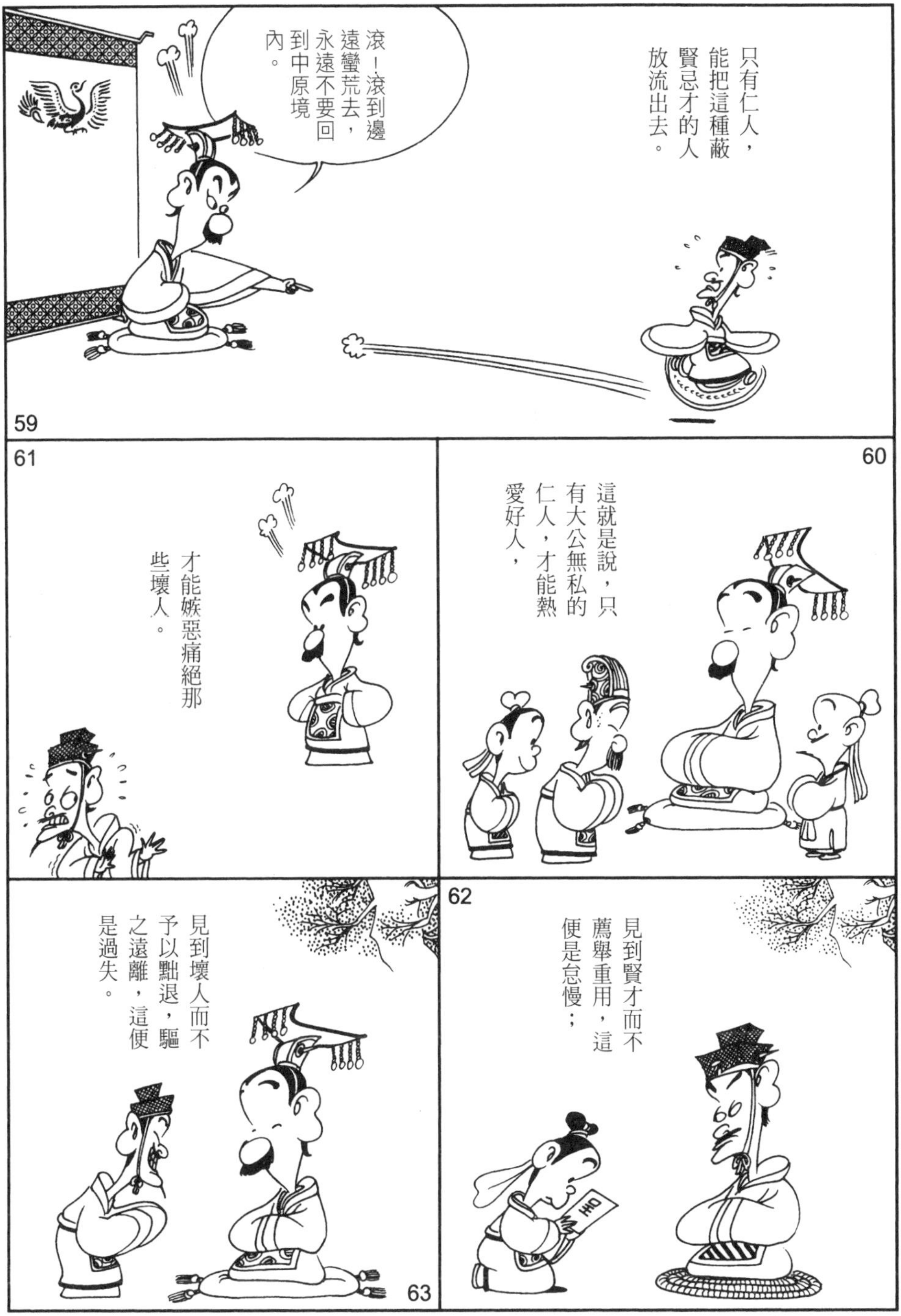
59
只有仁人，能把這種蔽賢忌才的人放流出去。
滾！滾到邊遠蠻荒去，永遠不要回到中原境內。
60
這就是說，只有大公無私的仁人，才能熱愛好人，
61
才能嫉惡痛絕那些壞人。
62
見到賢才而不薦舉重用，這便是怠慢；
63
見到壞人而不予以黜退，驅之遠離，這便是過失。

64
你好棒哦！
喜愛國人所厭惡的……
65
你滾一邊去！
厭惡國人所喜愛的，
66
這叫做違反人的本性，災禍一定會降臨到他的身上。
67
所以國君治國有個不變的法則：
68
行事忠信，一定得到民眾的擁戴；驕傲放肆，一定失掉民眾。

69
生財也有個不變的法則：從事生產的人多，消耗產品的人少，
70
生產的人做事迅速，
71
計入為出的使用，才能寬裕；
72
國庫
國庫存底一共有七百萬兩。
好極了。
這樣國家的財富就常常充裕了。

73
仁德的國君使國人均富，以發揚己身的德譽；
74
不仁的君主犧牲個人的德譽，來增加自己的財富。
75
仁
從沒有在上者好仁，而在下者不好義的；
義
76
義
沒有好義的人會對他們的事不盡責的；
77
在府庫裡的財貨，沒有不屬於君王所有的。
國庫

78
魯國的大夫孟獻子說：
有車一乘的大夫之家，不應計較養雞養豬的小利；
79
家裡有冰窖、祭祀用冰的官員，不應養牛、養羊圖利；
80
有車百乘的官員，不應養聚民財的家臣。
81
與其有斂財的家臣，寧可有盜竊公家財物的家臣。
82
這是說：「一個國家不應以財貨為利益，應該以仁義為利益。」

治理國家卻還從事搜括財物的人，一定是任用小人，
再去設法搜括更多的財物。
是。
因為小人善於做斂財的事情。
這種事情我最拿手了。
聖上旨意：從今起田賦稅、地價稅各增百分之八十！
哇！
這昏君簡直不讓我們活了，太可惡了！
拚了！
可惡！

哇！不得了，老百姓反了！
使用小人為國家做事，一定會弄得天災人禍一齊到來。
你去擺平這件事……
是
這時雖有賢能的人，也沒有辦法挽救了。
各位父老，有話好說啊！
別逃
殺
一切都太遲了……
這是說：一個國家不應以財貨為利益，應該以仁義為利益。

中庸

——和諧的人生

中庸

程子說：「不偏叫做中，不變叫做庸。中，是天下的正路；庸，是天下一定的道理。」這篇是孔子向弟子傳授的心得之法，子思恐怕時間久了而有差錯，所以把它寫在書上，傳授給孟子。這本書起初只說一個道理，中間散開為萬事，最後又合為一個道理。「舒展開來可以充塞整個宇宙，捲捲起來可以藏在最隱祕的地方。」它的味道無窮盡，都是實實在在的學問啊！善於讀書的人，仔細探討、玩味，便能得此中的道理，那麼，一世用它也用不完的了。

《第一章》

天命之謂性，率性之謂道，修道之謂教。道也者，不可須臾離也；可離，非道也。是故，君子戒慎乎其所不睹，恐懼乎其所不聞。莫見乎隱，莫顯乎微，故君子慎其獨也。喜怒哀樂之未發，謂之中；發而皆中節，謂之和。中也者，天下之大本也；和也者，天下之達道也。致中和，天地位焉，萬物育焉。

1
上天賦予人的氣稟叫做性，

順著本性去做叫做道，
2

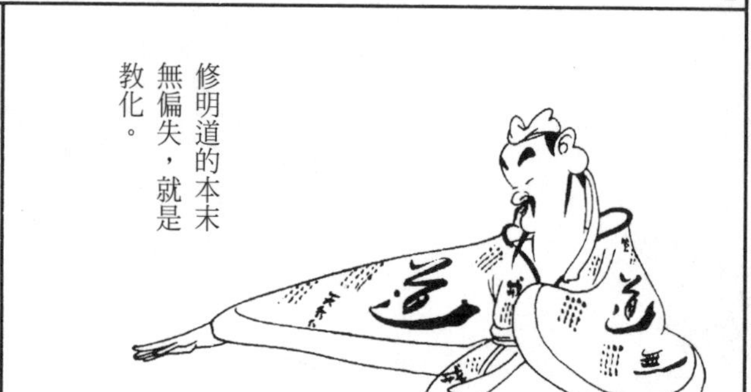
修明道的本末無偏失，就是教化。
3

4
這個道是片刻不可以離開的啊！如果可以離開，那就不是正道了。

5
所以君子在人看不到的地方也要警戒謹慎，
6
在人聽不到的地方也常惶恐畏懼。
7
沒有比隱暗處更顯現的，
8
也沒有比細微處更顯著的，
9
所以君子在獨處時特別謹慎。

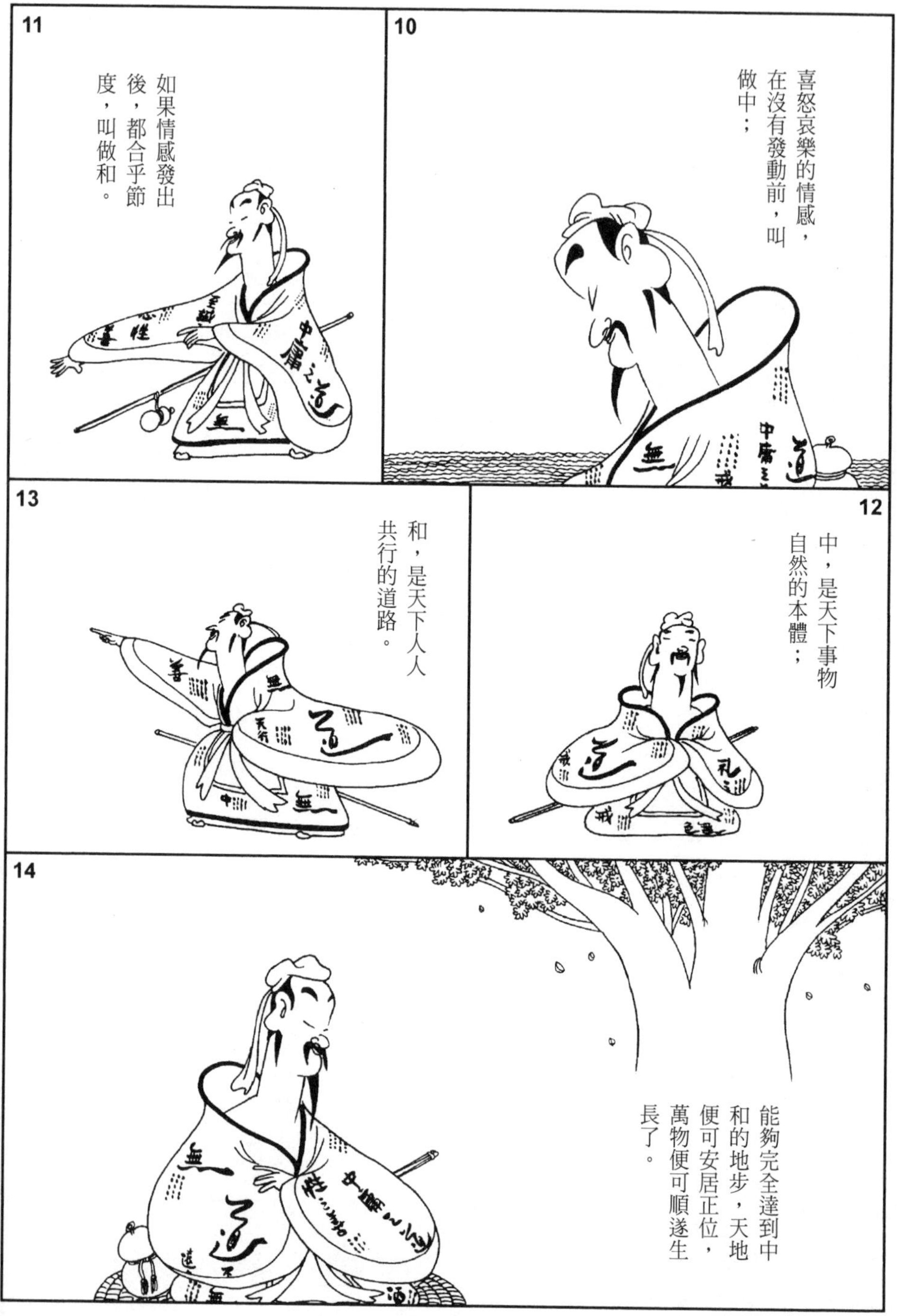
10
喜怒哀樂的情感，在沒有發動前，叫做中；
11
如果情感發出後，都合乎節度，叫做和。
12
中，是天下事物自然的本體；
13
和，是天下人人共行的道路。
14
能夠完全達到中和的地步，天地便可安居正位，萬物便可順遂生長了。

《第二章》

仲尼曰：「君子中庸，小人反中庸。君子之中庸也，君子而時中；小人之反中庸也，小人而無忌憚也。」

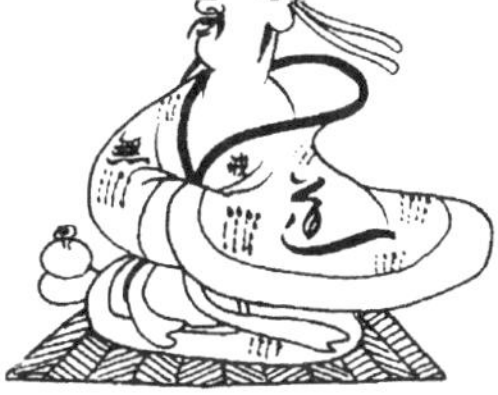

孔子說：
君子的所作所為都合乎中庸的道理，
小人的所作所為都違反中庸的道理。

君子之所以能合乎中庸，是因君子能隨時居於中道，無過與不及；

小人之所以違反中庸，是因小人不知此理，不生戒慎恐懼的心，而無所不為。

《第三章》

子曰：「中庸其至矣乎！民鮮能久矣。」

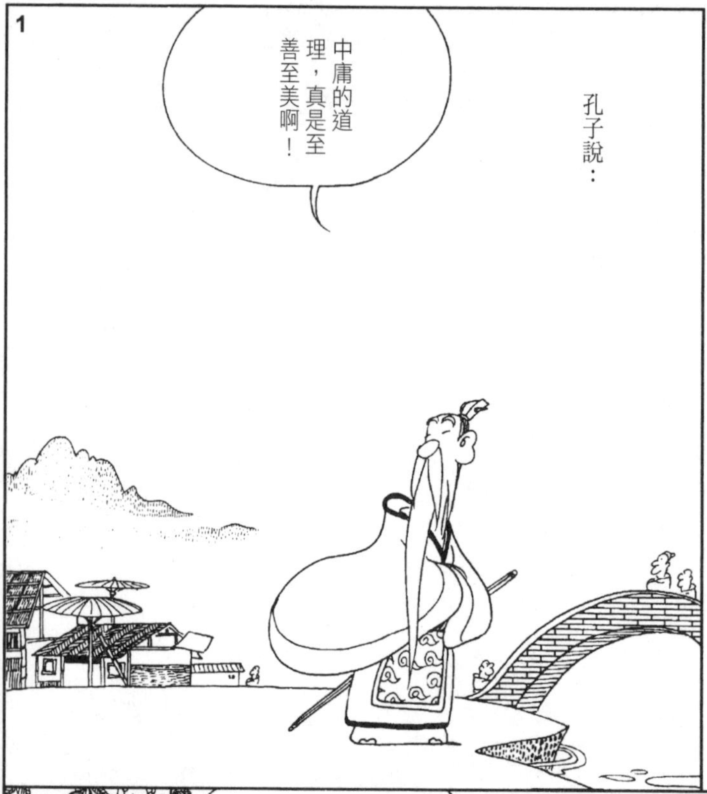
1
孔子說：
中庸的道理，真是至善至美啊！

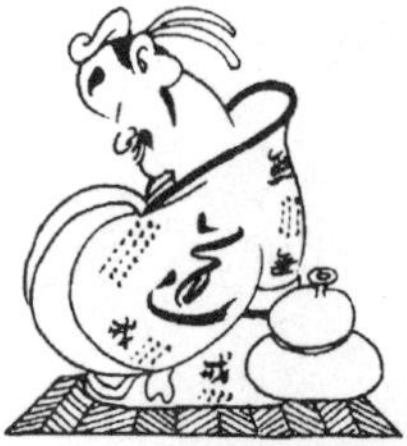

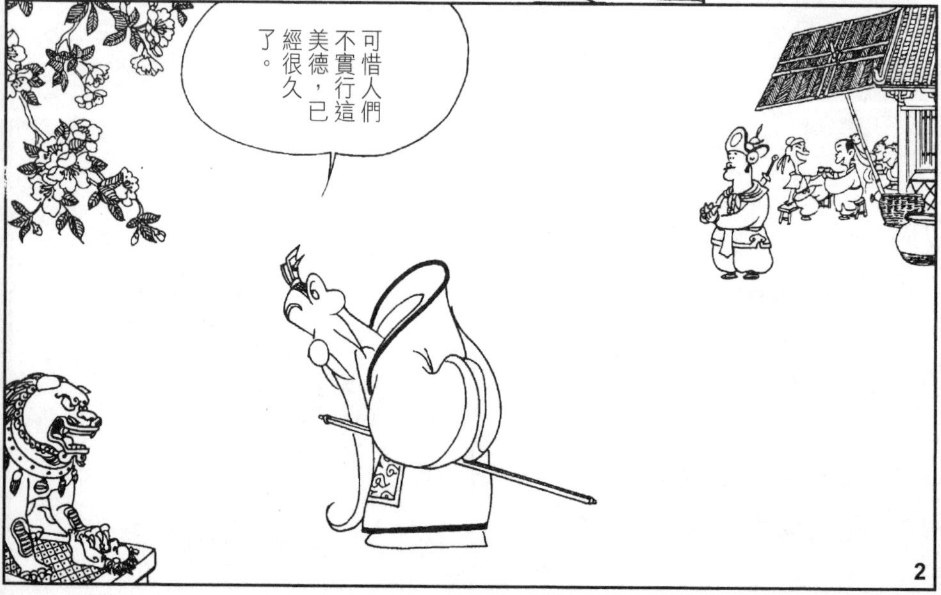
可惜人們不實行這美德，已經很久了。
2

《第四章》
子曰：「道之不行也，我知之矣；知者過之，愚者不及也。道之不明也，我知之矣；賢者過之，不肖者不及也。人莫不飲食也，鮮能知味也。」
中庸之道之所以不能實行，我已經知道其原因了！
聰明的人太過於明白這道理，以為不值得去實行；
而笨拙的人又根本不懂，不知道怎樣去實行。
中庸之道之所以不能顯明，我已經知道其原因了：有才智的人做過頭了，而沒有才智的人卻又做不到。
就好像人們每天飲水吃飯，但真正能品嘗滋味的人，卻非常之少。

《第五章》

子曰：「道其不行矣夫！」

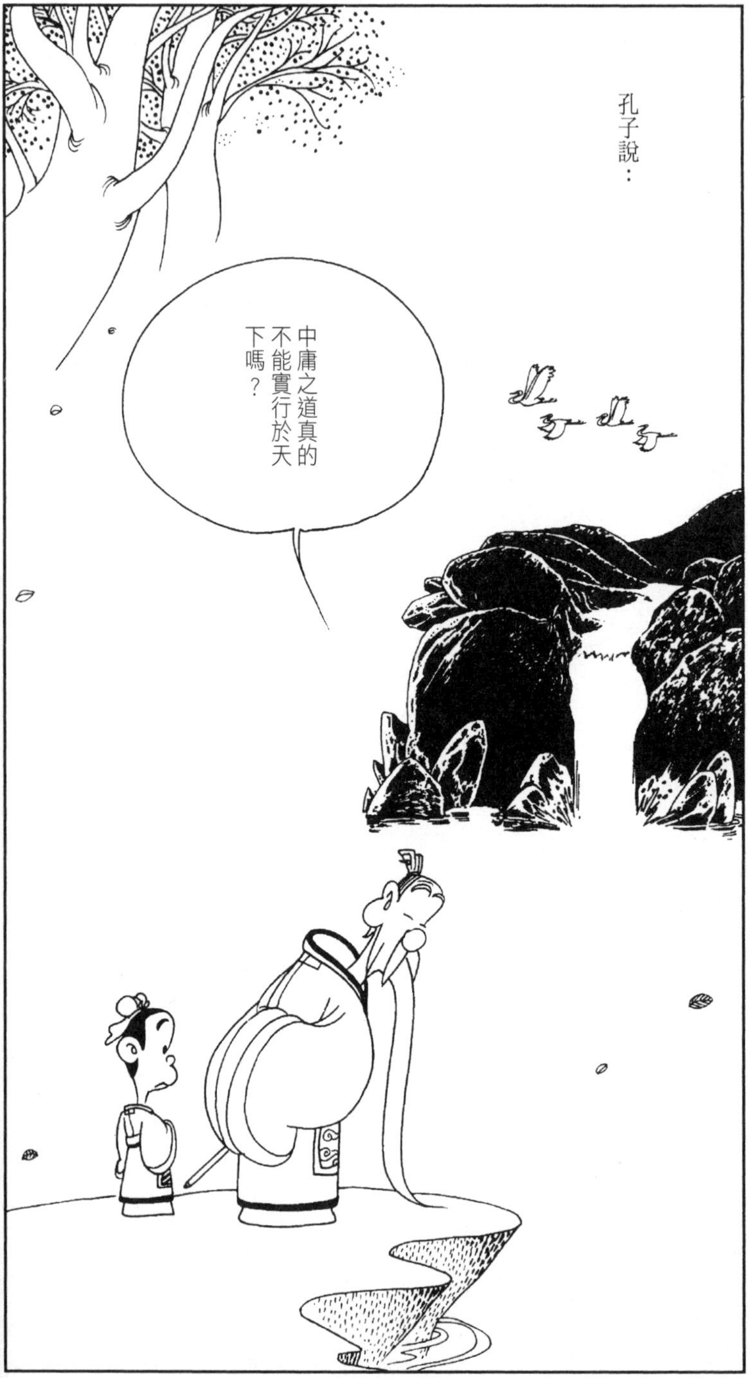
孔子說：
中庸之道真的不能實行於天下嗎？

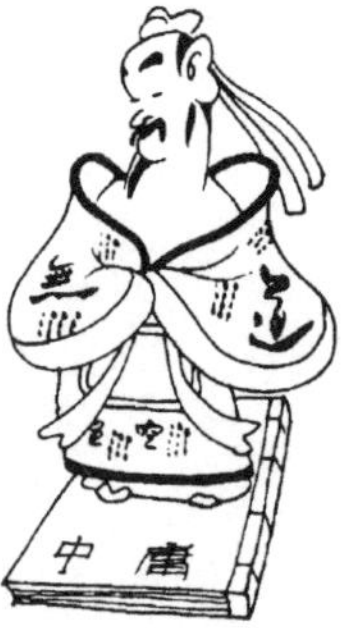
中庸

《第六章》

子曰：「舜其大知也與！舜好問而好察邇言；隱惡而揚善，執其兩端，用其中於民，其斯以為舜乎！」

1
孔子說：
舜真是大智慧的人啊！
2
他喜歡問，又喜歡考察平凡淺近的話，
3
隱藏人家的壞處，宣揚人家的好處，
善
4
並把眾論中之過與不及加以折衷。取其中道施行於民。這就是舜之所以成為舜的道理吧。
要求取事物的中，必須先知道其兩端，然後量度以取中再加以運用，以免偏失。

《第七章》

子曰：「人皆曰『予知』，驅而納諸罟擭陷阱之中而莫之知辟也。人皆曰『予知』，擇乎中庸而不能期月守也。」

1
孔子說：
許多人都說自己聰明，
2
可是被人驅入網內、機檻中卻不知道避開；
3
許多人都說自己聰明，
4
可是要選擇中庸之道，卻不能守得住一個月的時間。
我不幹了！
聰明的人都會知道中庸之道的好處，但當面臨問題時卻往往不能遵循實行，知道道理而不能力行，不能算是真知。

《第八章》

子曰：「回之為人也，擇乎中庸，得一善，則拳拳服膺而弗失之矣。」

1
顏回的做人，能夠擇取中庸的道理。

2
他得到一個好的道理時，就懇切地把握在心裡，再也不肯失掉了。

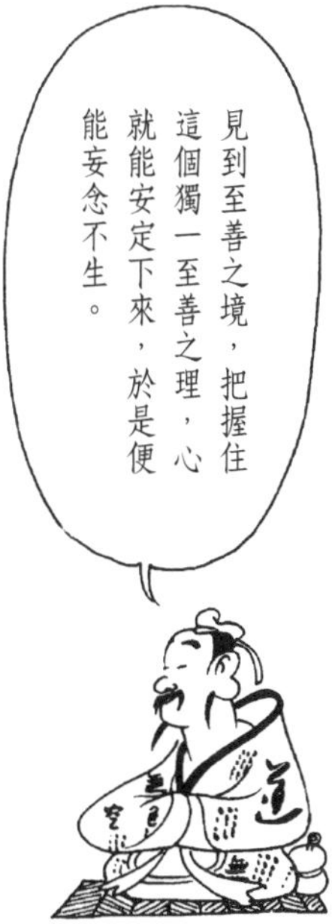
見到至善之境，把握住這個獨一至善之理，心就能安定下來，於是便能妄念不生。

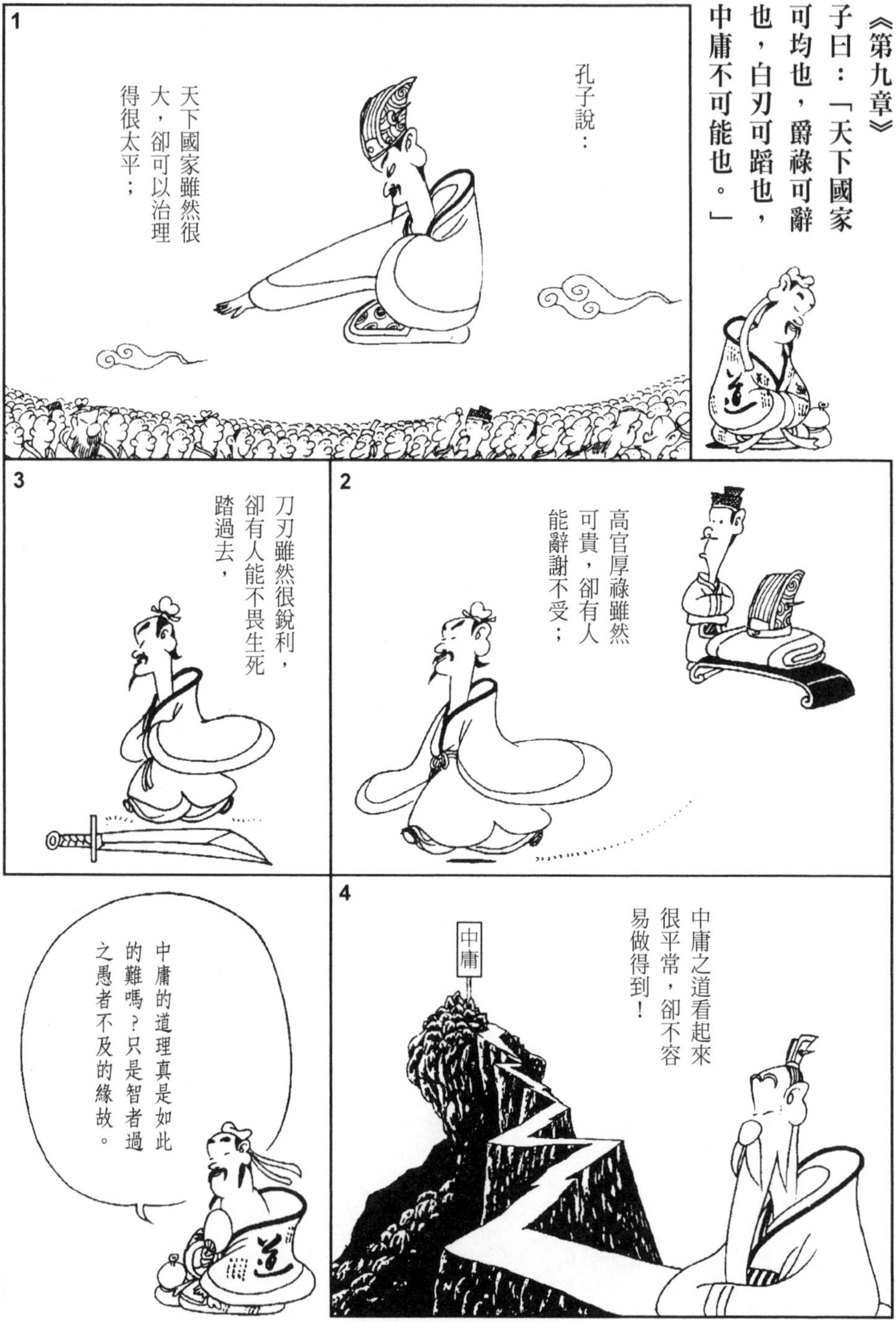
《第九章》
子曰：「天下國家可均也，爵祿可辭也，白刃可蹈也，中庸不可能也。」
1
孔子說：
天下國家雖然很大，卻可以治理得很太平；
2
高官厚祿雖然可貴，卻有人能辭謝不受；
3
刀刃雖然很銳利，卻有人能不畏生死踏過去，
4
中庸之道看起來很平常，卻不容易做得到！
中庸
中庸的道理真是如此的難嗎？只是智者過之愚者不及的緣故。

《第十章》

子路問「強」。子曰：「南方之強與？北方之強與？抑而強與？寬柔以教，不報無道，南方之強也，君子居之。衽金革，死而不厭，北方之強也，而強者居之。故君子和而不流，強哉矯！中立而不倚，強哉矯！國有道，不變塞焉，強哉矯！國無道，至死不變，強哉矯！」

1
子路問孔子說：
怎樣才是強？
你問的是南方人的強呢？北方人的強呢？還是你自己所謂的強呢？

2
用寬宏容忍的道理去教誨人，不報復人家對我的無理，這是南方人的強，
3
君子都安於此道。
4
攜兵刃，睡盔甲，戰鬥到死也不厭恨，這是北方人的強，
5
勇武好鬥的人都安於此道。

6
所以君子和氣待人而不同流合污，這是真強啊！
7
守中庸之道而不偏倚，這是真強啊！
8
國家有道時，不改變貧困時的操守，這是真強啊！
9
國家無道時，至死也不改變生平的志節，這是真強啊！
外在勇猛好鬥的強不是真強啊！內心堅決容忍，守正不阿才是真正的強！

《第十一章》

子曰：「素隱行怪，後世有述焉，吾弗為之矣。君子遵道而行，半途而廢，吾弗能已矣。君子依乎中庸，遁世不見知而不悔，唯聖者能之。」

孔子說：
追求隱僻的理，做些詭異怪誕的事來欺世盜名，後世也會有人稱道他，我是不會這樣做的。
1
有些君子遵循中庸之道去做，走到半路就停止了，我是不肯中止的。
2
君子依循中庸而行，即使隱遁山林不被人知道也不後悔，這只有聖人才能做得到。
3
大家都喜歡芝蘭的香味，而討厭鮑魚的臭味，可是偏偏又有喜歡吃臭豆腐的人，這是中庸之道嗎？

《第十二章》君子之道，費而隱。夫婦之愚，可以與知焉，及其至也，雖聖人亦有所不知焉。夫婦之不肖，可以能行焉，及其至也，雖聖人亦有所不能焉……

1
君子的中庸之道，功用雖很廣大，實體卻很精微。
2
就是平常的愚夫愚婦，也可以知道。
3
可是講到極精微之處，雖是聖人也會有不知道的地方。
中庸
4
講到實行，就是平常不肖的夫婦，也可以實行。
5
可是極精微之處，雖是聖人也會有做不到的地方。
道有知不知的問題，不傳授不講究體會，是不能知道的！道有行不行的問題，不執守不力行是不能行的。

《第十三章》

子曰：「道不遠人；人之為道而遠人，不可以為道。《詩》云：『伐柯伐柯，其則不遠。』執柯以伐柯，睨而視之，猶以為遠。故君子以人治人，改而止。忠恕違道不遠，施諸己而不願，亦勿施於人。君子之道四，丘未能一焉：所求乎子以事父，未能也；所求乎臣以事君，未能也；所求乎弟以事兄，未能也；所求乎朋友先施之，未能也。庸德之行，庸言之謹；有所不足，不敢不勉；有餘不敢盡。言顧行，行顧言，君子胡不慥慥爾！」

1
孔子說：
道是離人不遠的，

2
人們好高騖遠反而使道與人離遠，
道
3
那是不可以說是道的。
4
《詩經》說：削個斧柄啊！削個斧柄啊！那手中的舊柄樣子就在眼前呀！道！

5
拿著舊斧柄來削新斧柄，斜著眼睛看，還是覺得相差很遠，那是偏差錯誤的。
6
所以君子是以自身之道，去教導別人，使他改正。
7
能做到盡己之心推己及人，就離中庸之道不遠了。
8
凡是別人加之於己身而自己不願意的，也不要加之於別人身上。
!

9
君子的四項忠恕之道，我還沒有能做到一件……
10
所求於兒子以孝事父母，而我自己沒有完全做到；
孝
11
所求於臣以忠事君，而我自己沒有完全做到；
忠
12
所求於弟以敬事兄，而我自己沒有完全做到；
悌
13
所求於朋友應該先施以信，而我自己沒有完全做到。
信

14
平常的德行盡力實踐；
15
平常的講話力求謹慎；
16
如有不夠的地方，不敢不勉力去做；
計畫
17
有多餘的言論，也不敢說盡。
18
說話要顧慮到行動，行動要顧慮到說話，想要做一個君子為什麼不誠篤力行呢？
君子要以己之心，推己及人；更要能以責人之心反責自己，就能盡道了。

《第十四章》

君子素其位而行，不願乎其外。素富貴，行乎富貴；素貧賤，行乎貧賤；素夷狄，行乎夷狄；素患難，行乎患難。君子無人而不自得焉！

1
君子應就他所處的地位去做他應該做的事，不希望去做本分以外的事。
2
處在富貴的地位，就做富貴地位所應該做的事；
3
處在貧賤的地位，就做貧賤地位所應該做的事；

處在夷狄的地位，就做夷狄地位所應該做的事；
處在患難的地位，就做患難地位所應該做的事。
君子守道安分，無論在什麼地位都是自得的。
任何地方就是最好的地方；任何時間就是最好的時間。君子不論何時何地都能安然自得，做他本分的事。

在上位不陵下；在下位不援上。正己而不求於人，則無怨。上不怨天，下不尤人。故君子居易以俟命，小人行險以徼幸。子曰：「射有似乎君子，失諸正鵠，反求諸其身。」
1
處在上位不欺侮在下位的人，處在下位不攀附在上位的人。
2
端正自己而對別人無所要求，自然沒有什麼怨恨。
3
上不怨天，
4
下不歸咎他人。

5
所以君子居心平易守住本位，以等待天命。
6
而小人不循正道，冒險行事去妄求非分的利益。
射箭很像君子做人的道理，
7
射不中，不怪別的，只能怨自己的功夫不好。
有仁德的君子必定樂天知命，才能順應自然而不憂；小人則不明趨勢，常存僥倖之心冒險以試，失敗了才怨天尤人。
8

《第十五章》

君子之道，辟如行遠必自邇，辟如登高必自卑。《詩》曰：「妻子好合，如鼓瑟琴。兄弟既翕，和樂且耽。宜爾室家，樂爾妻孥。」子曰：「父母其順矣乎！」

1
君子做人的道理，就像走遠路必從近處起步，

2
就像登高山必從低處爬起一樣。

3
《詩經》上說：「妻子兒女感情和睦，
4
像彈琴瑟一樣和諧。
5
兄弟感情投合，其樂融融。
6
使你的家庭和順，使你的妻子快樂。」
7
孔子讚嘆說：
這樣，他的父母一定也順心樂意了啊！
家庭的基礎在於夫婦，夫婦和好則子女必定幸福，家庭和樂，父母當然心境順暢舒適了。

《第十六章》

子曰：「鬼神之為德，其盛矣乎！視之而弗見，聽之而弗聞，體物而不可遺。使天下之人，齊明盛服，以承祭祀，洋洋乎如在其上，如在其左右。《詩》曰：『神之格思，不可度思，矧可射思。』夫微之顯，誠之不可掩如此夫！」

1
孔子說：
鬼神的性情功效，可真是大極了！看它不見，聽它無聲，但是它無所不在，像是具有形體的事物不能遺棄。
2
使天下的人，齋戒沐浴，穿著整齊的衣服，去奉行祭祀，

3
到處充滿流動著鬼神的靈氣，好像就在頭頂上，又好像就在身邊左右。

4
《詩經》上說：「神的來臨，是不可臆想測度的，怎麼可以厭惡不敬呢！」
5
鬼神的事本來是隱微的，卻又如此顯著，所以真實無妄的心不能掩藏，就是這道理啊！
心中存有對鬼神虔敬之心，自然就不敢胡作非為，心中不起妄念。

《第十七章》

子曰：「舜其大孝也與！德為聖人，尊為天子，富有四海之內，宗廟饗之，子孫保之。」故大德，必得其位，必得其祿，必得其名，必得其壽。故天之生物，必因其材而篤焉，故栽者培之，傾者覆之。《詩》曰：『喜樂君子，憲憲令德。宜民宜人，受祿於天。保佑命之，自天申之。』故大德者必受命。」

1
孔子說：
舜真是個大孝的人啊！

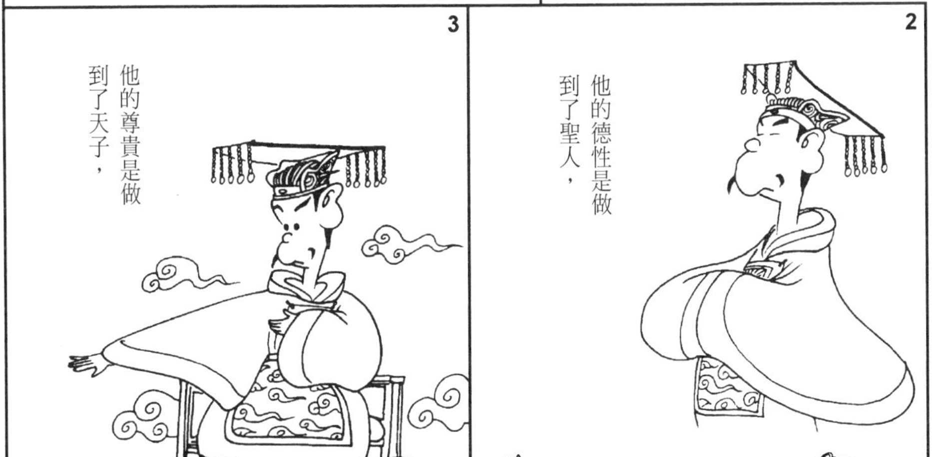
2
他的德性是做到了聖人，
3
他的尊貴是做到了天子，

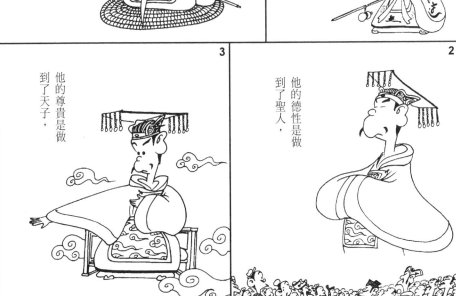

四海之大，都是他的財富。
世代有宗廟祭祀他，子子孫孫永遠保持這祭禮。
所以有大德的人，一定得到尊位，一定得到厚祿，一定得到美名，一定得到高壽。
所以上天生育萬物，一定照它的材質而厚待它。
所以可以栽種的就培植它，要傾倒的就讓它倒下。

《詩經》上說：「善良而愉快的君子，有光明的美德，適合於民，有益於民，所以能承受上天賜予的福祿。上天保佑他，並給他重大的使命。」
9
所以有大德的人，必然能受天命而做天子。
能立身行道，有大功於國、大德於民，使人稱讚他的德行而尊重其父母，這才是大孝。
10

《第十八章》

子曰：「無憂者，其惟文王乎！以王季為父，以武王為子；父作之，子述之。武王纘大王、王季、文王之緒，壹戎衣而有天下，身不失天下之顯名；尊為天子，富有四海之內，宗廟饗之，子孫保之……」

1
孔子說：
沒有憂愁的人，恐怕只有周文王吧！

2
王季
文王
武王
有王季做他的父親，有武王做他的兒子；父親創業在先，兒子又繼志述事在後。

3
周武王繼承大王、王季、文王的基業，滅殷而得了天下，

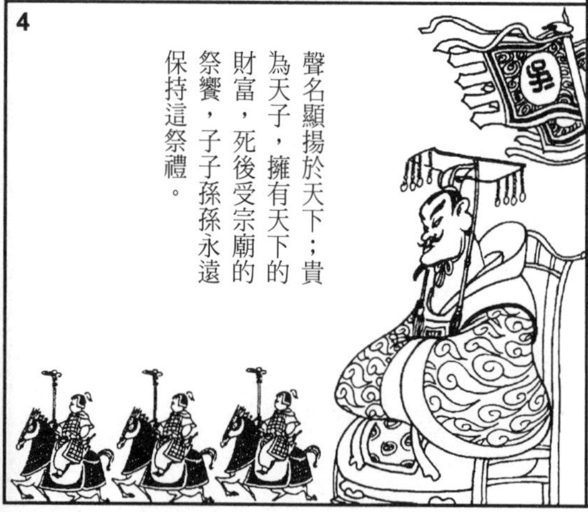
4
聲名顯揚於天下；貴為天子，擁有天下的財富，死後受宗廟的祭饗，子子孫孫永遠保持這祭禮。

《第十九章》

子曰：「武王周公其達孝矣乎！夫孝者，善繼人之志，善述人之事者也。春秋，修其宗廟，陳其宗器，設其裳衣，薦其時食。宗廟之禮，所以序昭穆也；序爵，所以辨貴賤也；序事，所以辨賢也；旅酬，下為上，所以逮賤也；燕毛，所以序齒也。踐其位，行其禮，奏其樂；敬其所尊，愛其所親；事死如事生，事亡如事存，孝之至也。郊社之禮，所以事上帝也；宗廟之禮，所以祀乎其先也。明乎郊社之禮，禘嘗之義，治國其如示諸掌乎！」

1
孔子說：
武王和周公真是天下所通稱的能盡孝道的人啊！

2
所謂孝，就是能繼承先人的遺志，完成先人的事業啊！
3
春秋二季祭祀的時候，修好祖廟，陳列好祭器，擺設先祖穿過的衣服，供奉應時的食物。
祭

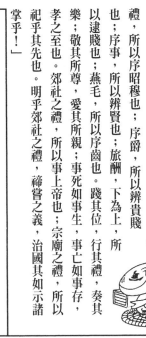

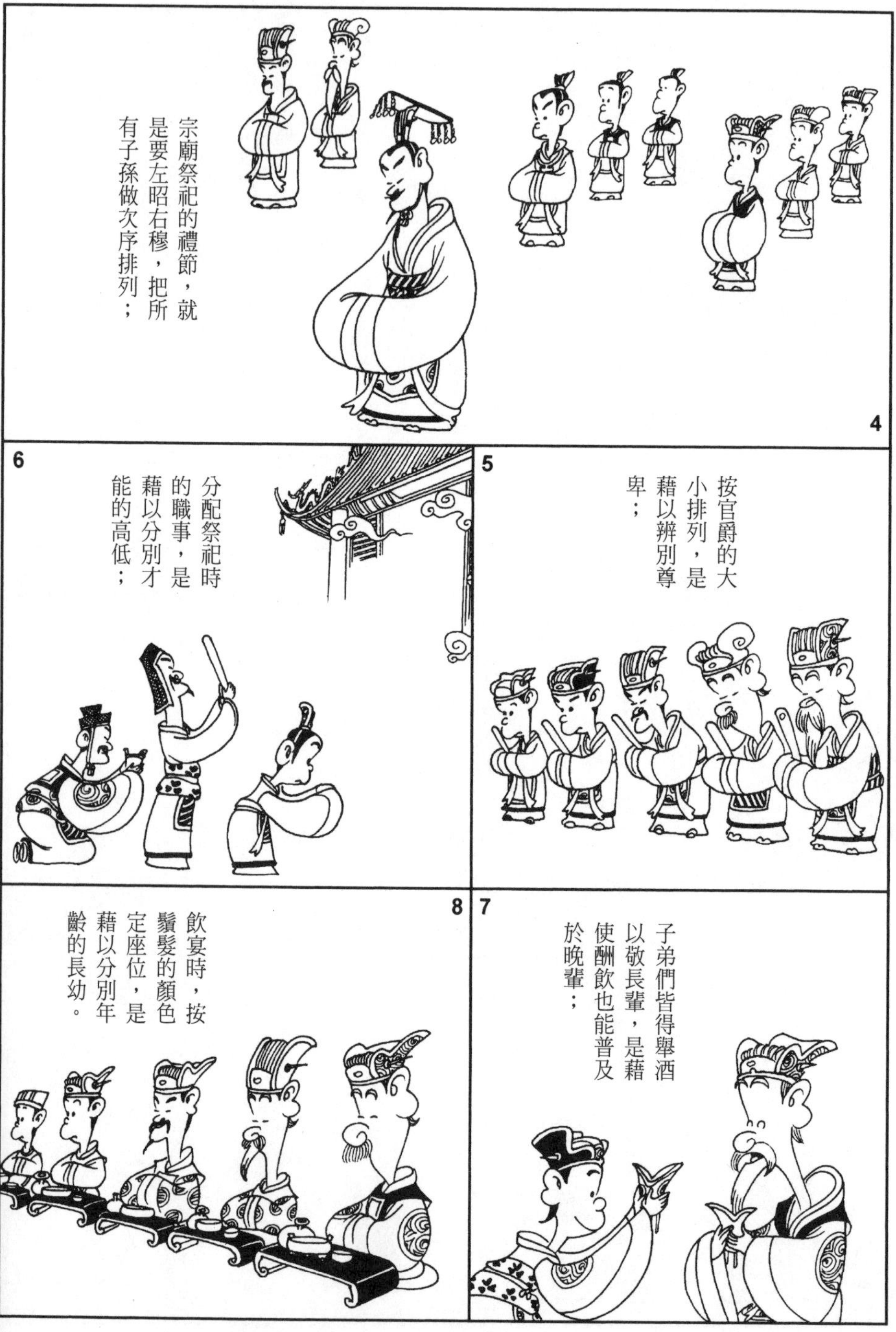
宗廟祭祀的禮節，就是要左昭右穆，把所有子孫做次序排列；
4
5
按官爵的大小排列，是藉以辨別尊卑；
6
分配祭祀時的職事，是藉以分別才能的高低；
7
子弟們皆得舉酒以敬長輩，是藉使酬飲也能普及於晚輩；
8
飲宴時，按鬚髮的顏色定座位，是藉以分別年齡的長幼。

登先王的神位，行先王的禮儀，奏先王的音樂。
敬先王所尊敬的人，愛先王所親愛的人，奉事已死的尊親，如同奉事他生前一樣；
奉事過世的祖先，如同他活著一樣。這便是盡孝的極致。
祭天地的禮節，是用來奉事上帝的。祭祖廟的禮節，是用來祭祀祖先的。
能明瞭天地的禮節和四時祭祀的意義，那麼治理國家就像是看自己手掌一樣的容易了。
孝的意義並不是只有養生送死而已，還要能繼承遺志，完成其親所未完成的事，才是至孝。

《第二十章》

哀公問政。子曰：「文武之政，布在方策。其人存，則其政舉；其人亡，則其政息。人道敏政，地道敏樹。夫政也者，蒲盧也。故為政在人，取人以身，修身以道，修道以仁。」

1
魯哀公問治國之道，孔子說：
文王、武王施政的方法，都記載在木版竹簡上，
2
只是他們在位時，這種政治才能實施，
3
他們死了，這種政治也廢滅了。
4
以人施道，能使政教推行快速；

5
以道種樹，能使樹木生長快速。
6
仁人施政易見成效，就如同地上蒲葦的快速滋長一樣。
7
所以為政之道在於得到人才，
8
而得人的方法在於修養自身，
9
要修身必須遵循天下人共守的法則；
10
要修道必須依據萬物得於天的自然本性「仁」。
德高於才謂之君子，才高德薄謂之小人。為政在人，取人的原則最重品德。

仁者，人也，親親為大。義者，宜也，尊賢為大。親親之殺，尊賢之等，禮所生也……
1
所謂仁，就是人性中本來具有的慈愛。
2
以親愛自己的親人為最重大。
3
所謂義，就是事事得宜，以尊敬賢人為最重大。
4
親愛親人而有等級，尊敬賢者而有等級，禮就由此而產生。
禮的本義是節制情感，有了禮義的實施才能調節至恰到好處，所以說仁義道德，非禮不成。

君臣也，父子也，夫婦也，昆弟也，朋友之交也，五者，天下之達道也……
1
君臣
2
父子
3
夫婦
4
兄弟
5
朋友
6
這五種關係就是天下人最根本的倫理關係。
人共生共存最根本的關係就是五倫，這五種倫理道德的基本精神在於仁愛。

或生而知之，或學而知之，或困而知之，及其知之一也……
有些人不必學習，天生就知道了以上的道理。
有些人是經過學習而知道；
有些人則要下苦工去研究才知道，
哈哈哈哈我們都知道了！
可是到了他們都知道時，大家都一樣了。
人的天賦資質有高低，但經過努力，庸愚的人也能和天生才智之士齊一了。

子曰：好學近乎知，力行近乎仁，知恥近乎勇。知斯三者，則知所以修身；知所以修身，則知所以治人；知所以治人，則知所以治天下國家矣。
1
喜愛研究學問就接近智了。
2
能夠努力行善就接近仁了。
3
知道什麼是羞恥就接近勇了。
我知道錯了……
4
好學
力行
知恥
知道這三樣，就可以知道怎樣去修身了；
5
知道怎樣修治自身，就知道怎樣管理眾人；
6
知道怎樣管理眾人，就知道怎樣治理天下國家了。

凡為天下國家有九經，曰：「修身也，尊賢也，親親也，敬大臣也，體群臣也，子庶民也，來百工也，柔遠人也，懷諸侯也。修身，則道立；尊賢，則不惑；親親，則諸父昆弟不怨；敬大臣，則不眩；體群臣，則士之報禮重；子庶民，則百姓勸；來百工，則財用足；柔遠人，則四方歸之；懷諸侯，則天下畏之……」

1
凡是治理天下國家有九種經常不變的法則，那就是……
2
修治自身；
3
尊重賢人；
4
親愛親族；

5
禮敬大臣；
6
體恤群臣；
7
愛民如子；
8
招來各種技工；
9
善待遠方的來人；
魯界
10
安撫列國諸侯。

11
能修治自身，正道就能確立；
12
能尊重賢人，對於事理就不致疑惑；
13
能親愛親族，伯叔兄弟就不會有怨恨；
皇兄對我們很好啊！
是啊！
14
能禮敬大臣，臨事就不會迷亂；
15
能體恤群臣，才智之士就會竭力報效；
16
能愛民如子，百姓就會自相勸勉來效忠；

17
能招來各種工人，國家的財用就充足了；

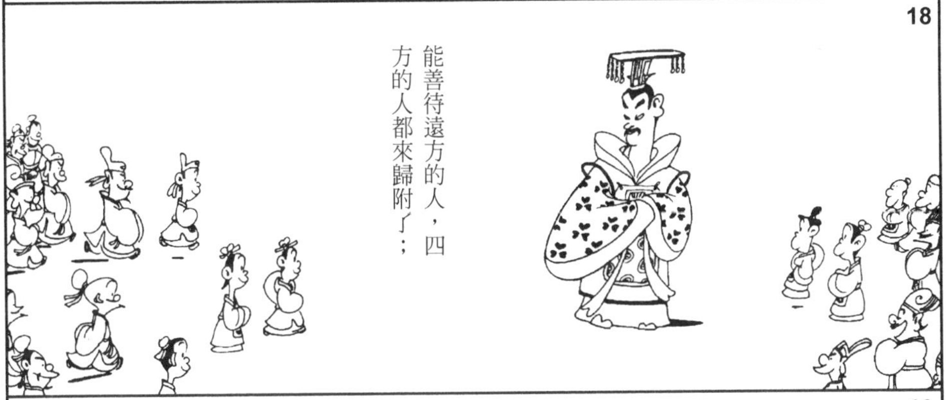
18
能善待遠方的人，四方的人都來歸附了；

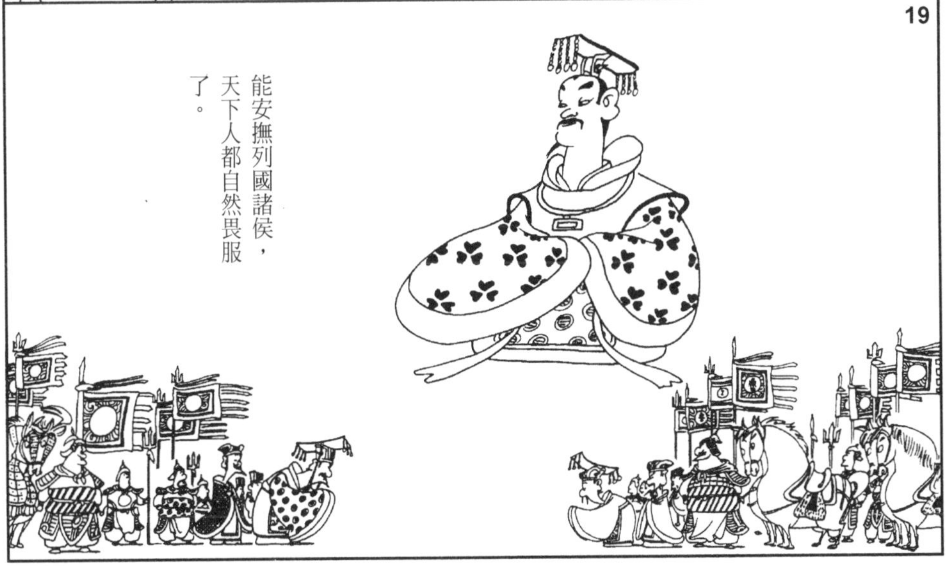
19
能安撫列國諸侯，天下人都自然畏服了。

凡事豫則立，不豫則廢。言前定，則不跲；事前定，則不困；行前定，則不疚；道前定，則不窮。
1
任何事情，事前有準備就可成功，沒準備就會失敗。
2
說話先有準備，就不致詞窮理屈；
3
做事先有準備，就不會遭到困難；
4
行為先有準備，事後就不會愧恨；
5
做人做事的道理先有定則，就不至於行不通。
說話要忠誠信實，做事要確切謹慎，謹行慎言即能行無不利。

在下位，不獲乎上，民不可得而治矣。獲乎上有道，不信乎朋友，不獲乎上矣。信乎朋友有道，不順乎親，不信乎朋友矣。順乎親有道，反諸身不誠，不順乎親矣。誠身有道，不明乎善，不誠乎身矣。

1
處在下位，得不到上級的信任，就無法治理人民；

2
要得上級的信任有一定的方法；
3
朋友都不信任你了，上級怎能信任你？
4
要得朋友的信任有一定的方法；
5
自己的父母都不孝順了，朋友怎會信任你？

孝順父母是有方法的；
若是反省自身沒有誠意，那就不能夠孝順父母了。
本身有誠意也是有方法的；
若是不明白至善之所在……
那自身也就不能有誠意了。
我明白了！「誠」不是手段，不是方法，是道德的根本，是做好人、行善事的原動力！

誠者，天之道也；誠之者，人之道也。

1
誠，是天然的真理。

2
做到誠，是人人應做到的。

「誠」是真實不妄的道理。日升月落，四時運作不停……就是這種大道的顯示！人，怎可以不誠呢？

誠者，不勉而中，不思而得，從容中道，聖人也。誠之者，擇善而固執之者也。

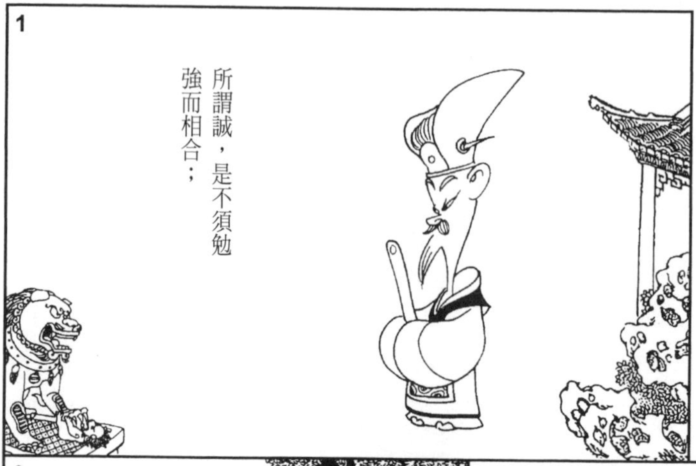
所謂誠，是不須勉強而相合；

不須思維而得道；
一舉一動都合於道理，這只有聖人才做得到的。
所謂實踐之誠，那就要選擇至善之道而堅守不渝才可以做到。
聖人才能自然合道！平常人要用擇善固執的工夫！就從擇善固執開始吧！可不是剛愎自用呀！

博學之，審問之，慎思之，明辨之，篤行之。有弗學，學之弗能弗措也；有弗問，問之弗知弗措也；有弗思，思之弗得弗措也；有弗辨，辨之弗明弗措也；有弗行，行之弗篤弗措也。人一能之，己百之；人十能之，己千之。果能此道矣，雖愚必明，雖柔必強。

1
廣博的學習，
2
詳細的求教，
3
慎重的思考，
4
明白的辨別，
善 長 短 惡 好 壞 大 小 高 下
5
切實的實行。
6
除非不學，要學而沒有學會絕不放棄；

7
除非不問，要問而沒有問清楚，絕不放棄；
8
除非不想，要想而沒有想清楚，絕不放棄；
9
除非不分辨，要分辨而沒有分辨明白，絕不放棄；
10
除非不實行，要實行而沒有實際做出成績，絕不放棄。
11
別人學一遍就會了的，我學它一百遍；
12
別人學十回就會了的，我學它一千回。
13
果真能夠這樣做，即使是個笨人也會變聰明的；
14
即使是個柔弱的人，也會變堅強。
我明白了怎樣做學問、做事情！要不斷地學習、不斷地累積，才能成功！天下沒有白吃的午餐！

《第二十一章》

自誠明，謂之性；自明誠，謂之教。誠則明矣，明則誠矣。

1
由至誠而自然明白善道，這叫做天性。
2
由明白善道而至於誠，這叫做人為的教化。
至聖先師
3
誠則無不明白，
4
無不明白道理也就做到誠了。
誠
至誠的人，其心自然湛然虛明沒有私欲，於是才有真正的智慧。

《第二十二章》

惟天下至誠，為能盡其性；能盡其性，則能盡人之性；能盡人之性，則能盡物之性；能盡物之性，則可以贊天地之化育；可以贊天地之化育，則可以與天地參矣。

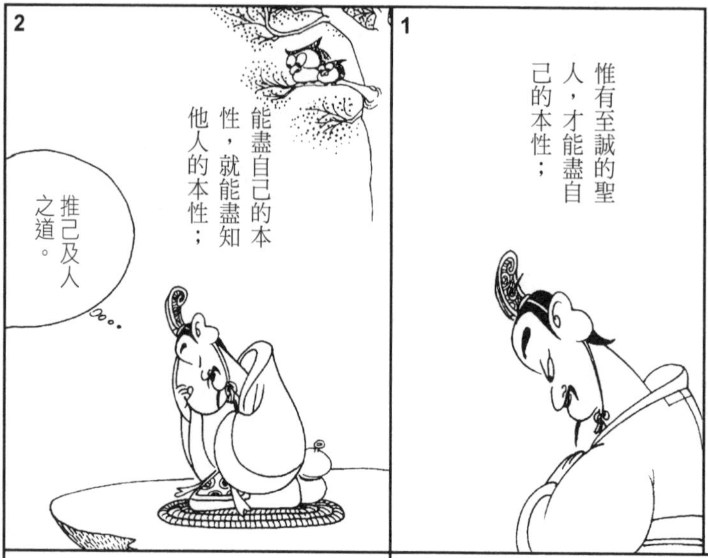
1
惟有至誠的聖人，才能盡自己的本性；
2
能盡自己的本性，就能盡知他人的本性；
推己及人之道。

3
能盡知他人的本性，就能盡知萬物的本性。
4
能盡知萬物的本性，就可以贊助天地間萬物的化育；
5
能贊助天地間萬物的化育，就可以與天地並立為三了。

《第二十三章》

其次致曲，曲能有誠；誠則形，形則著，著則明，明則動，動則變，變則化；唯天下至誠為能化。

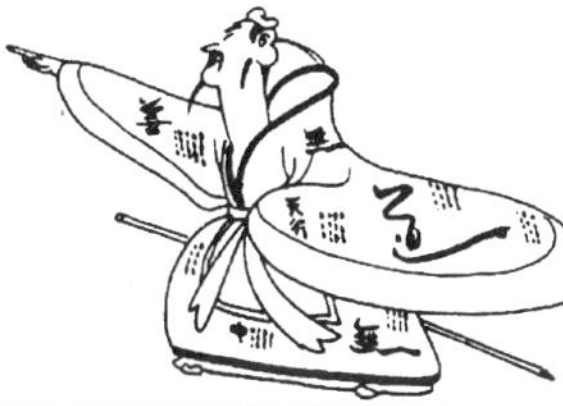

1
次於聖人一等的賢人，不能如聖人完全盡其本性，

2
而致力去推轉偏於一方面的事理，
3
如此也能推轉到誠的地步；
誠
4
誠於中就可以立刻表現於外，
5
能表現於外就會顯著，

6
能顯著就會更加光輝發越，
7
光輝發越就可以感動事物，
8
感動事物就能使事物產生變化，就能化育萬物。
9
只有天下最誠的人能做到化育萬物的地步。

《第二十四章》

至誠之道，可以前知。國家將興，必有禎祥；國家將亡，必有妖孽。見乎蓍龜，動乎四體。禍福將至，善必先知之，不善必先知之。故至誠如神。

1
誠到極點，可以預知未來的事情。

2
國家將要興盛時，定有吉祥的徵兆；

3
國家將要滅亡時，定有凶禍的徵兆。

4
顯現在蓍草龜甲的卦象上，
5
表現在人的動作儀態之間。
6
禍
福
吉
凶
禍福將來臨時，是福可以預先知道，是禍也可以預先知道。
7
所以至誠的人就像神明一樣。
至誠的人，心能安定不生妄念，能由其因而推斷其果，知道自然的趨勢，因而能預知福禍。

《第二十五章》

誠者，自成也；而道，自道也。誠者，物之終始；不誠無物。是故君子誠之為貴。誠者，非自成己而已也，所以成物也。成己，仁也；成物，知也；性之德也，合外內之道也，故時措之宜也。

1
誠
誠，是完成自己人格的要件；

2
道，則是引導自己走向當行的道路。

3
誠是萬事萬物的始終本末，不誠便就虛妄無物了。

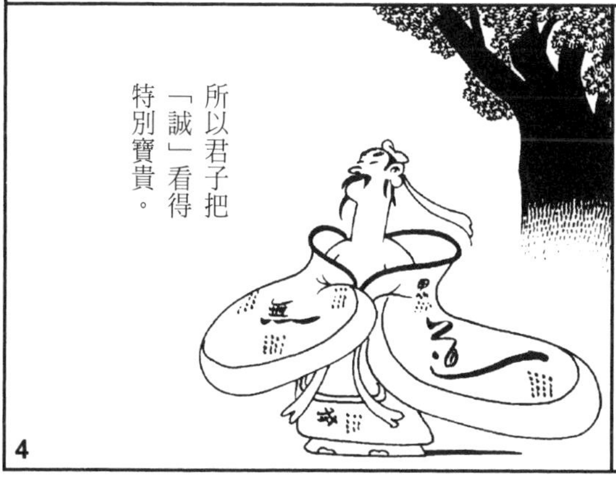
4
所以君子把「誠」看得特別寶貴。

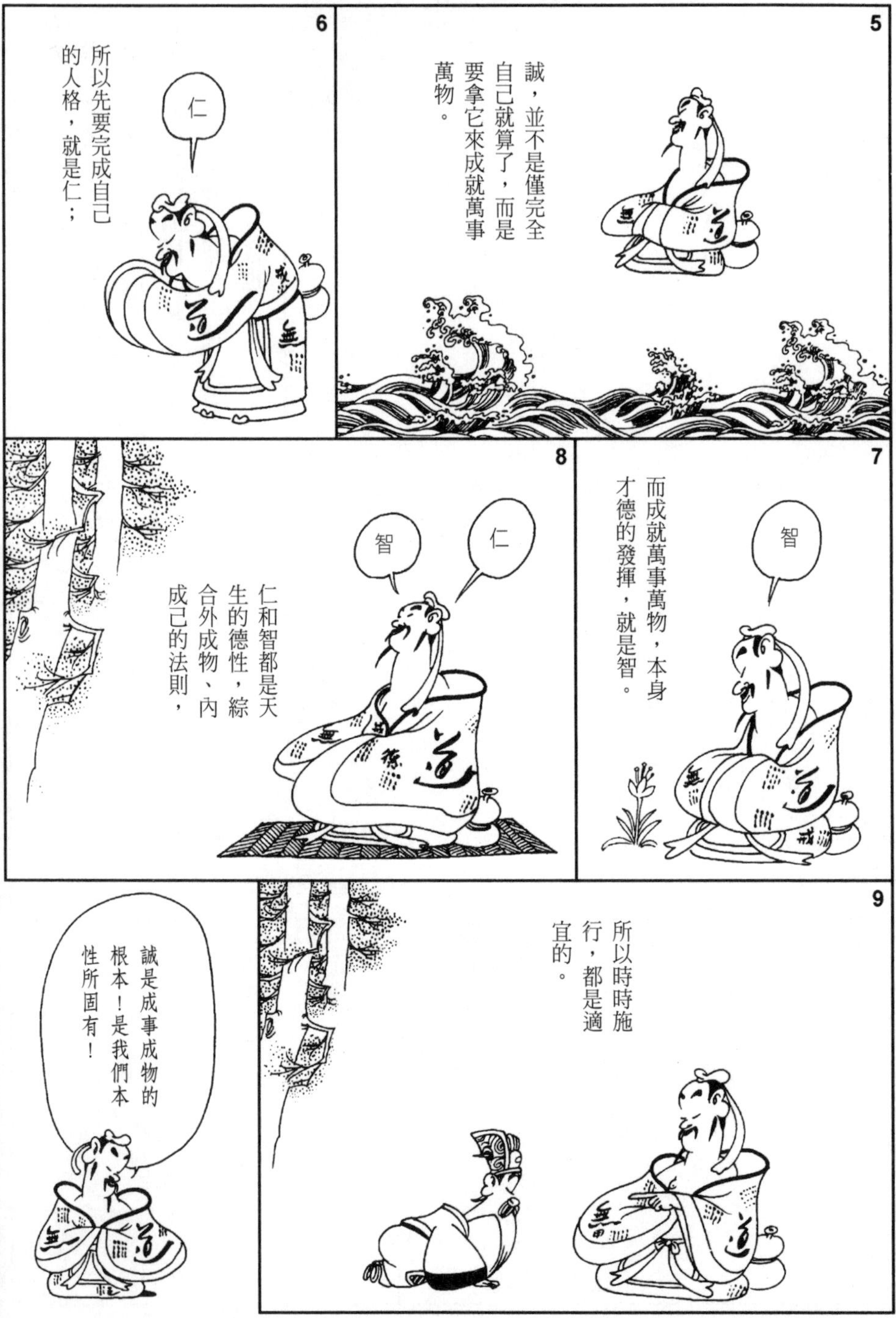
5
誠，並不是僅完全自己就算了，而是要拿它來成就萬事萬物。
6
仁
所以先要完成自己的人格，就是仁；
7
智
而成就萬事萬物，本身才德的發揮，就是智。
8
仁
智
仁和智都是天生的德性，綜合外成物、內成己的法則，
9
所以時時施行，都是適宜的。
誠是成事成物的根本！是我們本性所固有！

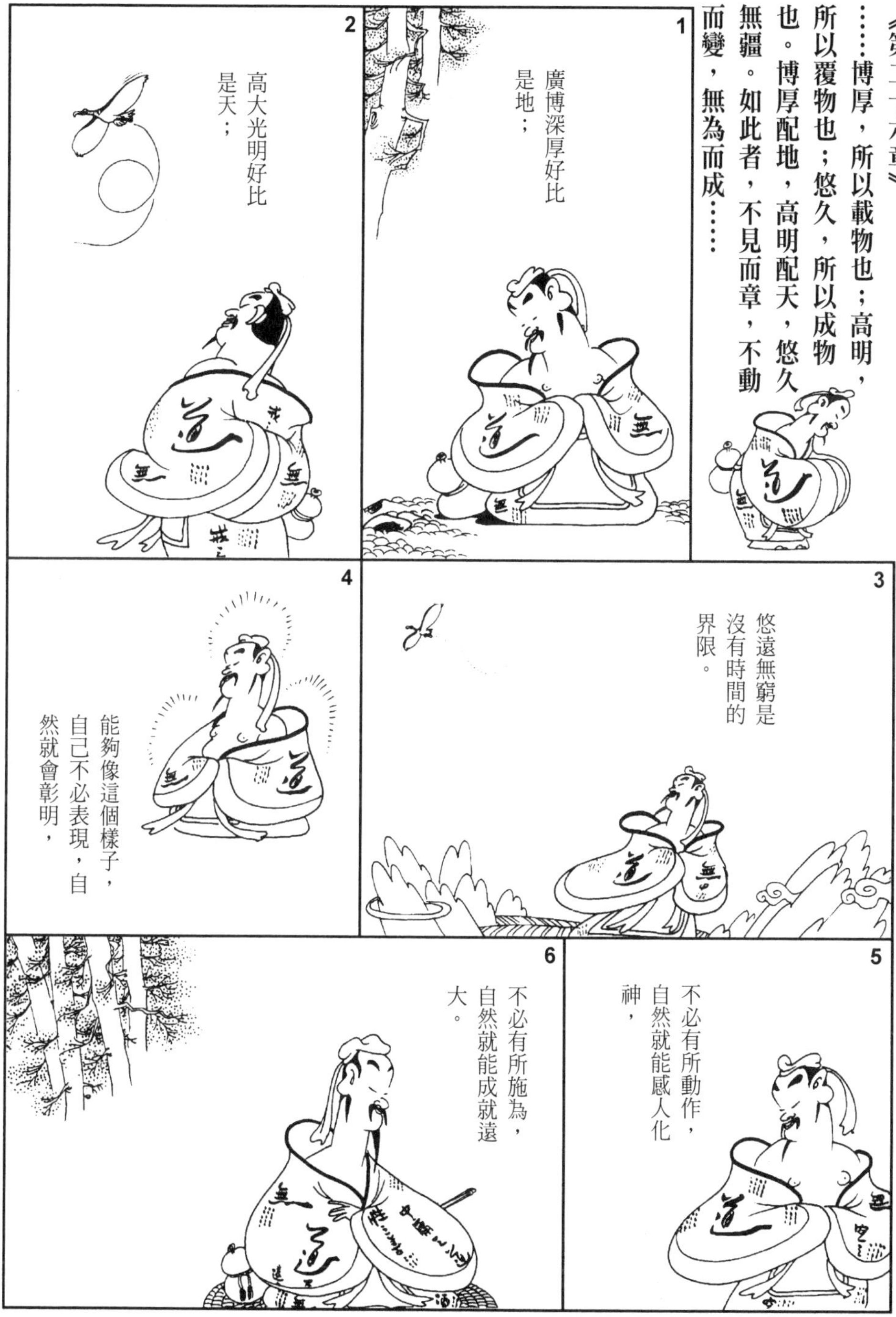
《第二十六章》
……博厚，所以載物也；高明，所以覆物也；悠久，所以成物也。博厚配地，高明配天，悠久無疆。如此者，不見而章，不動而變，無為而成……
1
廣博深厚好比是地；
2
高大光明好比是天；
3
悠遠無窮是沒有時間的界限。
4
能夠像這個樣子，自己不必表現，自然就會彰明，
5
不必有所動作，自然就能感人化神，
6
不必有所施為，自然就能成就遠大。

今夫天，斯昭昭之多，及其無窮也，日月星辰繫焉，萬物覆焉。今夫地，一撮土之多；及其廣厚，載華嶽而不重，振河海而不泄，萬物載焉。今夫山，一卷石之多；及其廣大，草木生之，禽獸居之，寶藏興焉。今夫水，一勺之多；及其不測，黿鼉蛟龍魚鱉生焉，貨財殖焉……

1
現在比方說天，不過是一點點光亮所積累，

2
等到成為無窮大的天體時，日月星辰都懸掛在上面，

3
所有的萬物都被覆蓋在下面。

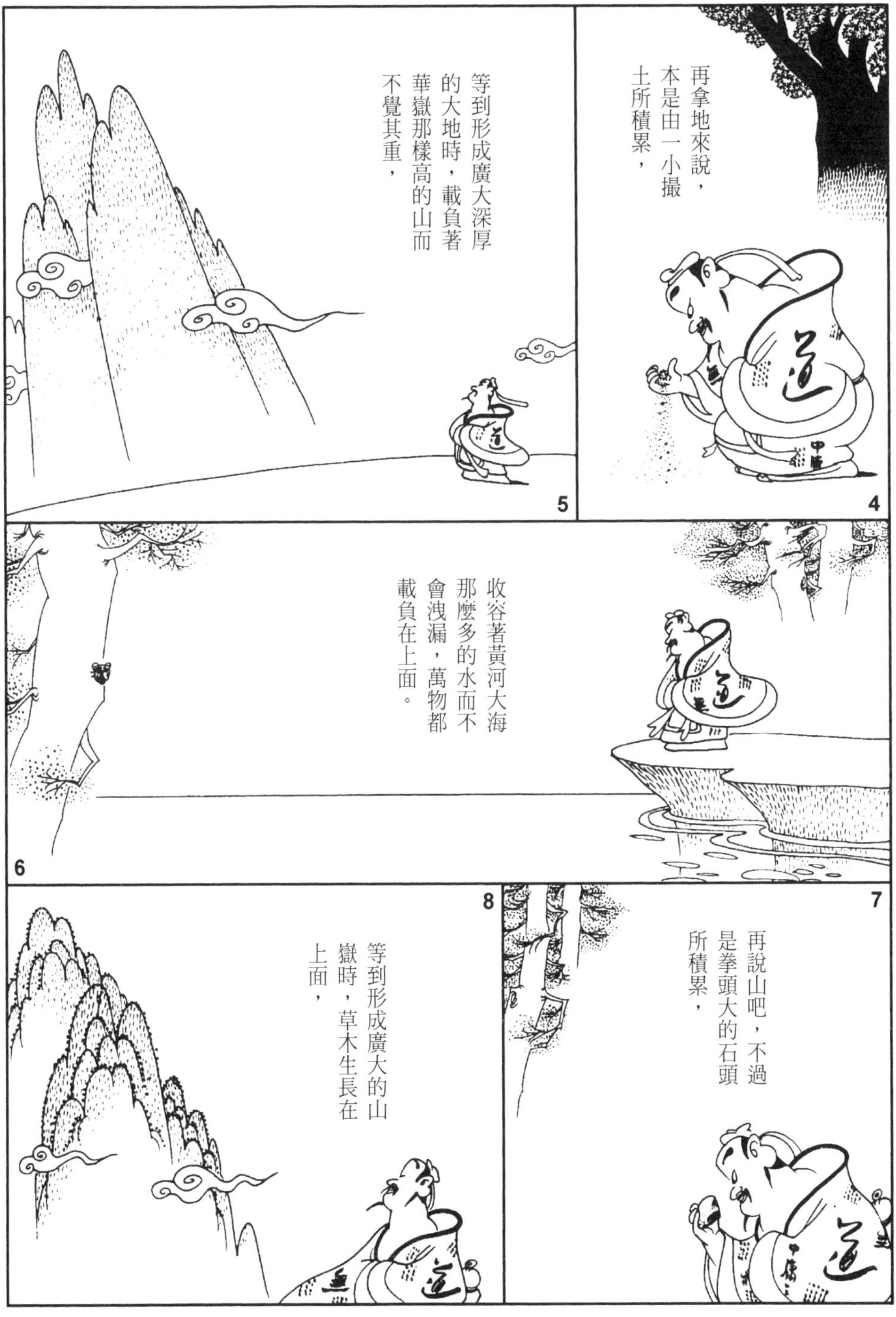
4
再拿地來說，本是由一小撮土所積累，
5
等到形成廣大深厚的大地時，載負著華嶽那樣高的山而不覺其重，
6
收容著黃河大海那麼多的水而不會洩漏，萬物都載負在上面。
7
再說山吧，不過是拳頭大的石頭所積累，
8
等到形成廣大的山嶽時，草木生長在上面，

禽獸也棲息在上面，
寶貴的礦產也在那兒發掘出來。
再說水吧，不過是一勺一勺的水所積累，
可是等到成為大不可測的海洋時，黿、鼉、蛟龍、魚鱉等都生長在這裡，財貨也在這裡生產出來。
由天地山水得知天地之道是博厚、高明、悠久而成其大且久，則人的德行應效法配合，才能做到天人合一。

《第二十七章》

……國有道，其言足以興；國無道，其默足以容。《詩》曰：「既明且哲，以保其身。」其此之謂與？

國家有道的時候，
他的言論足以振興
國家；

國家無道的時
候，他的沉默
足以保身。
嘎嘎嘎
《詩經》說：「既明
事理，而又睿智，可
以安保自身。」就是
這個意思吧？

《第二十八章》
子曰：「愚而好自用，賤而好自專，生乎今之世，反古之道；如此者，災及其身者也。」……
孔子說：
愚笨的人偏要自以為是；
我的意見最好。
卑賤的人偏愛自作主張；
生在現今的時代，偏要恢復古代的做法；
古人古事
這樣的人，一定會禍及本身。
1
2
3

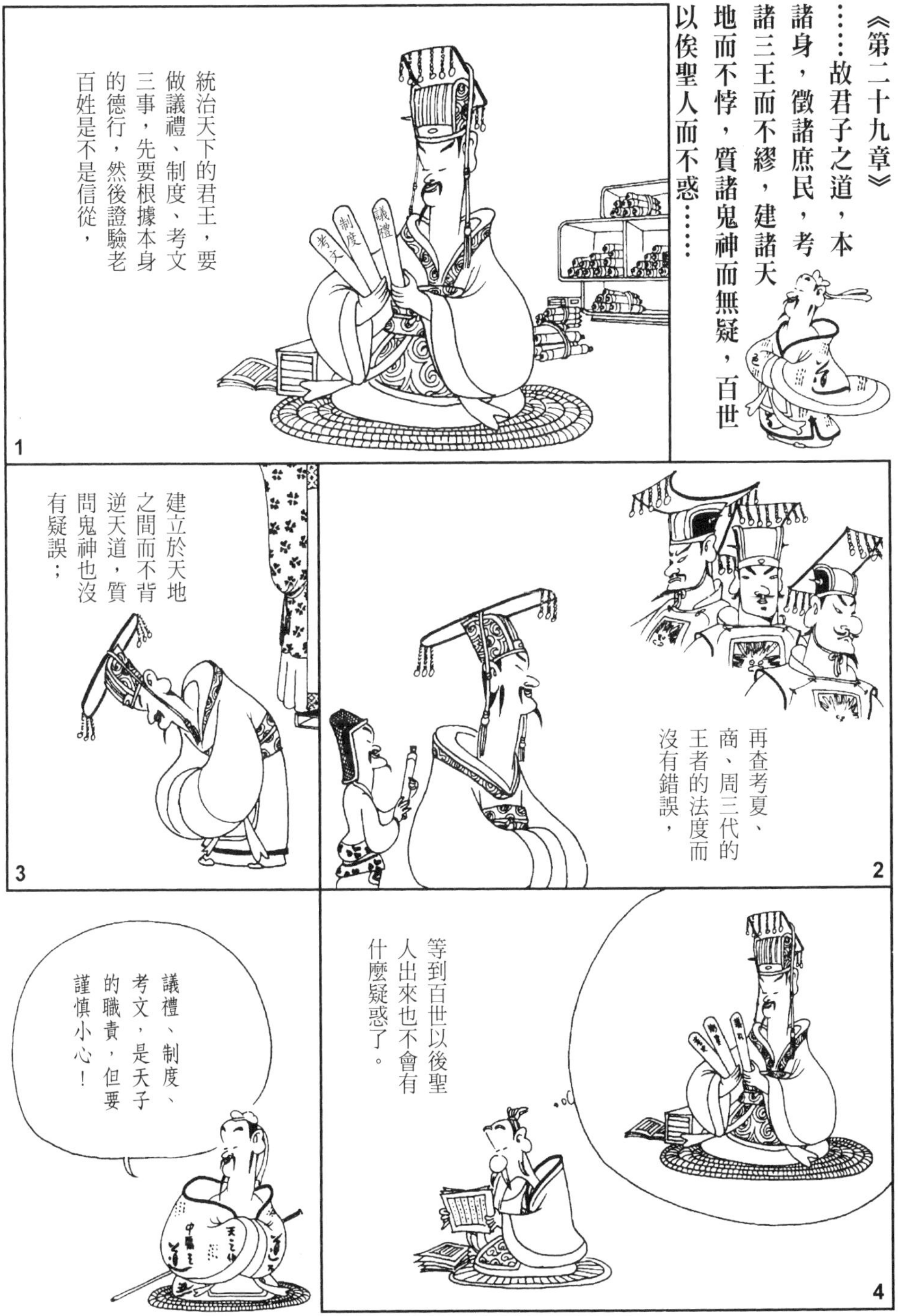
《第二十九章》
……故君子之道，本諸身，徵諸庶民，考諸三王而不繆，建諸天地而不悖，質諸鬼神而無疑，百世以俟聖人而不惑……
統治天下的君王，要做議禮、制度、考文三事，先要根據本身的德行，然後證驗老百姓是不是信從，
議禮
制度
考文
1
再查考夏、商、周三代的王者的法度而沒有錯誤，
2
建立於天地之間而不背逆天道，質問鬼神也沒有疑誤；
3
等到百世以後聖人出來也不會有什麼疑惑了。
4
議禮、制度、考文，是天子的職責，但要謹慎小心！

是故，君子動而世為天下道，行而世為天下法，言而世為天下則。遠之則有望，近之則不厭。

1
因此，統治天下的王者的舉動可以世世做天下人共行的常道，
2
他的行為可以世世為天下人所效法，
3
他的言語可以世世為天下人的準則，
4
在遠處仰慕他，在近處也不討厭他。
他是成功的帝王！萬民都欽仰他，讚美他！

《詩》曰：「在彼無惡，在此無射，庶幾夙夜，以永終譽。」君子未有不如此，而蚤有譽於天下者也。

1
《詩經》說：「在那裡無人厭惡，在這裡也無人怨恨，希望早晚能勉力不懈，永遠保持他的美譽。」

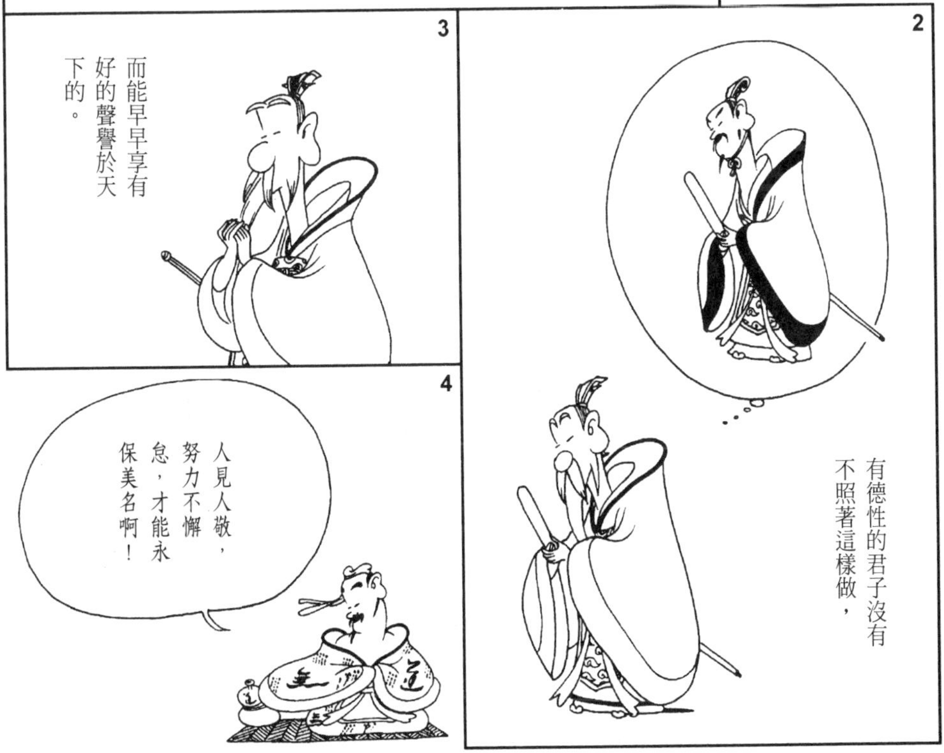
2
有德性的君子沒有不照著這樣做，
3
而能早早享有好的聲譽於天下的。
4
人見人敬，努力不懈，才能永保美名啊！

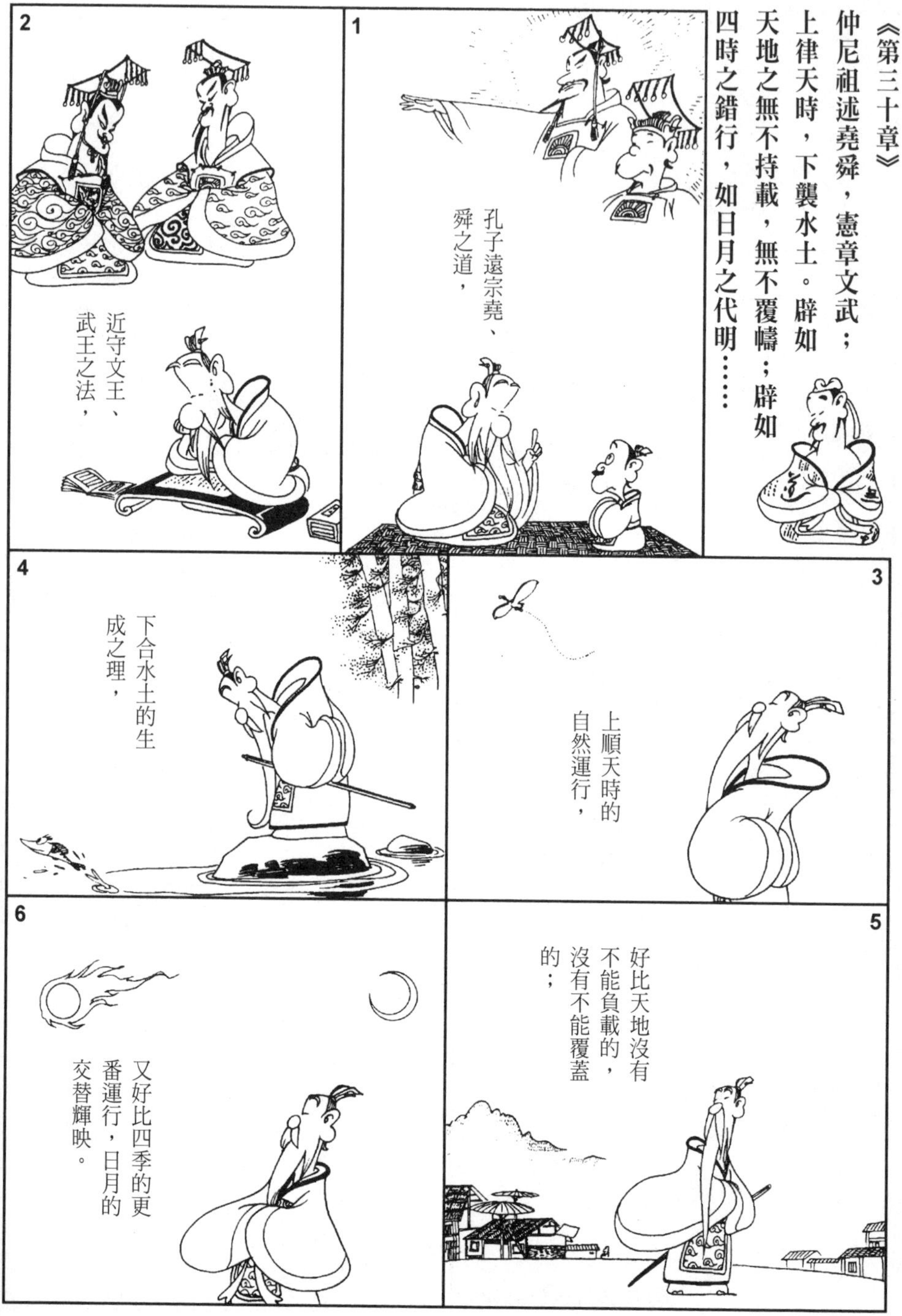
《第三十章》
仲尼祖述堯舜，憲章文武；上律天時，下襲水土。辟如天地之無不持載，無不覆幬；辟如四時之錯行，如日月之代明……
1
孔子遠宗堯、舜之道，
2
近守文王、武王之法，
3
上順天時的自然運行，
4
下合水土的生成之理，
5
好比天地沒有不能負載的，沒有不能覆蓋的；
6
又好比四季的更番運行，日月的交替輝映。

《第三十一章》

唯天下至聖，為能聰明睿知，足以有臨也；寬裕溫柔，足以有容也；發強剛毅，足以有執也；齊莊中正，足以有敬也；文理密察，足以有別也……

1
只有天下最偉大的聖人，能具有深明靈敏之質，足以居上而臨下；

2
寬大溫和，足以包容眾人；
3
奮發剛毅，足以決斷大事；
4
莊重端正，足以使人尊敬；
5
修理詳明，足以辨別是非。
是
非

《第三十二章》

唯天下至誠，為能經綸天下之大經，立天下之大本，知天地之化育。夫焉有所倚？肫肫其仁，淵淵其淵，浩浩其天，苟不固聰明聖知達天德者，其孰能知之？

1
只有天下至誠的聖人，才能治理天下人倫的常綱；

2
確立天下人道人性的本源；

3
知道天地對於萬物的變化生育。

4
這何嘗有什麼別的倚靠呢？
5
他的態度誠懇，是仁心的表現；
6
他的深靜清遠，就像深淵一樣；
7
他的廣大，就像天一樣。
8
要不是本來就聰明聖智而通達天德的人，誰又能知道他呢？

《第三十三章》

《詩》曰：「衣錦尚絅」，惡其文之著也。故君子之道，闇然而日章；小人之道，的然而日亡。君子之道，淡而不厭，簡而文，溫而理，知遠之近，知風之自，知微之顯，可與入德矣……

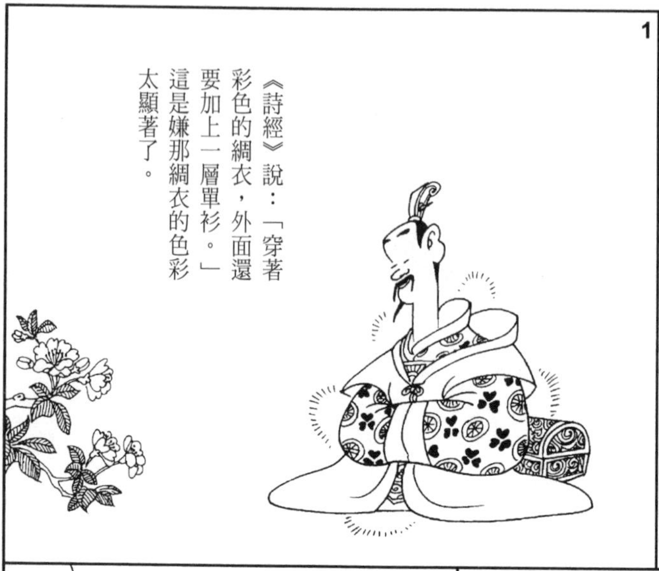
1
《詩經》說：「穿著彩色的綢衣，外面還要加上一層單衫。」這是嫌那綢衣的色彩太顯著了。

2
我沒有什麼才能，請多包涵。
你太謙虛了！
3
所以君子的為人之道，表面上是文采不露，日子久了，就自然一天天顯現出來。
才能好得很呢！
4
我詩書畫樣樣都行！
太好了！
5
小人的為人之道，表面上是文采鮮明，可是日子久了，就漸漸地消暗了。
詩書畫樣樣都不行！

6
君子做人的道理，看起來簡易卻有文采，看起來溫和卻有條理。
7
知道遠處是由近處起的；
8
知道風化的起源，
9
知道隱微的也必然會顯明。
「真誠者寡言，虛偽者多辯。」能誠於中必形於外，自然能顯明。
10
能明白這樣的道理，就可以進入道德之門了。

《詩》云：「予懷明德，不大聲以色。」子曰：「聲色之於以化民，末也。」《詩》曰：「德輶如毛」，毛猶有倫。「上天之載，無聲無臭」，至矣。

1
《詩經》說：「我懷著明德，而不用厲聲厲色。」

2
孔子說：
用厲聲厲色去感化人民，那是最末等的工夫。
3
《詩經》說：「化民之德，輕如羽毛一樣。」

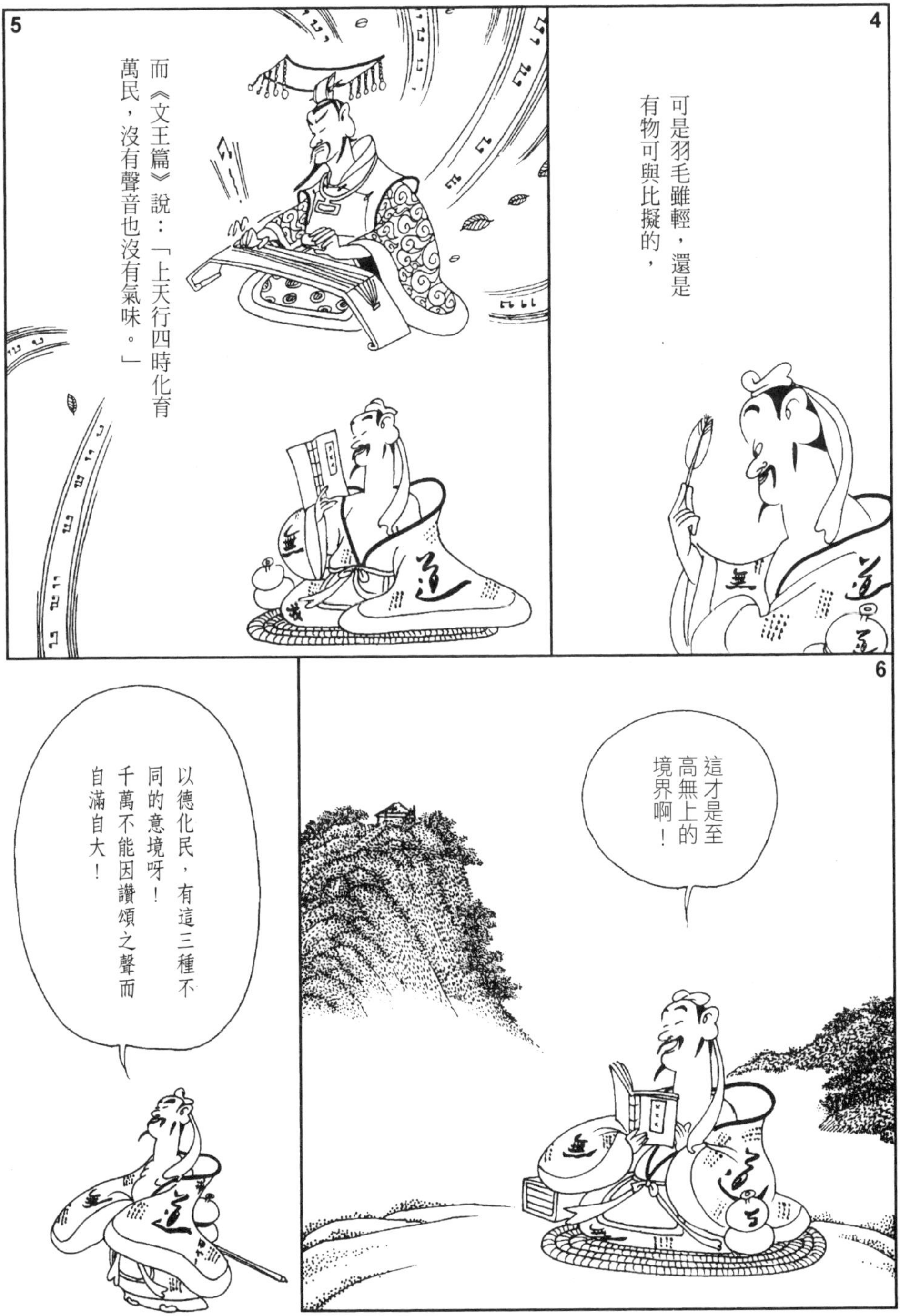
4
可是羽毛雖輕，還是有物可與比擬的，
5
而《文王篇》說：「上天行四時化育萬民，沒有聲音也沒有氣味。」
6
這才是至高無上的境界啊！
以德化民，有這三種不同的意境呀！千萬不能因讚頌之聲而自滿自大！

跋

東方文化思想的省思

◎蔡志忠

二十世紀是人類文明史上最偉大的世紀，無論在物理、數學、科技等各方面，都取得驚人的成就。記得我五六歲時，還要到村子裡的小店買煤油點燈，剪一小段球鞋帶當燈芯；沒有幾年後便全村都有電燈了，並從家裡只有一台小收音機，發展到家家有電視、人人有電腦。從兩三千年前的農業社會，一下子變成快速變革的現代工商業社會。我很慶幸自己能生長在這個高度快速躍升的年代，自己也緊隨著時代發展自我成長，從靠山的小村莊遷到台北大城。由經濟學的角度看，變化的時代機會最多，能造就出最多的人才。

我從小便受洗為天主教徒，由於教堂裡有很多米老鼠、大力水手等彩色漫畫，上天主教道理班的課本也是漫畫，耳濡目染下，才使我長大以後變成漫畫家的吧。十五歲開始以漫畫為業，三十六歲之後又重拾畫筆畫《漫畫中國諸子百家思想》，目前正在進行的即是此《漫畫儒家思想》、《漫畫佛學思想》、《漫畫道家思想》與《漫畫禪宗思想》。

很多人問我：「為什麼會選擇畫這種題材呢？」

我總是回答說：「文化思想是恆久不變的普世價值，任何一位流著中華血液的人，在其一生最少要看幾本老莊孔孟和幾部佛學經典，才不愧為炎黃子孫。」

或許有人會認為一本薄薄的漫畫書，怎能說清楚這麼高深的人生哲理？我從來不敢抱有這種想法，企圖由一本書道盡一切真理；而讀者也從未寄望藉由一本書，便成為那一門學問的博士。我想做的只是讓讀者能透過一個鐘頭看完一本漫畫，因而對東方思想有概略的瞭解，進而引發興趣自發性地去學習。

《漫畫中國諸子百家思想》在全世界已經被翻譯為二十幾種語言、四十五種版本，至今已賣了四千萬本左右。然而我知道暢銷的原因不是因為我、不是因為中國思想、不是因為漫畫，而是因為用漫畫闡述東方思想！漫畫能將深邃的哲學、佛學、禪學，以淺顯易懂的方式呈現出來，這才是受歡迎的主要原因。

有一位學者說：「春秋時代有《詩經》，戰國時代有《楚辭》，漢朝有賦、而後有唐詩、宋詞、元曲。什麼是今天的代表語言？我認為動漫就是今天的語言。」

或許有人會認為太誇張了，但我認為這位學者很可能講對了。如同當初有許多人對披頭四、滾石、比吉斯的搖滾流行音樂很不以為然，但是三百年後，我們當代的搖滾流行音樂就是和巴哈、莫札特、貝多芬並駕齊驅受後人尊敬的經典。動漫代表二十一世紀的文化也不是不可能，三百年後「星際大戰」將成為二十世紀的經典，而「星際大戰」卻是來自於真人與三維動畫的電影，今後的文學巨著可能來自電影、動畫、漫畫也不無可能。至於未來電影、動畫、漫畫是不是今後的經典，則要由後人來評價才算數，而非今日你我所能知。

中國諸子百家和佛學、禪宗思想是東方文化的主幹，沒有看過東方哲學、佛學、禪宗的書籍，或許完全不影響生計，然而沒有文化的最大缺點是：於平時生活起居、行住坐臥之間一下子就被別人看穿。更何況在這快速變革的時代，一個人沒有自己的立場，便很容易受世局變遷影響而迷失了自己。現在電腦網路的發展還方興未艾，在快速變革的未來，白手起家開創大局面，早已是大家的共識而不是癡人妄想，一個有文化有自己想法的人，更容易完成自己的夢想，在未來取得更大的優勢。

時代創造英雄，英雄創造時代。

祝福各位能成為影響未來的關鍵角色。

蔡志忠作品
漫畫儒家思想

作者：蔡志忠
責任編輯：陳怡慈
美術編輯：林家琪
校對：呂佳真
法律顧問：全理法律事務所董安丹律師
出版者：大塊文化出版股份有限公司
台北市105南京東路四段25號11樓
www.locuspublishing.com

讀者服務專線：0800-006689
TEL：(02) 87123898　FAX：(02) 87123897
郵撥帳號：18955675　　戶名：大塊文化出版股份有限公司

總經銷：大和書報圖書股份有限公司
地址：新北市新莊區五工五路2號
TEL：(02) 89902588（代表號）　　FAX：(02) 22901658
製版：瑞豐實業股份有限公司

初版一刷：2012年1月
定價：新台幣450元
Printed in Taiwan
ISBN：978-986-213-311-8

漫畫儒家思想 / 蔡志忠著.
-- 初版. -- 臺北市 : 大塊文化, 2012. 01
面； 公分. --
ISBN 978-986-213-311-8(平裝)

1.儒學 2.漫畫

121.2 100025313